LES ANNALES DU DROIT 2019

DROIT ADMINISTRATIF

LES ANNALES DU DROIT

L1 > *Introduction au droit et droit civil (personnes, famille)*
> *Droit constitutionnel*

L2 > *Droit civil des obligations*
> *Droit administratif*

COLLECTION DIRIGÉE PAR
Yves Jégouzo
PROFESSEUR ÉMÉRITE DE L'UNIVERSITÉ
PARIS 1 PANTHÉON-SORBONNE

LES ANNALES DU DROIT 2019

DROIT ADMINISTRATIF

MÉTHODOLOGIE & SUJETS CORRIGÉS

SOUS LA DIRECTION DE

Xavier Dupré de Boulois

Professeur à l'Université Paris 1 Panthéon-Sorbonne

DALLOZ

DALLOZ

31-35, rue Froidevaux, 75685 Paris Cedex 14

ISBN 978-2-247-17797-4

Sommaire

Avant-propos

La collection des Annales du droit a comme ambition de fournir un nouvel outil de travail aux étudiants de la licence en droit mais aussi à tous ceux qui suivent des enseignements juridiques dans le cadre des instituts d'études politiques ou des préparations aux concours administratifs.

Les Annales du droit se présentent comme le **complément nécessaire du manuel ou du cours** oral dans les disciplines fondamentales du droit que sont l'introduction au droit et le droit des personnes et des biens, le droit constitutionnel, le droit civil des obligations et le droit administratif.

L'analyse systématique des institutions, des procédures et des relations juridiques qui est faite de manière didactique dans les manuels et les cours est le premier versant de la formation juridique. Le second versant est la mise en œuvre et l'application de ces notions, la présentation organisée d'une question juridique, l'analyse des sources du droit, la résolution d'une question pratique. C'est ce second versant que doivent permettre de gravir les Annales du droit en exposant la méthodologie des exercices demandés à tout juriste et l'illustrant par la présentation des sujets corrigés qui ont été donnés dans un échantillon représentatif d'universités françaises.

Mode d'emploi des Annales du droit

Conçues et dirigées par un enseignant qui a accepté de prendre la responsabilité d'un des quatre ouvrages consacrés aux disciplines de base, les Annales du droit, publiées par les éditions Dalloz depuis un quart de siècle, sont tout d'abord des **ouvrages de méthodologie**.

Le responsable de l'ouvrage présente les différentes méthodes qui sont utilisées dans l'enseignement du droit en accompagnant cette présentation de conseils pour les trois principaux types d'exercice qui sont demandés aux juristes, que ce soit dans le cadre du contrôle continu, des examens ou des concours :

- **la dissertation**, exposé systématique d'une question avec ses exigences de présentation et d'analyse du sujet, de plan, d'organisation des idées ;
- **le commentaire** qui peut porter sur un texte de droit international ou de droit communautaire, une loi, un règlement, une décision de jurisprudence et qui doit permettre de comprendre le sens du texte, d'en mesurer la portée, les apports, de l'évaluer ;
- **l'étude de cas** consistant à appliquer à une question pratique les connaissances acquises, à replacer la question posée dans son environnement juridique et à rechercher la solution d'un litige.

La collecte de l'information disponible et actualisée étant l'un des préalables à tout travail juridique, les Annales comportent également **l'exposé des méthodes de recherches bibliographiques et des outils informatiques** disponibles.

Les conseils méthodologiques sont illustrés par une **vingtaine de sujets corrigés** choisis parmi ceux qui ont été **donnés dans les universités françaises** lors des dernières sessions d'examen. À cet effet, et selon une méthode originale par rapport aux ouvrages de même type, les professeurs responsables des enseignements de la discipline à laquelle est consacrée chacune des quatre Annales ont accepté de présenter les sujets qu'ils ont retenus pour l'examen et d'en faire le corrigé. Les Annales du droit illustrent ainsi la diversité des analyses qui sont le propre de la méthode universitaire.

Les Annales du droit sont conçues comme devant être l'accompagnement nécessaire des cours et des manuels. À cette fin, **les sujets retenus sont présentés en suivant le plan habituel des cours consacrés à la matière** : ils en illustrent et complètent les grandes parties.

Pour chaque sujet est indiqué le **thème principal** qui en est l'objet. Les **mots clés**, enfin, recensent les principaux points de droit abordés dans chaque sujet corrigé. L'index thématique qui figure en fin d'ouvrage permet de retrouver aisément les questions et les points de droit que le lecteur souhaite étudier.

Yves Jégouzo

Généralités

Les études juridiques ont souvent la réputation de reposer sur l'acquisition d'une masse importante de connaissances. Si l'affirmation n'est pas infondée, elle n'épuise pas la finalité de l'enseignement du droit. Il est d'abord question d'acquérir une capacité d'analyse et de réflexion et de développer un raisonnement juridique. Autrement dit, les connaissances acquises sont un moyen et non une fin. Les différents exercices proposés aux étudiants (commentaire d'arrêt, cas pratique, dissertation) visent à éprouver leur capacité à mobiliser leurs connaissances au soutien de l'analyse structurée et critique d'un sujet. Il reste que la maîtrise des connaissances est un préalable nécessaire à l'ensemble de ces exercices.

Les métiers du droit sont des métiers de l'écrit. Il en résulte une exigence particulière à l'égard de la maîtrise de l'expression en français durant les études de droit. Les étudiants doivent donc veiller à la qualité de leur orthographe, de leur conjugaison, etc. ce qui suppose de conserver un peu de temps en fin d'exercice pour la relecture.

La réussite passe également par la maîtrise du temps. La durée de l'épreuve est en général de 3 heures. Il n'existe pas de formule unique pour la gestion du temps. Dans tous les cas, il n'est pas possible de rédiger l'ensemble de l'exercice au brouillon avant de le recopier sur la copie. Il est raisonnable de consacrer un tiers du temps imparti (1 heure) à la préparation, et les deux heures restantes à la rédaction.

Pour compléter le cours et préparer ses travaux dirigés, l'étudiant peut s'aider d'un certain nombre d'outils.

Ouvrages généraux

S. Braconnier et a., *Droit administratif : les grandes décisions de la jurisprudence*, PUF, coll. « Thémis Droit », 17e éd., 2017.

G. Braibant et a., *Grands arrêts de la jurisprudence administrative*, Dalloz, coll. « Grands arrêts », 21e éd., 2017.

N. Chifflot et P. Chrétien., *Droit administratif*, Sirey, coll. « Sirey université », 16e éd., 2018.

P.-L. Frier et J. Petit, *Droit administratif*, LGDJ, coll. « Précis Domat », 11e éd., 2017.

M. Lombard, G. Dumont et J. Sirinelli, *Droit administratif*, Dalloz, coll. « HyperCours », 12e éd., 2017.

B. Seiller, *Droit administratif*, t. 1 : *Les sources et le juge*, Flammarion, coll. « Champs université », 6e éd., 2016.

B. Seiller, *Droit administratif*, t. 2 : *L'action administrative*, Flammarion, coll. « Champs université », 6e éd., 2016.

D. Truchet, *Droit administratif*, PUF, coll. « Thémis Droit », 7e éd., 2017.

Revues

Actualité juridique, Droit administratif (*AJDA*), Dalloz, hebdomadaire

Droit administratif, LexisNexis, mensuel

Revue du droit public et de la science politique (RDP), Lextenso, 6 numéros par an

Revue française de droit administratif (*RFDA*), Dalloz, 6 numéros par an

Revue générale du droit (revue numérique gratuite : www.revuegeneraledudroit.eu/)

Semaine juridique, Administration et collectivités territoriales, LexisNexis, hebdomadaire

Le commentaire d'arrêt

I/ Généralités

Le commentaire d'arrêt est une analyse juridique, structurée et critique d'une décision de justice.

Il ne doit pas être :

• Un prétexte pour déballer des paragraphes de cours sans considération pour la décision et ses particularités. Il n'est pas une dissertation ayant pour thème la ou les questions de droit que recèle cette décision. Des références à l'arrêt lui-même dans chacune des subdivisions du commentaire permettent d'échapper à ce premier écueil.

• La simple reformulation des termes de l'arrêt, c'est-à-dire sa paraphrase. Le commentaire suppose de mobiliser les connaissances acquises en cours ou dans un ouvrage, connaissances qui vont permettre d'évaluer l'arrêt, d'apprécier sa portée, etc.

• Le commentaire du dispositif de l'arrêt. Le dispositif n'exprime pas la question de droit. Cette dernière ne peut être : La requête de Mme X ou de la Commune Y est-elle fondée ? Le commentaire porte principalement sur les motifs de l'arrêt, c'est-à-dire sur les questions de droit que le juge a dû aborder afin de trancher le litige.

Le commentaire d'arrêt en droit administratif se différencie par rapport au même exercice en droit civil. Les arrêts de la Cour de cassation sont souvent plus concis que les décisions du juge administratif et centrés sur quelques attendus à la structure immuable. La Cour de cassation tranche une question de droit qui a vocation à structurer le commentaire. Les arrêts soumis aux étudiants en droit administratif sont souvent plus longs, et le juge ne statue pas toujours en tant que juge de cassation ; il est aussi souvent juge du fond, qu'il s'agisse d'une cour administrative d'appel ou du Conseil d'État saisi en premier et dernier ressort ou en référé. Il en résulte que la recherche des points de droit ayant vocation à structurer le commentaire est parfois malaisée et que les faits ne doivent pas être négligés.

II/ Travail préparatoire

A – La fiche d'arrêt

L'apprentissage de la fiche d'arrêt précède généralement celui du commentaire d'arrêt. Il en est aussi la première étape puisqu'elle est censée faciliter la compréhension de l'arrêt. Par ailleurs, l'introduction du commentaire a vocation à puiser l'essentiel de ses éléments dans cette fiche.

La fiche d'arrêt consiste à décomposer (déconstruire) l'arrêt pour en particulariser les différents éléments à savoir :

- les faits ;
- la procédure (requérant, type de recours, juridictions, état de la procédure) ;
- la ou les questions de droit soulevées par l'arrêt ;
- la réponse apportée par le juge saisi à chacune des questions de droit ;
- la solution du litige (dispositif) ;
- l'annonce de plan.

B – La ou les questions de droit

La découverte de la question de droit est une étape décisive puisqu'elle a vocation à structurer le commentaire. Elle est rendue difficile par la diversité des types d'arrêts susceptibles d'être soumis aux étudiants en droit administratif.

En simplifiant, il existe deux idéaux types de décisions proposées aux étudiants :

- L'arrêt principalement concentré sur quelques considérants dans lesquels le juge expose plus ou moins longuement son interprétation de la règle de droit et l'applique à l'espèce. La question de droit renvoie donc aux dits considérants et le commentaire s'articulera autour d'eux.
- L'arrêt plus long et à l'occasion duquel le juge répond à de multiples moyens sans que l'un d'entre eux n'émerge vraiment. Chacun peut alors s'analyser comme une question de droit, et le commentaire s'organisera alors autour d'une pluralité de questions de droit.

La difficulté est de déterminer le type de la décision soumise aux étudiants. La longueur peut être un indice, mais c'est surtout la résonance de l'arrêt dans les connaissances acquises en cours qui doit permettre d'établir son type. Si le commentaire est donné à l'étudiant en TD, il est probable que la question de droit est en rapport avec le thème de la séance. Dans le cadre d'un examen final, la recherche peut s'avérer plus délicate.

C – Le plan

L'élaboration du plan est déterminée par l'étape précédente puisque le commentaire est structuré autour de la ou des questions de droit soulevées par l'arrêt. Les étudiants de L2 sont généralement invités à retenir un plan en 2 parties et 2 sous-parties.

Pour les arrêts à multiples points de droit (second idéal type), il est souvent conseillé de structurer le propos autour des grandes catégories de moyens que le juge doit trancher (compétence/fond, recevabilité/fond, légalité externe/interne, responsabilité pour faute/ sans faute).

Pour les arrêts à question unique, le plan s'articule parfois autour de la distinction « principe/application à l'espèce », mais elle n'est pas toujours opératoire. Il convient alors d'aborder la question de droit dans ses différentes dimensions. En tout état de cause, le plan chronologique est vivement déconseillé (I/ avant l'arrêt, II/ l'arrêt) puisqu'il conduit à reporter le commentaire de l'arrêt sur la seconde partie.

III/ Rédaction

A – Introduction

Elle comprend plusieurs temps.

- une phrase d'attaque (ou d'accroche) qui permet de situer l'arrêt. Le lecteur doit savoir dans quel champ du droit administratif vont se situer les développements à suivre. Il est aussi possible d'opérer un lien entre la décision sous commentaire, son champ et l'actualité. Si nécessaire, l'attaque peut se déployer sur plusieurs phrases ;
- le rappel des faits et de la procédure : ils ont déjà été identifiés à l'occasion de la fiche d'arrêt ;

• l'exposé de la ou des questions de droit que recèle la décision. Il est déconseillé d'utiliser la forme interrogative pour formuler lesdites questions ;
• l'exposé sommaire des réponses du juge à la ou aux questions de droit retenues puis, par voie de conséquence, de la solution qu'il donne au litige ;
• l'annonce de plan : elle n'est pas nécessairement très développée puisque le plan a vocation à s'ordonner autour des questions de droit évoquées précédemment.

B – Développements

Ils sont structurés à travers le plan. Le plan doit être apparent dans la copie (titres et sous-titres soulignés par ex.).

Des phrases doivent assurer la transition entre les différentes subdivisions.

En principe, le commentaire d'arrêt ne comporte pas de conclusion et, si c'est le cas, elle est courte.

Le cas pratique

I/ Généralités

Le cas pratique (parfois appelé « consultation juridique ») consiste à proposer une réponse motivée en droit à une ou plusieurs questions portant sur une série de faits exposés de manière brute. Il est donc d'abord un exercice de qualification juridique de situations, d'actes ou de faits. Cette opération de qualification est centrale parce qu'elle détermine à la fois la procédure (juge compétent, type de recours) et le régime juridique applicable au fond de l'affaire.

Exemple n° 1 : dans un cas pratique mettant en cause un contrat entre un particulier et une collectivité publique, la qualification de la relation contractuelle (contrat administratif ou non ; marché public, DSP ou autre) influera sur la détermination du juge compétent pour connaître du litige, du type de recours (référés, excès de pouvoir, plein contentieux) ainsi que des règles de droit applicables au fond du litige.

Exemple n° 2 : dans un cas pratique mettant en cause un accident consécutif au fonctionnement d'un établissement, le recours juridictionnel et le droit applicable dépendent largement de la qualification de l'établissement en cause (personne publique ou non) et du service qu'il assume (service public ou non ; SPIC ou SPA).

Il convient de ne pas se méprendre sur les finalités de l'exercice. L'essentiel n'est pas de dire ce que sera la solution du litige si l'affaire devait être soumise à un juge, l'étudiant doit surtout exposer les voies de droit pertinentes et définir le cadre juridique applicable au litige. Il n'est pas toujours suffisamment armé pour « deviner » ce que sera la solution au fond. Il appartient donc à l'étudiant de faire part de ses intuitions sur la solution tout en sachant que l'appréciation de son travail se concentrera surtout sur les étapes qui lui ont permis d'en arriver là.

Le cas pratique ne saurait être le prétexte pour exposer des connaissances sans lien avec l'affaire en utilisant cette dernière comme une porte d'entrée sur un chapitre du cours.

II/ Rédaction

Le contenu du cas pratique est en partie déterminé par sa formulation. Deux types de cas pratique peuvent être soumis aux étudiants :

- Le cas pratique « ouvert » : il se présente comme l'exposé d'une série de faits et se conclut par une question généralement formulée sous forme de consultation juridique (« M. X vous demande ce qu'il peut faire »). L'étudiant se doit d'aborder l'affaire dans toutes ses dimensions. Il convient non seulement de s'interroger sur le cadre juridique applicable, voire la solution qu'elle appelle, mais aussi, et au préalable, sur la ou les voies de droit qui permettront à la personne concernée d'obtenir satisfaction.
- Le cas pratique « dirigé » : il repose lui aussi sur l'exposé de faits, mais cet exposé est jalonné de questions plus ou moins précises auxquels les étudiants sont invités à répondre. Il appartient à l'étudiant de répondre aux questions posées, ni plus ni moins.

En présence d'un cas pratique « ouvert », le devoir comprend les éléments suivants :

- bref rappel des faits ;
- exposé des voies de droit ouvertes à la personne qui consulte l'auteur. Il suppose souvent de procéder à des qualifications des faits, actes ou situations en cause ne serait-ce que pour identifier le juge compétent (*cf.* ex. *supra*). Il est préférable de ne pas se limiter à des propos superficiels sur la compétence ou le type de voies de recours. La « mise en situation » suppose aussi de ne pas se désintéresser de questions telles que les délais de recours, les référés qui peuvent se greffer sur l'action principale, la règle de la décision préalable en matière de responsabilité, etc. ;
- la définition et l'exposé du régime juridique applicable à l'affaire ; sa définition dépend en grande partie de l'analyse et de la qualification juridique des éléments de l'affaire (*cf.* ex. *supra*) ;
- l'application du régime juridique à l'affaire et la solution du litige. L'étudiant ne doit pas surestimer l'importance de cette étape. Le cours ne lui donne pas toujours les éléments de connaissance suffisant pour avancer une solution certaine, il sera alors plutôt

« attendu » sur les deux étapes qui précédent. Il se doit néanmoins de suggérer une solution. Dans d'autres hypothèses, les connaissances acquises en cours lui permettront d'aller plus loin. Exemple : si le cas pratique met en cause une différence de traitement entre des usagers d'un service public, on peut imaginer que le cours de L2 lui fournira des connaissances (jurisprudentielles) suffisantes pour envisager la solution qui pourrait être celle d'un juge.

Les différents éléments qui composent le devoir n'ont pas forcément vocation à être déclinés dans l'ordre indiqué ci-dessus. En particulier, la formulation du cas pratique peut justifier de reporter les développements sur les voies de recours à la fin du propos. Par ailleurs, il est bienvenu de faire ressortir les différentes étapes de la consultation en formulant des titres lorsque sa longueur le justifie.

La dissertation juridique

La dissertation est un exercice d'analyse structurée et critique d'un sujet formulé à partir de quelques mots ou d'une phrase éventuellement sous la forme interrogative. Elle est l'occasion de mobiliser les connaissances acquises au soutien d'une réflexion et d'une démonstration. À l'instar des autres exercices proposés aux étudiants, elle ne saurait être un prétexte pour empiler les connaissances acquises sans considération pour le sujet.

I/ Travail préparatoire

La première étape est la délimitation du sujet. Elle est déterminante puisqu'une délimitation erronée mène tout droit au hors sujet. À l'aide des connaissances acquises, elle suppose de :

- définir les termes du sujet ;
- analyser la formulation du sujet : présence par exemple de conjonctions de coordination, forme interrogative, etc. ;
- situer le sujet dans l'espace et dans le temps.

Dans un second temps, l'étudiant recense ses connaissances en rapport avec le sujet. Le recensement a vocation à être exhaustif, quitte par la suite à mettre de côté certaines desdites connaissances. Il convient ensuite d'analyser les connaissances afin de faire émerger des connexions entre elles, de les classer, de dégager des tendances. L'objectif est de dégager une problématique qui structurera le sujet.

La troisième étape est consacrée à l'élaboration du plan. Un plan en 2 parties et 2 sous-parties est souvent imposé aux étudiants ; le plan en 3 parties est parfois autorisé. Le plan découle naturellement de l'analyse des connaissances réalisée auparavant. Il est aussi déterminé par la formulation du sujet ; si elle est interrogative, le plan doit permettre à l'étudiant de répondre à la question posée. En tout état de cause, le plan « oui/non » est déconseillé puisque l'étudiant est invité à prendre position. Si le sujet repose sur la confrontation/comparaison de deux notions ou de deux institutions juridiques (ex. : « Contrat et recours pour excès de pouvoir »), le plan ne doit pas conduire à traiter successivement les deux termes du sujet (ex. : I/ Le contrat, II/ Le recours pour excès de pouvoir). Pour le reste, il existe plusieurs plans types auxquels l'étudiant dépourvu d'idées peut recourir. Ils ne sont pas toujours adaptés : « Principe/Exceptions », « Notion/Régime », « Conditions/Effets », « Avantages/Inconvénients », « Avant/Après », « Ressemblances/Différences ».

II/ Rédaction

A – Introduction

Elle comprend plusieurs temps :

- une phrase d'attaque (ou d'accroche) qui permet de situer le champ dans lequel se situe la dissertation ; il peut s'agir d'une citation ;
- la définition et l'analyse des termes du sujet ;
- la problématique que recèle le sujet ;
- l'annonce du plan qui structurera le devoir.

B – Développements

Ils sont structurés à travers le plan. Le plan doit être apparent dans la copie (titres et sous-titres soulignés par ex.).

Des phrases doivent assurer la transition entre les différentes subdivisions.

En principe, la dissertation juridique ne comporte pas de conclusion.

…s sources du droit administratif

Thème principal

Sources

Mots clés

Loi

› *Dissertation*

La loi, source du droit administratif.

Sujet donné et corrigé établi par

Gweltaz Eveillard,
Professeure à l'Université de Rennes 2

Premier semestre 2017-2018

› *Préparation*

Analyse du sujet

Le sujet est plus compliqué qu'il y paraît. Tout d'abord, il porte sur les sources du droit administratif, qui ne constituent pas la séquence la plus simple du programme de droit administratif... Ensuite, le sujet de la loi souffre de la concurrence de sources dont l'insertion complexe dans les sources du droit administratif ou l'originalité justifie qu'on leur accorde davantage d'attention : les normes constitutionnelles, les conventions internationales et le droit de l'Union européenne, les principes généraux du droit... On en oublierait presque que la loi est, statistiquement parlant, la première source du droit administratif. Enfin, la loi, en tant que telle, étant censée être vue en droit constitutionnel, les développements qui lui sont consacrés en propre pendant le cours de droit administratif sont souvent assez succincts. Au demeurant, l'expérience a montré que nombre d'étudiants, interrogés sur le sujet, déclarent spontanément n'avoir pas grand-chose à dire à son propos...

En réalité, ce sujet nécessite de l'ingéniosité, ou tout au moins un solide sens de la réflexion – ce qui, après tout, est ce qu'on est en droit d'attendre d'un étudiant qui disserte... À ne traiter que des développements consacrés dans le cours et les manuels à la loi proprement dite, le propos risque effectivement d'être mince... Néanmoins, une telle copie n'envisagerait qu'une faible partie du sujet car, si l'on examine les autres sources du droit administratif, qu'il s'agisse des sources constitutionnelles, internationales et européennes, des sources réglementaires ou des principes généraux du droit, les principaux problèmes qui se posent à leur endroit résident dans leur articulation avec les sources législatives : c'est là, si on retient du sujet une vision normativiste, l'essentiel de celui-ci.

Néanmoins, et c'est l'ultime difficulté – ou du moins, l'ultime difficulté principale – du sujet, cette approche normativiste, qui consisterait, pour énoncer abruptement les choses, à se demander dans quelle mesure la loi s'impose à l'administration, n'est pas la seule qu'on puisse retenir. Il est possible de lui privilégier une approche substantialiste, visant à montrer que le droit administratif est passé d'un droit largement jurisprudentiel à un droit largement écrit – et, notamment, législatif. Néanmoins, cette seconde approche est sans doute moins pertinente que la première, car le mouvement d'écriture du droit administratif obéit à des logiques communes qu'elle se fasse par voie législative ou par voie réglementaire : on s'éloigne donc du sujet.

Plan du corrigé

I/ La loi, une source essentielle du droit administratif
A – La loi, source principale du droit administratif
B – Le caractère secondaire des autres sources traditionnelles du droit administratif
II/ La loi, une source contestée du droit administratif
A – La soumission de la loi aux traités internationaux et au droit de l'Union européenne
B – La soumission de la loi aux normes constitutionnelles

› *Corrigé*

C'est une banalité que d'affirmer que le droit administratif est un droit jurisprudentiel. Mais, indépendamment du fait que cela est de moins en moins vrai, cela ne l'a jamais été… La loi a, en effet, toujours été la principale source du droit administratif, c'est-à-dire la principale norme s'imposant à l'administration.

Il en va ainsi surtout si l'on retient de la loi une conception large, comme de toute norme de valeur législative – c'est-à-dire non seulement la loi parlementaire, votée par le Parlement, de loin la plus nombreuse, mais également la loi référendaire de l'article 11 de la Constitution, les ordonnances de l'article 38 de la Constitution une fois qu'elles ont été ratifiées par le Parlement (ainsi que leurs prédécesseurs les décrets-lois des IIIe et IVe Républiques), les quelques mesures adoptées par l'exécutif et dotées néanmoins, par elle-même, d'une valeur législative (les ordonnances adoptées sur le fondement de l'article 92 de la Constitution et dont certaines sont toujours en vigueur, les mesures de l'article 16 adoptées dans le domaine de la loi), ainsi, de manière plus sectorielle, que les lois de pays de la Nouvelle-Calédonie adoptées par le Congrès de cette collectivité.

Il n'a jamais été nié que l'administration doive être soumise au droit. Assurer cette soumission constitue la tâche principale du juge administratif et même sa raison d'être : le principe de séparation des autorités administratives et judiciaires né de la loi des 16 et 24 août 1790 n'a jamais eu pour objet de soustraire l'administration au droit, mais seulement à la compétence de la juridiction judiciaire. C'est pour cette raison qu'on s'est préoccupé de lui trouver un juge, compréhensif certes, mais un juge tout de même, et que les organes chargés, au sein de l'administration, de régler le contentieux administratif, se sont progressivement détachés d'elle pour devenir de véritables juridictions.

Certes, ce droit n'était pas exclusivement de nature législative. Un pouvoir réglementaire existe depuis l'an VIII. Par ailleurs, les nombreuses lacunes des textes – législatifs comme réglementaires – ont conduit le juge administratif à combler ces lacunes, en dégageant des principes et règles jurisprudentiels et en contribuant, ce faisant, à forger un véritable corps de règles structuré : de là est née la réputation de « droit jurisprudentiel » régulièrement accolée au droit administratif.

Néanmoins, il ne faudrait pas exagérer la portée concrète de ces constats du point de vue de l'activité de l'administration. Tout d'abord, jusqu'à la Constitution de 1958, le pouvoir réglementaire était quasi-exclusivement un pouvoir d'application des lois, procédant par conséquent de ces dernières. Ensuite, la tradition légicentriste qui longtemps marqué la France excluait que puissent exister des sources supérieures à la loi et devant lesquelles celle-ci devrait s'incliner. Enfin, force est de constater que l'administration, dans l'immense majorité des cas, applique la loi et ses textes d'application – du moins si l'on se réfère à ce que le contentieux administratif donne à voir de l'activité de l'administration, mais rien ne laisse penser que cette approche contentieuse, quoique réductrice, soit ici de nature à fausser le constat. Du reste, le vocabulaire atteste de cette réalité, qui qualifie les normes de référence de l'administration de « légalité administrative », le contrôle – juridictionnel ou non – de la conformité des décisions administratives au droit de « contrôle de légalité » ou identifie, parmi les cas d'ouverture du recours pour excès de pouvoir, la « violation de la loi » – qui est en réalité la violation de toute règle de droit supérieure à l'acte administratif – ou le « défaut de base légale » – qui désigne en réalité l'absence de toute base juridique de cet acte.

Cependant, les choses semblent avoir changé. D'un côté, la loi est aujourd'hui de plus en plus concurrencée, parmi les sources du droit administratif, par d'autres sources, de valeur supra-législative : la Constitution (ou, plus largement, les normes de valeur constitutionnelle) et les conventions internationales ainsi que le droit de l'Union européenne. Par ailleurs, la limitation, par les articles 34 et 37 de la Constitution de 1958, du domaine d'intervention de la loi, la fait désormais directement concurrencer par le pouvoir réglementaire autonome, compétent dans tous les autres domaines. Mais, d'un autre côté, le droit administratif connaît un mouvement de codification : cette écriture emprunte de manière privilégiée la forme de la loi.

Ainsi, par contrecoup, les évolutions qui ont affecté les autres sources du droit administratif ont eu des répercussions sur la source la plus ancienne, et apparemment la plus immuable, du droit administrait : la loi. Quelle place cette dernière occupe-t-elle aujourd'hui parmi les sources du droit administratif ?

Si elle en reste une source essentielle (I), elle est également de plus en plus contestée (II).

I/ La loi, une source essentielle du droit administratif

La loi est la source principale du droit administratif (A), les autres sources traditionnelles du droit administratif ayant par rapport à elle un caractère secondaire (B).

A – La loi, source principale du droit administratif

Traditionnellement, la loi est la principale source du droit administratif, ce qui est d'ailleurs assez logique. L'administration est en effet rattachée au pouvoir exécutif, plus précisément au gouvernement qui en dispose (selon les termes de l'article 20 de la Constitution). Comme telle, elle est chargée, dans un système de séparation des pouvoirs, de la mise en œuvre des lois. À l'instar du gouvernement lui-même, elle est d'ailleurs soumise – question de légitimité démocratique – au Parlement élu : si ce dernier n'exerce pas de contrôle direct sur elle, celui qu'il exerce sur le gouvernement prend en compte la manière dont celui-ci utilise l'administration. Cette donnée d'ordre institutionnel peut sembler éloignée des questions normatives : elle ne l'est pas, le Parlement contrôlant – parfois de manière insuffisante ou inefficace, mais il s'y efforce – la mise en œuvre des lois (par exemple l'adoption, et les délais d'adoption, des règlements d'application des lois).

D'un point de vue matériel, la loi est d'ailleurs – conjointement avec le règlement, c'est vrai, mais on verra que le règlement présente par rapport à elle un caractère secondaire – la principale norme dont le contenu peut intéresser l'administration. C'est elle qui définit, très largement, les conditions de légalité externe des actes administratifs unilatéraux, en répartissant les compétences entre les autorités administratives et en prévoyant les plus essentielles des règles de procédure et de forme qui s'imposent à ces actes. Elle définit aussi, très largement, leurs conditions de légalité interne, en précisant ce que peut – et parfois, ce que doit – être leur contenu.

Aussi n'est-il pas surprenant que la tâche essentielle du juge administratif ait pendant longtemps été de contrôler la soumission de l'administration à la loi, avec d'ailleurs un degré d'exigence croissant depuis le XIXe siècle. Il en va ainsi, en particulier, lorsque la loi ne laisse aucun pouvoir discrétionnaire à l'administration et la place, au contraire, en situation de compétence liée.

Malgré le renforcement de la place des normes supra-législatives depuis la seconde moitié du XXe siècle, le paradigme est loin d'avoir changé. Il ne faudrait pas, tout d'abord, céder à un effet de mode, ou à un effet de loupe – ou les deux en même temps – et surreprésenter la place qu'occupent ces « nouvelles sources » du droit administratif dans le contrôle de la légalité des actes administratifs – ou de leur juridicité, si l'on veut choisir un terme moins centré sur la loi. Leur part n'est que marginale : l'immense majorité des problèmes de juridicité qui se posent à l'administration, et au juge administratif qui la contrôle, concerne des questions de conformité à la loi – ou au règlement qui en procède. Il est d'ailleurs assez rare que la Constitution, les traités internationaux ou le droit de l'Union européenne s'adressent directement à l'administration : le plus souvent, leur place dans le contentieux administratif concerne moins la question de savoir si l'acte administratif les respecte directement que celle de savoir si la loi qu'applique l'administration en adoptant des actes administratifs les respecte.

Au demeurant, on aurait tort de mésestimer le fait que la part de la loi dans le contrôle de légalité, non seulement ne diminue pas, mais au contraire tend à s'accroître.

Cet accroissement ne vient pas de la multiplication des normes ayant valeur législative. À l'exception – et encore – des ordonnances de l'article 38 ratifiées – mais elles existaient déjà, sous le nom différent de décrets-lois, sous les Républiques précédentes – les normes législatives autres que les lois parlementaires sont en effet fort peu nombreuses.

En revanche, le mouvement d'écriture du droit administratif s'est traduit par l'adoption de grandes lois (statut de la fonction publique, loi du 11 juillet 1979 sur la motivation des décisions administratives, loi du 12 avril 2000 relative aux droits des citoyens dans leurs relations avec les administrations…) et de nombreux Codes, qui codifient d'ailleurs parfois les premières (Code général des collectivités territoriales, Code de justice administrative, Code général de la propriété des personnes publiques, Code des relations entre le public et l'administration, bientôt un Code de la commande publique…) et dont les dispositions les plus importantes sont de valeur législative. Ainsi, le juge administratif applique de moins en moins souvent des principes jurisprudentiels pour leur préférer des dispositions législatives d'objet identique.

À cette place prédominante de la loi existe tout de même un bémol : elle ne peut être une source du droit administratif que si elle possède une portée normative. Or, au croisement du XXe et du XXIe siècle, le législateur a parfois eu tendance à « bavarder » au travers de lois uniquement déclaratoires, pour ne pas dire incantatoires. Néanmoins, de telles lois n'ont plus aujourd'hui vocation à exister, le Conseil constitutionnel considérant que le principe de clarté de la loi et l'objectif d'intelligibilité de celle-ci font obstacle à ce que puissent être adoptées des lois non normatives (Cons. const., déc. n° 2004-500 DC, 29 juill. 2004, Loi organique relative à l'autonomie financière des collectivités territoriales).

B – Le caractère secondaire des autres sources traditionnelles du droit administratif

Que la loi soit la source principale du droit administratif ne signifie pas qu'elle en soit la seule source. Ont toujours existé, à côté d'elle, d'autres sources qui, comme elle, méritent à ce titre d'être qualifiées de sources « traditionnelles » ou « classiques » du droit administratif.

Néanmoins, ces autres sources ne présentent, par rapport à elle, qu'un caractère secondaire.

Il en va tout d'abord ainsi de la plus ancienne et de la plus abondante, la source réglementaire.

Ce dernier existe en effet depuis la Constitution de l'an VIII. Mais il s'agissait seulement, à l'époque, d'un pouvoir d'application des lois. Même s'il est fondé directement sur la Constitution, et plus précisément sur la fonction du gouvernement de veiller à l'exécution des lois, et non sur ces dernières – ce dont il résulte que son intervention n'est pas subordonnée à la volonté, ou du moins à la volonté directe, du législateur – il n'empêche que le règlement d'application d'une loi est hiérarchiquement subordonné à cette dernière : s'il ne lui est pas conforme, il sera soit annulé s'il fait l'objet d'un recours pour excès de pouvoir, soit écarté par la voie de l'exception d'illégalité. Il constitue donc bien une source dérivée de la loi. De surcroît, le pouvoir réglementaire d'application des lois a l'obligation de prendre les règlements nécessaires à l'application de celles-ci, dès lors qu'elles sont trop peu précises pour recevoir application par elles-mêmes : c'est dire que le législateur, par la plus ou moins grande précision qu'il donne à son œuvre, détermine la capacité du pouvoir réglementaire à intervenir.

Certes, le pouvoir réglementaire n'est plus, aujourd'hui, uniquement un pouvoir réglementaire d'application des lois. Si, dès le début du XXe siècle, le Conseil d'État avait admis que le pouvoir exécutif pouvait agir sans loi pour organiser les services publics (CE 4 mai 1906, *Babin*) ou adopter des réglementations nationales de police administrative (CE 8 août 1919, *Labonne*), l'article 37 de la Constitution de 1958 a érigé la compétence du pouvoir réglementaire autonome en compétence de principe par rapport à celle du législateur. Ceci limite sérieusement l'importance de la loi comme source du droit administratif, du moins en apparence car la réalité est plus nuancée.

D'abord, même si des pans entiers du droit administratif se trouvent placés dans le domaine du règlement autonome – on pense, par exemple, à la procédure administrative non contentieuse tant qu'elle ne met pas en cause la libre administration des collectivités territoriales ni les principes fondamentaux de l'organisation de la sécurité sociale – il faut admettre que les matières les plus importantes continuent à relever du domaine de la loi. Par ailleurs, la « révolution » annoncée en 1958 n'a pas eu lieu car il n'existe pas de moyen de sanctionner les empiétements commis par le législateur dans le domaine de la loi si le gouvernement ne le souhaite pas, toutes les procédures permettant de sanctionner cet empiétement – qu'il s'agisse de l'irrecevabilité de l'article 41 de la Constitution ou de la délégalisation de l'article 37 alinéa 2 – étant entre ses mains : en effet, le contrôle de constitutionnalité de l'article 61 ne permet pas à l'opposition de saisir le Conseil constitutionnel en vue qu'il censure une loi qui s'immiscerait dans le domaine du règlement (Cons. const., déc. n° 82-143 DC, 30 juill. 1982, *Blocage des prix et des revenus*). Or, le gouvernement n'a, compte tenu du fait majoritaire, aucun intérêt à censurer de tels empiétements. Il en résulte qu'existent de nombreuses lois intervenant dans le domaine du règlement autonome, et qui s'imposent hiérarchiquement à lui dès lors qu'il ne dispose que d'une simple valeur réglementaire (CE, sect., 26 juin 1959, *Syndicat général des ingénieurs conseils*).

Enfin, les ordonnances de l'article 38, si elles permettent au gouvernement d'intervenir dans le domaine de la loi, ne le peuvent qu'avec l'autorisation du législateur, au moyen du vote d'une loi d'habilitation. De surcroît, elles n'acquièrent valeur législative qu'une fois ratifiées par le Parlement.

De même, les sources jurisprudentielles que constituent les principes généraux du droit ne possèdent, par rapport à la loi, qu'un caractère secondaire. En effet, le juge administratif ne les a dégagés que pour combler le silence de la loi. Il est d'ailleurs frappant que leur usage décline au fur et à mesure du mouvement de codification du droit administratif. Par ailleurs, leur valeur infra-législative permet au législateur d'y déroger (Cons. const., déc. n° 69-55 L, 26 juin 1969, *Protection des sites*).

Tout ceci montre que la loi est bien au centre, et même au sommet, du bloc de légalité traditionnel. Pour autant, cette situation a évolué et la loi est désormais concurrencée, voire contestée.

II/ La loi, une source contestée du droit administratif

Sans vouloir mésestimer son importance, la loi n'est plus aujourd'hui la source supérieure du droit administratif. Elle est soumise, d'une part aux traités internationaux et au droit de l'Union européenne (A), d'autre part aux normes constitutionnelles (B).

A – La soumission de la loi aux traités internationaux et au droit de l'Union européenne

C'est la Constitution de 1946 qui, à travers son article 26, s'est préoccupée pour la première fois d'insérer les traités internationaux dans la hiérarchie des normes, ce qui constitue le premier pas à leur transformation en sources du droit administratif (CE, ass., 30 mai 1952, *dame Kirkwood*) : néanmoins, ils n'ont à l'époque qu'une valeur législative, ce qui est déjà beaucoup mais permet encore à la loi de s'imposer à eux si elle leur est postérieure, en vertu des principes généraux de succession des normes dans le temps. Il a fallu attendre l'article 55 de la Constitution de 1958 pour qu'ils acquièrent une valeur supra-législative. Si les autres sources du droit international « classique » ne bénéficient pas de cette valeur, par exemple les coutumes internationales (CE, ass., 6 juin 1997, *Aquarone*), les principes généraux du droit international (CE 28 juill. 2000, *Paulin*) ou encore le droit international dérivé, le Conseil d'État l'a en revanche étendue à l'ensemble du droit dérivé de l'Union européenne, qu'il s'agisse des règlements (CE 24 sept. 1990, *Boisdet*), des directives (CE, ass., 28 févr. 1992, *Société Rothmans International France*) ou encore des principes généraux du droit de l'Union européenne (CE 3 déc. 2001, *Syndicat national de l'industrie pharmaceutique*).

Toutes ces normes ont ainsi vocation à s'imposer aux lois en cas de contrariété avec celles-ci : il appartient alors au juge administratif d'écarter la loi.

Ce n'est pourtant qu'avec les plus extrêmes réserves qu'il s'est reconnu compétent pour le faire. Il a longtemps continué à procéder comme si les traités internationaux avaient une simple valeur législative, n'acceptant d'écarter la loi inconventionnelle que si elle leur était antérieure (CE, sect., 1er mars 1968, *Syndicat général des fabricants de semoules de France*) – et, par conséquent hors de toute considération hiérarchique. Sans doute s'estimait-il incompétent pour assurer cette prééminence, lui qui se considère comme chargé de faire appliquer la loi et non de la contrôler : la loi se trouvait ainsi faire écran entre le traité international et l'acte administratif, comme elle le fait entre la Constitution et l'acte administratif.

Une différence majeure avec les rapports Constitution / loi l'a néanmoins obligé à reconsidérer sa position : le refus du Conseil constitutionnel de contrôler la conventionnalité des lois (Cons.

const., déc. n° 74-54 DC, 15 janv. 1975, *IVG*), qui constituait une invitation implicite aux juridictions ordinaires à se saisir d'un tel contrôle. C'est au demeurant ainsi que l'a compris la Cour de cassation dans ses domaines de compétence (Cass., ch. mixte, 24 mai 1975, *Société des cafés Jacques Vabre*). Le juge administratif a résisté plus longtemps, mais il s'est incliné : il se reconnaît désormais compétent pour faire primer le traité international sur la loi contraire (CE, ass., 20 octobre 1989, Nicolo), excepté si elle est conforme à la Constitution (CE, ass., 30 oct. 1998, *Sarran et Levacher*) – ce afin de préserver la place de cette dernière comme norme suprême de l'ordre juridique interne. Il peut ainsi, après avoir écarté la loi, annuler l'acte administratif conforme à cette dernière, mais méconnaissant, parce qu'il est fidèle à une loi inconventionnelle, un traité international. S'il ne peut l'annuler, il prive ainsi la loi inconventionnelle d'une bonne part de ses effets en droit français, puisqu'il considère que le pouvoir réglementaire a l'interdiction de prendre les règlements d'application d'une telle loi (CE 24 févr. 1999, *Association des patients de la médecine d'orientation anthroposophique*) et que le pouvoir réglementaire autonome ne doit tenir aucun compte d'une loi empiétant sur son domaine de compétence si elle est par ailleurs inconventionnelle et doit assurer lui-même la mise en conformité du droit français avec le droit international ou le droit de l'Union européenne (CE, sect., 3 déc. 1999, *Association ornithologique et mammalogique de Saône-et-Loire*).

La seule limite à cette suprématie du traité sur la loi – hormis, bien entendu, l'hypothèse de l'inconstitutionnalité du traité – est qu'elle ne concerne que les rapports de conventionnalité interne, c'est-à-dire la supériorité du contenu du traité sur celui de la loi. Les rapports de conventionnalité externe ne sont pas concernés, une loi ne pouvant être écartée par le juge administratif au seul motif qu'elle n'a pas respecté les règles de procédure qui lui sont imposées par un traité (CE 27 oct. 2015, *Allenbach*) : mais cette lacune dans la hiérarchie des normes, outre qu'elle n'est pas isolée – en matière de contrôle de constitutionnalité, on le verra, ce sont essentiellement des inconstitutionnalités internes qui peuvent justifier le dépôt d'une question prioritaire de constitutionnalité devant les juridictions ordinaires – est davantage justifiée par le souci du juge administratif de protéger la Constitution, qui constitue la principale source de la procédure législative, que la loi elle-même. Autrement dit, sans même parler de contredire la Constitution, le traité n'a pas à y ajouter en ce qui concerne les questions de procédure législative.

Enfin, un régime particulier s'applique aux lois chargées d'assurer la transposition des directives de l'Union européenne : leur subordination à ces dernières est encore plus étroitement assurée que celle des lois ordinaires aux traités internationaux et au droit dérivé de l'Union européenne, puisque le Conseil constitutionnel renonce, sauf si elles portent atteinte à un principe constitutionnel inhérent à l'identité constitutionnelle de la France, c'est-à-dire dépourvu d'équivalent en droit de l'Union européenne, à contrôler leur constitutionnalité (Cons. const., déc. n° 2004-496 DC, 10 juin 2004, *Loi pour la confiance dans l'économie numérique*), et contrôle en lieu et place leur conformité à la directive qu'elles doivent transposer (Cons. const., déc. n° 2006-540 DC, 27 juill. 2006, *Loi relative au droit d'auteur et aux droits voisins dans la société de l'information*). Sous couvert de contrôler la conformité de ces lois à l'article 88-1 de la Constitution, qui consacre leur obligation de respect du droit de l'Union européenne, il contrôle ainsi leur conventionnalité, excepté lorsque, doutant de la solution à donner au litige en raison d'une difficulté sérieuse d'interprétation du droit de l'Union européenne dont il n'a pas les moyens, statuant *a priori* et dans un délai bref, de saisir la Cour de justice de l'Union européenne : il laisse alors promulguer la loi et renvoie au juge ordinaire le soin de l'écarter pour inconventionnalité, le cas échéant après avoir posé à la Cour de justice la question préjudicielle que le Conseil constitutionnel n'a pu lui poser (CE, ass., 8 févr. 2007, *Société Arcelor*).

Quoi qu'il en soit, la supériorité du traité sur la loi est désormais bien assurée : la loi n'est une source du droit administratif que dans le respect des traités internationaux et du droit de l'Union européenne.

B – La soumission de la loi aux normes constitutionnelles

Paradoxalement, la primauté des normes constitutionnelles sur la loi a pendant longtemps été moins bien assurée que celle des traités, alors que la Constitution constitue la norme fondamentale de l'ordre juridique et que cette supériorité est admise sans contestation, au moins d'un point de vue théorique, depuis bien plus longtemps que la place des traités dans ce même ordre juridique.

Pour dire les choses franchement, cette supériorité a même été purement platonique jusqu'en 1958, faute de contrôle de constitutionnalité. Et la création du Conseil constitutionnel par la Constitution de 1958 n'a que modérément changé la situation : même s'il dispose du pouvoir de censurer une loi inconstitutionnelle, y compris par rapport aux droits fondamentaux auxquels le préambule de la Constitution fait référence (Cons. const., déc. n° 71-44 DC, 16 juill. 1971, *Liberté d'association*) – ce qui constitue le principal chef d'inconstitutionnalité interne de la loi – le Conseil constitutionnel n'a, jusqu'à la révision constitutionnelle de 2008, pas été réellement « connecté » aux autres ordres de juridiction et au contentieux ordinaire. Comme il pouvait être saisi uniquement avant la promulgation de la loi et par des autorités politiques, la loi, si elle ne lui était pas déférée et se trouvait ainsi promulguée, devenait, fût-elle entachée d'illégalité, un acte incontestable et irréprochable.

Le juge administratif avait en effet de longue date affirmé son incompétence pour contrôler la constitutionnalité des lois par voie d'exception, à l'occasion d'un litige portant sur l'application de celles-ci à une situation administrative (CE, sect., 6 nov. 1936, *Arrighi*). Même si la Constitution fait, par ailleurs, depuis longtemps partie du bloc de légalité administrative (CE, ass., 11 juill. 1956, *Amicale des annamites de Paris*), la théorie de l'écran législatif faisait ainsi obstacle à ce qu'elle prime en pratique sur la loi devant les juridictions ordinaires.

Au contraire même, la création du Conseil constitutionnel avait conforté cette théorie : alors que, comme on l'a vu, l'écran législatif disparaissait entre les traités internationaux et l'acte administratif, le Conseil d'État a vu dans cette création une justification à maintenir l'écran pour ce qui concernait les rapports entre les normes constitutionnelles et l'acte administratif (CE 5 janv. 2005, *Mlle Deprez et Baillard*), afin sans doute de ne pas risquer un conflit éventuel avec son homologue de la rue de Montpensier.

Les prétendues « exceptions » à la théorie de l'écran législatif, en réalité, n'en étaient pas. Ce qu'on appelle la théorie de l'écran transparent désigne simplement la circonstance que, dans certaines hypothèses, la loi ne puisse faire écran entre la Constitution et l'acte administratif, soit parce qu'elle est purement habilitative et ne comporte aucune disposition de fond s'imposant à l'acte administratif, soit parce que son contenu est trop général, soit parce que l'acte administratif ne se borne pas à tirer les conséquences nécessaires de la loi et ajoute à celle-ci : dans toutes ces hypothèses, c'est parce que le contrôle de la constitutionnalité de l'acte administratif n'implique aucun contrôle de constitutionnalité de la loi qu'il peut avoir lieu. Quant au pouvoir que s'est reconnu le juge administratif d'écarter une loi pour cause d'incompatibilité avec une disposition constitutionnelle postérieure (CE, ass., 16 déc. 2005, *Syndicat national des huissiers de justice*), il est dépourvu de tout fondement hiérarchique et repose uniquement sur les règles de succession des normes dans le temps, dont il résulte que la plus récente abroge implicitement la plus ancienne s'il existe une incompatibilité entre les deux ; il en irait de même si les deux normes en cause étaient deux lois et, du reste, l'incompatibilité est une notion beaucoup plus souple que l'inconstitutionnalité – la jurisprudence a pu ainsi affirmer qu'une loi pouvait être inconstitutionnelle sans pour autant être incompatible avec une quelconque norme constitutionnelle (Cons. const., déc. n° 2010-52 QPC, 14 oct. 2010, *Compagnie agricole de la Crau*).

C'est donc bien la révision constitutionnelle de 2008 et la loi organique du 10 décembre 2009 qui ont contribué réellement à affaiblir la loi par rapport à la Constitution parmi les sources du droit administratif, en mettant en place la procédure de question prioritaire de constitutionnalité. Celle-ci, dans le détail de laquelle il n'appartient pas d'entrer ici, permet au justiciable, à l'occasion d'un procès porté devant les juridictions ordinaires – donc, notamment, devant les juridictions administratives – de contester la constitutionnalité de la loi qui lui est appliquée, du moins par rapport aux droits et libertés que la Constitution garantit – soit qu'elle soit entachée d'inconstitutionnalité interne, soit qu'elle soit entachée d'une incompétence négative, faute pour le législateur d'avoir épuisé sa compétence, lorsque de cette incompétence négative découle une méconnaissance des droits et libertés constitutionnels.

Cette procédure permet donc de faire primer la Constitution sur la loi devant le juge administratif, pour peu que l'administré le souhaite, et ce sans remettre en cause le monopole du Conseil constitutionnel pour contrôler la constitutionnalité des lois – ou presque puisque, chargé entre autres choses de déterminer si la question est suffisamment sérieuse pour en saisir le Conseil constitutionnel, le juge ordinaire dispose du pouvoir de déclarer la constitutionnalité manifeste d'une disposition législative…

Ainsi, même s'il n'est pas question de nier que la loi reste une source majeure du droit administratif, cette source n'occupe plus la place qui a longtemps été la sienne : non seulement elle n'est plus qu'une source parmi d'autres, mais elle n'est plus la source disposant de la plus grande autorité puisqu'elle doit désormais s'incliner en cas de contrariété avec des normes supérieures.

Les sources du droit administratif

› *Dissertation*

Le juge administratif et les conventions internationales.

Thème principal

Juge administratif

Mots clés

Sources, Conventions internationales, Primauté, Effet direct

Sujet donné et corrigé établi par

Virginie Donier, Professeure à l'Université de Toulon

Premier semestre 2017-2018

› *Préparation*

Analyse du sujet

Le sujet suppose de s'interroger sur les sources du principe de légalité et sur leur hiérarchie en étudiant plus précisément la façon dont le juge en fait application. C'est un sujet qui soulève la question de la globalisation du droit administratif, phénomène qui découle de la construction européenne, mais aussi de l'internationalisation du droit administratif. Et c'est précisément l'une des difficultés du sujet qui suppose de faire le partage entre ce qui relève du droit international et ce qui relève des particularités du droit de l'Union européenne. Le sujet doit ainsi être clairement délimité, même si certains de ces aspects valent à la fois pour le droit international *stricto sensu* et pour le droit de l'Union européenne.

Plan du corrigé

I/Les conventions internationales, sources du principe de légalité

A – L'application conditionnée des conventions internationales par le juge administratif

B – L'interprétation des conventions internationales par le juge administratif

II/ La sanction de la violation des normes internationales dans la jurisprudence administrative

A – Les conséquences inhérentes à la supériorité de la Constitution

B – Le contrôle de conventionnalité exercé par le juge administratif

› *Corrigé*

Le principe de légalité est l'émanation de l'état de droit dans la mesure où il assure la soumission de l'administration au droit, qu'il s'agisse des règles de droit nationales, européennes ou internationales. L'action administrative est ainsi subordonnée au respect de règles écrites, mais aussi de règles de nature jurisprudentielle, à l'instar des principes généraux du droit. Parmi ces règles, on assiste à une croissance remarquable des sources internationales et européennes sous l'effet de la construction européenne, mais aussi en raison de l'internationalisation du droit administratif.

L'obligation pour l'administration de respecter les traités internationaux découle de l'article 55 de la Constitution selon lequel « les traités ou accords internationaux régulièrement ratifiés ou approuvés ont, dès leur publication, une autorité supérieure à celle des lois, sous réserve, pour chaque accord ou traité, de son application par l'autre partie ». Cette obligation de respecter les conventions internationales n'est cependant pas une nouveauté émanant de la Constitution de 1958, le texte constitutionnel de 1946 prévoyait lui aussi une disposition similaire, ce qui a permis au Conseil d'État de considérer, dans son fameux arrêt *Dame Kirkwood*, qu'un acte administratif pouvait être contesté au regard de conventions internationales (CE 30 mai 1952, *Dame Kirkwood*).

Ces conventions peuvent provenir d'organisations internationales, tels les pactes onusiens de 1966 sur les droits civils et politiques, d'une part, et sur les droits économiques, sociaux et culturels, d'autre part. Il peut également s'agir de conventions conclues avec des États étrangers, de conventions provenant du Conseil de l'Europe, comme la Convention européenne des droits de l'Homme, ou des Traités de l'Union européenne. Sur ce dernier point, l'analogie avec les sources de droit international ne peut toutefois être totale en raison de l'article 88-1 de la Constitution en vertu duquel la République participe à l'Union européenne. Cela implique, selon le Conseil constitutionnel, l'existence d'un « ordre juridique communautaire intégré » (décision du 10 juin 2004, loi pour la confiance dans l'économie numérique). Le droit de l'Union européenne présente ainsi des particularités et les problématiques qu'il soulève ne sont pas en tous points similaires à celles que posent les conventions internationales proprement dites.

Par ailleurs, il convient de préciser que les sources externes du principe de légalité ne se limitent pas aux seules sources écrites du droit international puisqu'il convient d'ajouter la coutume internationale, ainsi que les principes généraux du droit international dont le Conseil d'État vérifie le respect, même s'il se refuse à les faire prévaloir sur les lois.

La question du sort réservé aux conventions internationales est en revanche plus épineuse, elle implique de s'interroger sur l'impact de l'article 55 de la Constitution sur le principe de légalité. Pour apporter des éléments de réponse à cette question, il convient, de prime abord, d'analyser les conditions qui permettent au juge administratif de faire application des conventions internationales lors de son contrôle de légalité (I), avant d'envisager les conséquences que le juge administratif attache à la violation d'une norme internationale par l'administration (II).

I/ Les conventions internationales, une source du principe de légalité

L'applicabilité d'une convention internationale par le juge administratif suppose de réunir certaines conditions découlant notamment de l'article 55 de la Constitution (A), la satisfaction de ces conditions permettant par ailleurs au juge administratif d'interpréter la disposition conventionnelle avant d'en faire application (B).

A – L'application conditionnée des conventions internationales

Si l'article 55 de la Constitution définit certaines conditions permettant au juge administratif de déterminer si une disposition issue d'une convention internationale est applicable en droit interne, il n'est nullement exhaustif. Le juge administratif doit en effet vérifier que les conditions de l'article 53 de la Constitution ont été respectées, à savoir que l'accord a été régulièrement ratifié ou approuvé, certains traités nécessitant à cet égard l'intervention d'une loi. Si le juge administratif a pendant longtemps refusé d'exercer un tel contrôle, cette solution fut abandonnée dans l'arrêt du Conseil d'État du 18 décembre 1998, *SARL du Parc d'activités de Blotzheim*.

Pour autant, à supposer que la convention internationale ait été ratifiée selon une procédure régulière conforme à l'article 53 de la Constitution, cela ne peut suffire pour en déduire que la disposition conventionnelle est effectivement applicable. Il convient, en effet, de vérifier le respect de la clause de réciprocité énoncée par l'article 55 de la Constitution. En vertu de celle-ci, pour être applicable en droit interne, une convention internationale conclue avec un autre État doit également être respectée par celui-ci. Initialement, lorsque cette question soulevait une difficulté sérieuse, le juge administratif avait opté pour un renvoi au ministre des affaires étrangères, ce qui impliquait qu'il sursoie à statuer (CE 29 mai 1981, *Rekhou*). Toutefois, cette solution fut remise en cause par la Cour européenne des droits de l'Homme qui a considéré que la pratique du renvoi portait atteinte à l'article 6 § 1 de la Convention dans la mesure où l'administration était à la fois juge et partie (CEDH 13 févr. 2003, *Chevrol c/ France*).

Désormais, le Conseil d'État accepte donc de contrôler le respect de cette condition de réciprocité et s'il peut toujours renvoyer la question au ministre, il ne se considère plus lié par l'avis de ce dernier (CE 9 juill. 2010, *Cheriet-Benseghir*).

Enfin, pour être applicable en droit interne, la norme internationale doit être revêtue de l'effet direct, ce qui signifie qu'elle ne doit pas avoir pour objet exclusif de régir les relations entre États et qu'elle doit être inconditionnelle (CE 11 avr. 2012, *Gisti et Fapil*).

Si ces différentes conditions sont remplies, le juge administratif pourra faire application de la convention et se livrer à un travail d'appréciation inhérent à tout contrôle de légalité.

B – L'interprétation des conventions internationales par le juge administratif

Selon une jurisprudence ancienne, le juge administratif ne se reconnaissait pas le pouvoir d'interpréter les conventions internationales. Ainsi, lorsqu'une question se posait, le juge administratif se contentait de la renvoyer au ministre chargé des Affaires étrangères afin qu'il donne son interprétation. Dans l'attente de la réponse du ministre, le cours du procès était suspendu car le juge devait surseoir à statuer.

Cependant, le Conseil d'État fait évoluer sa jurisprudence dans une décision du 29 juin 1990, *Gisti*, dans laquelle il s'est reconnu pour la première fois compétent pour interpréter lui-même les dispositions des conventions internationales. Le juge administratif se réserve malgré tout la possibilité de consulter le ministre en cas de difficultés sérieuses, mais à l'image de ce qui prévaut dans le cadre du contrôle sur la clause de réciprocité, le juge n'est nullement tenu de se conformer à l'interprétation donnée par le ministre. Depuis la décision précitée du 29 juin 1990, le Conseil d'État considère donc qu'il est compétent pour révéler le sens d'une disposition d'une convention internationale.

Ce pouvoir d'interprétation soulève néanmoins certaines difficultés car il suppose que le juge administratif recherche la commune intention des parties (CE 17 sept. 2010, *SA Trans World Finances*). Il peut également être amené à articuler plusieurs traités entre eux lorsque ceux-ci comportent des dispositions pouvant être incompatibles. Dans un premier temps, le juge administratif a tenté de dégager une solution de principe en faisant primer l'accord sous l'empire duquel l'administration avait choisi de se placer (CE 23 déc. 2010, *Kandyrine de Brito Paiva*). Mais face aux difficultés d'application d'une telle solution, le Conseil d'État a choisi de l'abandonner quelques années plus tard et de considérer que l'administration est dans l'obligation de respecter l'ensemble des obligations internationales souscrites par la France, ce qui est indéniablement plus conforme au principe de sécurité juridique (CE 11 avr. 2014, *Giorgio*).

Au regard de l'évolution jurisprudentielle, il apparaît que le juge administratif dispose désormais de larges pouvoirs pour admettre ou refuser l'applicabilité du droit international et pour révéler le sens d'une disposition conventionnelle. La question est à présent de savoir comment le droit international s'insère-t-il au sein de la hiérarchie des normes ?

II/ La sanction de la violation des normes internationales dans la jurisprudence administrative

Si l'article 55 de la Constitution implique la supériorité des traités régulièrement ratifiés ou approuvés sur les lois, ce qui conduit le juge administratif à exercer un contrôle de conventionnalité (B), celui-ci doit néanmoins se concilier avec la supériorité de la Constitution au sein de la hiérarchie des normes (A).

A – Les conséquences inhérentes à la supériorité de la Constitution

Puisque la Constitution est au sommet de la hiérarchie des normes, la question est de savoir comment résoudre un conflit entre une disposition constitutionnelle et une disposition internationale ? La réponse figure au sein de l'article 54 de la Constitution : « si le Conseil constitutionnel, saisi par le président de la République, par le Premier ministre ou par 60 députés ou sénateurs, a déclaré qu'un engagement international comporte une clause contraire à la Constitution, l'autorisation de ratifier ou d'approuver l'engagement international ne peut intervenir qu'après la révision de la Constitution ».

De ce fait, un engagement international ne peut être ratifié ou approuvé s'il contient des dispositions contraires à la Constitution ; en pareille hypothèse, seule une révision de la Constitution permettrait de vaincre les contradictions entre les deux textes.

L'application d'une disposition constitutionnelle ne peut en aucun cas être remise en cause en raison de sa non-conformité au droit international, seule la révision de la Constitution permet alors d'éviter le conflit de normes, étant précisé qu'au terme de cette révision, la Constitution demeure au sommet de la hiérarchie des normes. De telles révisions ont eu lieu à plusieurs reprises s'agissant de la ratification de traités européens, à l'instar du Traité de Maastricht. Dans sa décision du 9 avril 1992, le Conseil constitutionnel a en effet considéré que les dispositions du traité reconnaissant le droit de vote et d'éligibilité aux ressortissants de l'Union européenne résidant en France étaient contraires à la Constitution. Une solution similaire a été appliquée s'agissant du Traité d'Amsterdam ou du Traité établissant une Constitution pour l'Europe.

Le contrôle de la constitutionnalité des traités internationaux n'appartient donc pas au juge administratif, comme l'indique l'arrêt du Conseil d'État du 8 juillet 2002, commune de Porta. Le juge du Palais royal se refuse à écarter l'application d'une disposition constitutionnelle sous prétexte qu'elle serait contraire à une convention internationale (CE 30 oct. 1998, *Sarran et Levacher*).

En revanche, le juge administratif se reconnaît la possibilité de faire prévaloir les conventions internationales sur les lois et les règlements en exerçant un contrôle de conventionnalité.

B – Le contrôle de conventionnalité exercé par le juge administratif

En dépit de l'article 55 de la Constitution qui indique, sans ambiguïté, que les conventions internationales régulièrement ratifiées ou approuvées doivent prévaloir sur les lois, la jurisprudence du Conseil constitutionnel a pu susciter certains doutes. Dans sa décision du 15 janvier 1975 (loi relative à l'interruption volontaire de grossesse), le Conseil constitutionnel a estimé que son rôle consistait simplement à vérifier la conformité d'une loi à la Constitution et qu'il ne lui appartenait pas de contrôler la conformité de la loi aux engagements internationaux.

De son côté, le juge administratif a pendant longtemps retenu une interprétation restrictive de l'article 55 de la Constitution : selon la jurisprudence Syndicat des fabricants de semoule (CE 1er mars 1968), les conventions internationales ne pouvaient prévaloir que sur les lois votées antérieurement. Toutefois, cette interprétation a été abandonnée, quelques années plus tard, par la Cour de cassation (Cass. 24 mars 1975, *Société des cafés Jacques Vabre*) rejointe ensuite par le Conseil d'État (CE 20 oct. 1989, *Nicolo*). Dans cette importante décision, le Conseil d'État affirme qu'un traité régulièrement ratifié ou approuvé doit prévaloir sur la loi, qu'elle soit antérieure ou postérieure au traité. S'il s'avère qu'un acte administratif pris sur le fondement d'une loi est contraire à un engagement international, le juge administratif fera application de son contrôle de conventionnalité, ce qui implique de contrôler la loi à l'aune de l'engagement international. En cas de méconnaissance de cet engagement, l'acte administratif sera annulé (pour une application de ce contrôle à la Convention européenne des droits de l'Homme, on peut se reporter à l'arrêt du Conseil d'État du 30 novembre 2001, *ministre de la Défense c/ Diop*).

Par ailleurs, le Conseil d'État a indiqué dans son arrêt *Gardedieu* du 8 février 2007 que la responsabilité de l'État pouvait être engagée en cas de méconnaissance des conventions internationales régulièrement ratifiées ou approuvées.

Il apparaît, en définitive, que le contrôle de conventionnalité qu'exerce le juge administratif renforce l'internationalisation du droit administratif dans la mesure où il soumet l'administration au respect des engagements internationaux de la France.

Les actes de l'administration

› *Commentaire d'arrêt : CE 6 février 2017, Ligue pour la protection des oiseaux, n° 407349*

Thème principal

Acte administratif unilatéral

Mots clés

Acte administratif, Contrôle juridictionnel

Vu la procédure suivante :

Par une requête et un mémoire en réplique, enregistrés le 31 décembre 2016 et le 6 février 2017 au secrétariat du contentieux du Conseil d'État, la Ligue pour la protection des oiseaux (LPO) demande au juge des référés du Conseil d'État, statuant sur le fondement de l'article L. 521-1 du Code de justice administrative :

1°) d'ordonner la suspension de l'exécution de la décision de la ministre de l'environnement, de l'énergie et de la mer, chargée des relations internationales sur le climat, ordonnant à l'administration chargée de la police de la chasse de ne pas verbaliser les chasseurs tirant les oies cendrées jusqu'au 12 février 2017 ;

2°) de mettre à la charge de l'État la somme de 3 000 euros au titre de l'article L. 761-1 du Code de justice administrative.

L'association requérante soutient que :

– le Conseil d'État est compétent en premier et dernier ressort pour statuer sur sa demande ;

– la requête est recevable dès lors que, d'une part, l'intervention de la ministre de l'environnement, de l'énergie et de la mer, chargée des relations internationales sur le climat, est une décision orale susceptible d'un recours pour excès de pouvoir, d'autre part, l'association a qualité et intérêt pour agir et,

Sujet donné et corrigé établi par

Agathe Van Lang, Professeure à l'Université de Nantes

Second semestre 2017-2018

enfin, un recours en annulation a été enregistré au secrétariat du contentieux du Conseil d'État ;

- la condition d'urgence est remplie dès lors que la décision contestée, en favorisant jusqu'au 10 février 2017 le braconnage d'espèces protégées ou fermées à la chasse depuis le 31 janvier 2017, préjudicie de manière grave et immédiate aux intérêts défendus par l'association ;
- il existe un doute sérieux quant à la légalité de la décision contestée ;
- la décision est entachée d'une erreur de droit en ce qu'elle méconnaît les dispositions de l'arrêté du 19 janvier 2009 relatif aux dates de fermeture de la chasse aux oiseaux de passage et au gibier d'eau, pris en application de l'article L. 424-2 du Code de l'environnement et fixant la date de la fermeture de la chasse aux oies au 31 janvier de chaque année ;
- elle facilite la réalisation d'actes de chasse pénalement réprimés ;
- la décision, identique à l'instruction du 28 janvier 2015 de la ministre de l'écologie, du développement durable et de l'énergie, est entachée de la même illégalité que les précédents arrêtés annulés par le Conseil d'État ;

Par un mémoire en défense, enregistré le 3 février 2017, la ministre de l'écologie, du développement durable et de l'énergie, chargée des relations internationales sur le climat, conclut au rejet de la requête. Elle soutient que la condition d'urgence n'est pas remplie et que les moyens soulevés par la société requérante ne sont pas fondés ;

Vu les autres pièces du dossier ;

Vu :

- la directive 2009/147/CE du Parlement européen et du Conseil du 30 novembre 2009 ;
- l'arrêté du 19 janvier 2009 du ministère de l'écologie, de l'énergie, du développement durable et de l'aménagement du territoire relatif aux dates de fermeture

de la chasse aux oiseaux de passage et au gibier d'eau ;

– le Code de l'environnement ;

– le Code de justice administrative.

[...]

Considérant ce qui suit :

1. Aux termes du premier alinéa de l'article L. 521-1 du Code de justice administrative : « Quand une décision administrative, même de rejet, fait l'objet d'une requête en annulation ou en réformation, le juge des référés, saisi d'une demande en ce sens, peut ordonner la suspension de l'exécution de cette décision, ou de certains de ses effets, lorsque l'urgence le justifie et qu'il est fait état d'un moyen propre à créer, en l'état de l'instruction, un doute sérieux quant à la légalité de la décision ».

2. Aux termes de l'article L. 424-2 alinéa 2 du Code de l'environnement : « Nul ne peut chasser en dehors des périodes d'ouverture de la chasse fixées par l'autorité administrative selon des conditions déterminées par décret en Conseil d'État. Les oiseaux ne peuvent être chassés ni pendant la période nidicole ni pendant les différents stades de reproduction et de dépendance. Les oiseaux migrateurs ne peuvent en outre être chassés pendant leur trajet de retour vers leur lieu de nidation ». Aux termes de l'article 1er de l'arrêté du 19 janvier 2009 du ministre de l'écologie, de l'énergie, du développement durable et de l'aménagement du territoire relatif aux dates de fermeture de la chasse aux oiseaux de passage et au gibier d'eau, la fermeture de la chasse aux oies est fixée au 31 janvier de chaque année.

3. Par la présente requête, la Ligue de protection des oiseaux demande au juge des référés du Conseil d'État la suspension de l'exécution de la décision du 25 janvier 2017 par laquelle la ministre de l'environnement, de l'énergie et de la mer, chargée des relations internationales sur le climat, ordonne à l'administration chargée de la police de la chasse de ne pas verbaliser les

chasseurs tirant les oies cendrées jusqu'au 12 février 2017. Contrairement à ce qui est soutenu en défense, il résulte clairement des déclarations par lesquelles l'existence de la décision et son contenu ont été rendus publics par la réponse de la ministre à une question parlementaire orale à l'assemblée nationale le 25 janvier 2017 que la décision n'invite pas les agents à privilégier la pédagogie plutôt que la répression, mais leur prescrit sans aucune exception de ne pas sanctionner les actes illégaux qu'ils pourraient constater.

4. En dépit de la modicité alléguée des populations d'oies susceptibles d'être chassées durant les quatre jours séparant la date à laquelle il est statué en référé sur la requête de la Ligue de protection des oiseaux de l'expiration de l'instruction attaquée, la possibilité créée par l'ordre donné de ne pas sanctionner l'interdiction de tirer ces espèces sur l'ensemble du territoire national en méconnaissance des dates de fermeture de chasse fixées en application du droit de l'Union européenne pour assurer la protection de ces oiseaux ne repose sur aucune justification d'intérêt général. La volonté déclarée d'apaiser l'hostilité de certains chasseurs au droit en vigueur ne saurait d'évidence constituer une telle justification. L'instruction crée donc, notamment par le trouble à l'ordre public qu'elle constitue, et en raison tant des prélèvements pouvant être opérés illégalement que des troubles créés pour l'ensemble de la faune en zone humide, une situation d'urgence au sens de l'article L. 521-1.

5. S'il était loisible à la ministre d'édicter des lignes directrices gouvernant l'exercice du pouvoir répressif, et notamment d'inviter les agents chargés de la répression des actes de chasse illégaux à privilégier dans une certaine mesure des admonestations pédagogiques envers les contrevenants à la réglementation, sans exclure absolument toute action répressive selon les circonstances, le moyen tiré de ce que l'instruction hiérarchique donnée de ne pas appliquer la loi et de ne pas sanctionner les infractions constatées aux dates

de fermeture de la chasse aux oies est dénuée de toute base légale et entachée d'erreur de droit apparaît, en l'état de l'instruction, sérieux et de nature à entraîner la suspension de la décision attaquée.

ORDONNE : Article 1er : La décision de la ministre de l'environnement, de l'énergie et de la mer, chargée des relations internationales sur le climat, ordonnant à l'administration chargée de la police de la chasse de ne pas verbaliser les chasseurs tirant les oies cendrées jusqu'au 12 février 2017 est suspendue.

› Préparation

Analyse du sujet

La décision à commenter est une ordonnance rendue par le Conseil d'État saisi d'un référé-suspension. La première difficulté est donc pour l'étudiant d'identifier la procédure dans laquelle s'inscrit la décision, et d'employer le vocabulaire approprié (le requérant ne demande pas l'annulation de l'acte mais la suspension de son exécution). En principe, le référé-suspension a été abordé en cours à l'occasion de l'étude du régime de l'acte administratif unilatéral ou du recours pour excès de pouvoir. L'article L. 521-1 du CJA étant cité *in extenso*, un lecteur attentif doit reconnaître les conditions d'urgence et de doute sérieux sur la légalité de la décision, qui sont examinées successivement dans la décision. Mais l'ordonnance présente surtout l'intérêt de qualifier une mesure verbale émanant d'un ministre. L'identification de ce point requiert une lecture assez fine, et c'est là sans doute la seconde difficulté. Lorsqu'elle est surmontée, de nombreuses pistes de commentaire se révèlent, sur la définition de la décision, la distinction acte décisoire – non décisoire, la définition de la circulaire impérative, des lignes directrices, la présentation de leur régime contentieux respectif... En somme, de multiples éléments du cours consacrés à l'acte administratif unilatéral peuvent être mobilisés.

L'articulation des développements peut se faire assez naturellement en suivant l'ordre des paragraphes de l'ordonnance, le juge statuant d'abord, logiquement, sur la qualification de l'acte contesté, avant d'examiner si les conditions du référé-suspension sont réunies. Enfin, l'objet de la mesure prise par la ministre de l'environnement, visant à assurer l'impunité des chasseurs d'oies cendrées pratiquant cette activité après la date de fermeture de la chasse, au mépris du droit en vigueur, ne peut pas laisser le commentateur indifférent. Sans tomber dans la diatribe virulente, il est permis de s'étonner de cette situation.

Plan du corrigé

I/ La qualification de l'acte ministériel contesté
A – L'identification d'une décision administrative
B – L'édiction de lignes directrices : une alternative suggérée
II/ La réunion des conditions d'octroi du référé-suspension
A – L'urgence à suspendre une décision attentatoire à l'ordre public
B – Un doute plus que sérieux concernant la légalité de la décision

› *Corrigé*

Alors que le président de la République française lui-même vient de promettre aux chasseurs l'ouverture de la chasse aux oies cendrées jusqu'au 28 février en 2019, il est permis de s'interroger sur la diligence du gouvernement à faire respecter les règles protectrices des espèces sauvages, et plus largement, du droit de l'environnement. L'ordonnance du Conseil d'État en date du 6 février 2017 s'inscrit précisément dans cette thématique.

Le 31 décembre 2016, la Ligue de protection des oiseaux (ci-après LPO) a saisi le Conseil d'État d'une demande de suspension de l'exécution d'une décision de la ministre de l'Environnement, de l'Énergie et de la Mer [...], Ségolène Royal, ordonnant à l'administration chargée de la police de la chasse de ne pas verbaliser les chasseurs tirant les oies cendrées jusqu'au 12 février 2017. Parallèlement, l'association a enregistré auprès du Conseil d'État un recours en annulation de la même décision ministérielle. À l'appui de sa demande de suspension, la LPO soutient que sa requête est recevable et que les conditions posées à l'article L. 521-1 du Code de justice administrative relativement à cette procédure de référé sont réunies. Ce à quoi la ministre répond, par un mémoire en défense enregistré le 3 février 2017, que la condition d'urgence n'est pas remplie et que les moyens soulevés par la LPO ne sont pas fondés.

Le 6 février 2017, donc dans un délai très bref imposé par la procédure d'urgence, le Conseil d'État se prononce favorablement sur la requête de la LPO. Cette affaire présentait une double difficulté. D'une part, la qualification de l'acte attaqué, en l'occurrence de nature orale, dont dépend la recevabilité de la demande, ne relevait pas de l'évidence. D'autre part, la condition d'urgence pouvait sembler problématique dans la mesure où l'acte contesté ne devait produire ses effets que jusqu'au 12 février 2017.

Nous nous proposons par conséquent de commenter cette ordonnance du Conseil d'État en examinant successivement la question de la qualification de l'acte dont la suspension était demandée au juge, et la réunion des conditions requises pour que soit accordé le référé-suspension.

I/ La qualification de l'acte ministériel contesté

La mesure émanant de la ministre de l'environnement dont la LPO demande la suspension a été formulée oralement. La question de sa qualification juridique est d'autant plus sensible que son statut contentieux en dépend, et que la ministre avait à sa disposition plusieurs moyens d'action.

A – L'identification d'une décision administrative

Il apparaît clairement à la lecture de l'article L. 521-1 du Code de justice administrative que la procédure de référé-suspension s'applique uniquement aux décisions administratives. L'acte attaqué ayant pour auteur un membre du gouvernement dans l'exercice de ses attributions, sa nature administrative ne fait pas débat. En revanche, sa qualité de « décision » donne lieu à un certain nombre de précisions dans l'ordonnance du Conseil d'État (cons. 3). Il convient de rappeler en effet que tout acte administratif unilatéral n'est pas automatiquement une décision, comme l'indique l'article L. 200-1 du Code des relations entre le public et l'administration. Classiquement, la décision se caractérise par son caractère normateur, c'est-à-dire par la production d'effets de droit. En l'espèce, le Conseil d'État s'attache donc à établir le caractère impératif ou prescriptif de l'acte, critère d'identification de l'acte décisoire par rapport à l'acte non décisoire.

On observera tout d'abord que la forme orale ne constitue pas un obstacle, le juge reconnaissant de longue date l'existence de décisions verbales (CE S. 9 janv. 1931, *Abbé Cadel*). Le contexte d'oralité ressort dans notre affaire de l'affirmation par le juge que les « déclarations » de la ministre en « réponse à une question parlementaire orale à l'assemblée nationale le 25 janvier 2017 » ont permis de rendre publics « l'existence de la décision et son contenu ». Il résulte de cette prise de parole ce que le Conseil d'État désigne comme « la décision du 25 janvier 2017 ».

Le caractère décisoire de la mesure en cause découle de son objet. Qualifié dans l'ordonnance « d'instruction » et « d'instruction hiérarchique », cet acte est en effet adressé par un ministre à ses subordonnés pour encadrer le fonctionnement du service public. Sa normativité dépend donc de la présence de « dispositions impératives à caractère général », qui permettent depuis l'arrêt du Conseil d'État du 18 décembre 2002, *Duvignères*, d'identifier les circulaires impératives.

Or, le Conseil d'État relève que la décision attaquée « ordonne » à l'administration chargée de la police de la chasse de ne pas verbaliser les chasseurs, qu'elle « n'invite pas les agents » à adopter un comportement, « mais leur prescrit sans aucune exception de ne pas sanctionner les actes illégaux qu'ils pourraient constater ». Le juge évoque aussi « l'ordre donné » par la ministre. Il n'y a donc aucun doute, compte tenu du registre sémantique utilisé, que la ministre a voulu imposer un comportement aux agents de la police de la chasse. Nous sommes ainsi en présence d'une véritable décision, et plus précisément d'une circulaire ministérielle impérative.

Cette qualification entraîne la recevabilité du recours pour excès de pouvoir à son encontre (CE 2002 *Duvignères*, CE 2004, *Union française pour la cohésion nationale*), et accessoirement, du référé-suspension. Mais en l'espèce, la ministre aurait pu emprunter une autre voie, moins périlleuse, pour agir.

B – L'édiction de lignes directrices : une alternative suggérée

Par la mesure contestée, la ministre de l'environnement a souhaité orienter le comportement des agents chargés de la police de la chasse, lorsqu'ils constatent des infractions à la réglementation de la chasse aux oies cendrées. Aux termes de l'arrêté du ministre de l'Écologie du 19 janvier 2009, la fermeture de la chasse aux oies est fixée au 31 janvier de chaque année. Les indications données par la ministre S. Royal portent donc sur la période du 1er au 12 février, où elle entend établir, à tout le moins, une forme de tolérance à l'égard des chasseurs contrevenants.

Dans ce but, la ministre de l'environnement aurait donc pu recourir à la définition de « lignes directrices », comme le fait remarquer incidemment le Conseil d'État, usant ainsi d'une démarche pédagogique à l'endroit de l'administration dont il est devenu coutumier (cons. 5) : « il était loisible à la ministre d'édicter des lignes directrices gouvernant l'exercice du pouvoir répressif ».

Les lignes directrices, nouvelle dénomination des directives définies par l'arrêt *Crédit foncier de France* (CE S. 11 déc. 1970), ont en effet été conçues comme un succédané de pouvoir réglementaire. Elles permettent aux chefs de service, en particulier les ministres, de définir des orientations générales pour encadrer la prise de décisions individuelles par leurs subordonnés disposant d'un pouvoir d'appréciation. Tout en fixant une ligne de conduite qui permet de réduire les risques d'inégalité de traitement, les lignes directrices laissent subsister un pouvoir de dérogation lors de l'examen particulier de chaque cas (CE 19 sept. 2014, *Jousselin*).

S'agissant de l'exercice de la police de la chasse, les agents qui constatent des infractions ont le pouvoir, comme c'est la règle en matière pénale, d'apprécier l'opportunité des poursuites. Dès lors, l'édiction de lignes directrices semblait particulièrement adaptée. Comme l'indique le Conseil d'État, cette voie permettait « d'inviter les agents chargés de la répression […] à privilégier dans une certaine mesure des admonestations pédagogiques envers les contrevenants », conformément au désir de la ministre d'instaurer une forme d'indulgence au profit des chasseurs d'oies cendrées. Les lignes directrices élaborées en ce sens ne devaient pas pour autant « exclure absolument toute action répressive selon les circonstances », car ces actes ne sont pas des règlements et ne contiennent pas de dispositions impératives.

Or, comme il a été vu plus haut, la ministre a prescrit aux agents chargés de la police de la chasse, de ne pas sanctionner les actes de chasse illégaux, « sans aucune exception ».

Le choix de l'autorité administrative de recourir à la décision impérative plutôt qu'aux lignes directrices semble particulièrement malencontreux si l'on considère que celles-ci ne peuvent pas faire l'objet d'un recours pour excès de pouvoir, mais seulement de contestation par voie d'exception… En revanche, l'illégalité d'une circulaire impérative peut être soulevée par voie d'action ce qui expose la démarche de la ministre à une possible censure, ainsi qu'à une suspension de sa décision.

II/ La réunion des conditions d'octroi du référé-suspension

En raison du privilège du préalable et de la présomption de légalité dont bénéficient les décisions administratives, le recours pour excès de pouvoir n'a pas d'effet suspensif. Néanmoins, le juge administratif a la faculté d'ordonner la suspension de l'exécution d'une décision, qui fait l'objet d'une requête principale en annulation, à la demande des requérants. Saisi en ce sens par la LPO, le Conseil d'État a été amené à vérifier que les deux conditions posées par la loi étaient réunies en l'espèce.

A – L'urgence à suspendre une décision attentatoire à l'ordre public

L'article L. 521-1 du CJA autorise le juge des référés à suspendre l'exécution d'une décision « lorsque l'urgence le justifie ». Succédant à la condition d'un préjudice difficilement réparable appliquée sous le régime du sursis à exécution, la condition d'urgence est satisfaite « lorsque l'exécution de l'acte porte atteinte de manière suffisamment grave et immédiate, à un intérêt public, à la situation du requérant ou aux intérêts qu'il entend défendre » (CE S. 19 janv. 2001, *Confédération nationale des radios libres*). L'appréciation de l'urgence conduit le juge administratif à opérer une sorte de bilan entre l'intérêt général qui s'attache à l'exécution de l'acte, et l'intérêt à le suspendre invoqué par le requérant. En l'espèce, « l'ordre donné de ne pas sanctionner l'interdiction de tirer » les oies cendrées après la date de clôture de la chasse de cette espèce protégée « ne repose sur aucune justification d'intérêt général ». L'ordonnance de référé écarte fermement les allégations de la ministre, qui prétendait par son instruction « apaiser l'hostilité de certains chasseurs au droit en vigueur ». Cette intention « ne saurait d'évidence constituer une telle justification ». En revanche, le fait de tolérer des tirs illégaux que l'association requérante qualifie à juste titre de « braconnage » entraîne selon le juge des référés « un trouble à l'ordre public ». Celui-ci pourrait être qualifié en l'occurrence d'ordre public écologique, en tant qu'il désigne la protection d'une espèce animale contre des prélèvements illégaux, ainsi que les « troubles créés pour l'ensemble de la faune en zone humide ».

La question de l'urgence recouvre aussi une dimension temporelle, bien perceptible dans cette affaire. En effet, la suspension demandée est susceptible d'intervenir quatre jours seulement avant l'expiration de l'instruction contestée. Mais le juge ne s'arrête pas à « la modicité alléguée des populations d'oies susceptibles d'être chassées » durant ce court laps de temps. Il a certainement été convaincu par le raisonnement déployé par M. Guyomar lors de conclusions rendues sur un litige similaire : « la condition d'urgence ne doit pas être appréciée en rapportant le nombre d'unités susceptibles d'être tuées au nombre total de représentants de l'espèce. Il nous semble plus pertinent de prendre en compte le caractère irréversible des conséquences de l'acte en litige : un oiseau tué est mort pour toujours et une annulation par le juge du fond ne saurait, en dépit de la force des fictions juridiques, le faire revivre » (CE 5 juin 2007, *ASPAS*).

Dans le considérant 4 relatif à la condition d'urgence, le juge des référés souligne que l'instruction ministérielle ouvre une dérogation à l'interdiction de chasse « en méconnaissance » des dates de fermeture de la chasse fixées par le droit de l'Union européenne. Ce faisant, il fournit déjà une indication concernant la légalité de la décision du 25 janvier 2017.

B – Un doute plus que sérieux concernant la légalité de la décision

La seconde condition posée par l'article L. 521-1 CJA est que la demande de suspension doit faire « état d'un moyen propre à créer, en l'état de l'instruction, un doute sérieux quant à la légalité de la décision ». On entend par là qu'il n'est pas question pour le juge du référé de préjuger de l'examen qui relève du juge de l'excès de pouvoir, mais de prendre en compte tout moyen faisant apparaître la légalité de la décision discutable.

La LPO allègue que la décision de Mme Royal méconnaît l'arrêté du 19 janvier 2009, pris en application de l'article L. 424-2 alinéa 2 du Code de l'environnement, fixant la date de fermeture de la chasse aux oies au 31 janvier de chaque année. Le Code de l'environnement institue en effet une police spéciale de la chasse, qui impose notamment le respect par les chasseurs de périodes d'ouverture de la chasse aux oiseaux. La méconnaissance de cette réglementation, qui a pour objet la protection des oiseaux pendant leurs périodes de vulnérabilité, entraîne logiquement l'application de sanctions pénales. Or, selon le moyen, l'instruction de la ministre ordonne aux agents chargés d'assurer sur le terrain cette mission de police, « de ne pas appliquer la loi et de ne pas sanctionner les infractions ». Le Conseil d'État estime sans surprise que ce moyen, tiré de ce que la décision attaquée est « dénuée de base légale et entachée d'erreur de droit », apparaît sérieux et de nature à entraîner la suspension demandée par la LPO.

On imagine difficilement une autre réponse à cette question. Comment en effet, fonder en droit, une mesure qui engage des agents de police à bafouer les règles qu'ils doivent faire respecter et à fermer systématiquement les yeux sur des infractions qu'ils doivent constater ? L'affaire semble d'autant plus choquante que l'ordre émane de la ministre chargée de la protection de l'environnement.

Le doute quant à la légalité de la décision en cause était d'autant plus prévisible que ce litige s'inscrit dans une longue série d'arrêts par lesquels la juridiction administrative s'efforce de ramener la pratique de la chasse en France dans les strictes limites de la légalité. Il s'agit notamment d'assurer le respect de la directive communautaire dite « Oiseaux » par le législateur (CE S. 3 déc. 1999, *Association ornithologique et mammalogique de Saône et Loire*). Il est possible, dans ce contexte, de soupçonner la ministre d'avoir choisi délibérément de donner ses instructions sur la chasse aux oies hors délai, verbalement, pour tenter d'éviter un nouveau contentieux et donc une nouvelle annulation…

Cette affaire a connu son épilogue avec l'annulation par le Conseil d'État de la décision en cause le 29 janvier 2018. Il est à craindre toutefois que le juge administratif n'ait à connaître à l'avenir encore de nombreux recours similaires. Mais l'on peut espérer que le juge administratif y apportera la même réponse, l'auteur de la dérogation en faveur des chasseurs serait-il le président de la République.

Les actes de l'administration

Thème principal

Acte administratif unilatéral

Mots clés

Droit souple, Recours pour excès de pouvoir

Sujet donné par

Catherine Ribot, Professeure à l'Université de Montpellier

Corrigé établi par

Julien Pumo, assistant de justice au TA de Montpellier

Premier semestre 2016-2017

› *Commentaire d'arrêt : CE, ass., 21 mars 2016, Société Fairvesta International GMBH et autres n° 368082*

Vu la procédure suivante :

Par une décision du 10 juin 2015, le Conseil d'État, statuant au contentieux, saisi des requêtes des sociétés Fairvesta International GmbH, Fairvesta Europe AG, Fairvesta Europe AG II et Fairvesta Vermögensverwaltung International AG tendant à l'annulation pour excès de pouvoir de communiqués publiés par l'Autorité des marchés financiers et du refus de les rectifier, ainsi qu'à l'indemnisation du préjudice en résultant, a sursis à statuer jusqu'à ce que le Tribunal des conflits ait tranché la question de savoir quel est l'ordre de juridiction compétent pour connaître de ces requêtes.

Par une décision n° 4026 du 16 novembre 2015, le Tribunal des conflits a déclaré la juridiction administrative seule compétente pour connaître de l'action intentée par ces sociétés contre l'Autorité des marchés financiers.

En application des dispositions de l'article R. 611-7 du code de justice administrative, les parties ont été informées que la décision du Conseil d'État était susceptible d'être fondée sur le moyen, relevé d'office, tiré de que le recours tendant à l'annulation des communiqués litigieux est tardif, faute d'avoir été introduit dans le délai de deux mois à partir du jour de leur publication, conformément à l'article R. 421-1 du code de justice administrative.

Vu les autres pièces des dossiers, y compris celles visées par la décision du Conseil d'État du 10 juin 2015 ;

Vu :
– le code des marchés financiers ;
– la loi n° 79-587 du 11 juillet 1979 ;
– la loi n° 2003-706 du 1er août 2003 ;
– le règlement général de l'Autorité des marchés financiers ;
– le code de justice administrative.

Après avoir entendu en séance publique :
– le rapport de Mme Clémence Olsina, maître des requêtes ;
– les conclusions de Mme Suzanne von Coester, rapporteur public ;

La parole ayant été donnée, avant et après les conclusions, à la SCP Foussard, Froger, avocat de la société Fairvesta International GmbH, de la société Fairvesta Europe AG, de la société Fairvesta Europe AG II et de la société Fairvesta Vermögensverwaltung International AG et à la SCP Vincent, Ohl, avocat de l'Autorité des marchés ;

1. Considérant que les requêtes visées ci-dessus présentent à juger des questions connexes ; qu'il y a lieu de les joindre pour statuer par une seule décision ;

2. Considérant qu'il ressort des pièces du dossier que la société Fairvesta International GmbH, société domiciliée..., a proposé aux investisseurs en France, à compter de 2009, des produits de placements immobiliers, dénommés Mercatus VIII, Lumis et Chronos, prenant la forme de prises de participation dans des sociétés en commandite simple de droit allemand ayant pour objet l'acquisition, la gestion ou le négoce d'immeubles ; que ces placements étaient commercialisés en France par l'intermédiaire d'agents immobiliers et de conseillers en gestion du patrimoine qui démarchaient les investisseurs potentiels ; que, le

21 juillet 2011, l'Autorité des marchés financiers a publié sur son site Internet, dans la rubrique « Mises en garde », un communiqué intitulé « L'Autorité des marchés financiers attire l'attention du public sur les activités de la société Fairvesta », rédigé comme suit : « L'Autorité des marchés financiers (AMF) reçoit de nombreuses questions de la part d'investisseurs particuliers et de professionnels relatives aux activités de la société Fairvesta. Cette société [...] propose des placements immobiliers tels que Mercatus VIII, Lumis, ou encore Chronos avec des perspectives de rendement élevées. Ces placements sont souvent commercialisés en France de manière très active par des personnes tenant des discours parfois déséquilibrés au regard des risques en capital encourus. Ces produits ne relèvent pas de la réglementation applicable aux titres financiers. La société Fairvesta n'est d'ailleurs ni autorisée à fournir en France des services d'investissement ou des conseils en investissement financier ni habilitée à se livrer à une activité de démarchage bancaire ou financier et les placements proposés n'ont pas donné lieu à l'élaboration d'un document d'information visé ou revu par l'AMF » ; que le communiqué invitait ensuite les épargnants, d'une manière générale, à appliquer des règles de vigilance avant tout investissement, et notamment à mesurer le risque des produits, à se renseigner de façon approfondie sur leurs caractéristiques, sur les intermédiaires les proposant, sur leurs modes de valorisation et leurs modalités de revente, en précisant que les épargnants pouvaient s'adresser à l'Autorité pour obtenir de plus amples informations ; que, le 17 juillet 2012, l'Autorité des marchés financiers a publié, dans les mêmes conditions, un communiqué attirant à nouveau l'attention du public sur les activités de la société Fairvesta, qui reprenait les termes du premier communiqué et précisait, dans une note de bas de page, que deux autres sociétés du groupe Fairvesta, les sociétés Fairvesta Europe AG et Fairvesta Europe AG II, domiciliées au Liechtenstein, émettaient des obligations ayant fait l'objet de visas délivrés par l'autorité

de régulation de ce pays et de certificats d'approbation et prospectus notifiés à l'Autorité des marchés financiers ; que, le 5 novembre 2012, l'Autorité a publié un nouveau communiqué attirant cette fois l'attention du public sur le site Internet « Fairvesta », dans des termes quasiment identiques à ceux utilisés en juillet 2012 ; que, par un courrier reçu par l'Autorité des marchés financiers le 16 janvier 2013, la société Fairvesta International GmbH a demandé l'indemnisation du préjudice qu'elle estimait avoir subi à la suite de la publication de ces trois communiqués ainsi que la publication d'un communiqué rectificatif sur son site Internet ; que, par un courrier du 13 février 2013, l'Autorité des marchés financiers a refusé de faire droit à cette demande, position qu'elle a confirmée dans un courrier du 12 avril 2013 en réponse à une nouvelle demande de la société ; que la société Fairvesta International GmbH et autres demande l'annulation de ces trois communiqués, des décisions ayant refusé de les rectifier, et, dans le dernier état des conclusions, la condamnation de l'Autorité des marchés financiers à verser une somme de 15 millions d'euros à la société Fairvesta International GmbH au titre du préjudice financier et du préjudice d'image qu'elle estime avoir subis ;

Sur la compétence de la juridiction administrative :

3. Considérant que, sur renvoi effectué par la décision du Conseil d'État, statuant au contentieux du 10 juin 2015 visée ci-dessus, le Tribunal des conflits a déclaré, par une décision du 16 novembre 2015 visée ci-dessus, la juridiction administrative seule compétente pour connaître du litige né des demandes des sociétés Fairvesta International GmbH, Fairvesta Europe AG, Fairvesta Europe AG II et Fairvesta Vermögensverwaltung International AG tendant à l'annulation des communiqués litigieux et du refus de les rectifier, ainsi qu'à l'indemnisation du préjudice en résultant ; que l'Autorité des marchés financiers n'est, dès lors, pas fondée à soutenir que la juridiction administrative ne serait pas compétente pour en connaître ;

Sur le recours pour excès de pouvoir, introduit sous le n° 368082, tendant à l'annulation des communiqués publiés par l'Autorité des marchés financiers :

En ce qui concerne la fin de non-recevoir opposée par l'Autorité des marchés financiers :

4. Considérant que les avis, recommandations, mises en garde et prises de position adoptés par les autorités de régulation dans l'exercice des missions dont elles sont investies, peuvent être déférés au juge de l'excès de pouvoir lorsqu'ils revêtent le caractère de dispositions générales et impératives ou lorsqu'ils énoncent des prescriptions individuelles dont ces autorités pourraient ultérieurement censurer la méconnaissance; que ces actes peuvent également faire l'objet d'un tel recours, introduit par un requérant justifiant d'un intérêt direct et certain à leur annulation, lorsqu'ils sont de nature à produire des effets notables, notamment de nature économique, ou ont pour objet d'influer de manière significative sur les comportements des personnes auxquelles ils s'adressent; que, dans ce dernier cas, il appartient au juge, saisi de moyens en ce sens, d'examiner les vices susceptibles d'affecter la légalité de ces actes en tenant compte de leur nature et de leurs caractéristiques, ainsi que du pouvoir d'appréciation dont dispose l'autorité de régulation; qu'il lui appartient également, si des conclusions lui sont présentées à cette fin, de faire usage des pouvoirs d'injonction qu'il tient du titre Ier du livre IX du code de justice administrative;

5. Considérant que les communiqués attaqués ont été émis par l'Autorité des marchés financiers dans le cadre de sa mission de protection de l'épargne investie dans les placements offerts au public; qu'ils sont destinés aux investisseurs et ont pour objet de les mettre en garde contre les conditions dans lesquelles sont commercialisés plusieurs produits de placement, précisément identifiés, offerts au public par la société Fairvesta International GmbH et de leur adresser des recommandations de vigilance; qu'ils ont été publiés sur le site internet de l'Autorité des marchés financiers,

ont connu une large diffusion et sont depuis lors restés accessibles sur ce site; que la société Fairvesta International GmbH fait valoir des éléments sérieux attestant que la publication de ces communiqués a eu pour conséquence une diminution brutale des souscriptions des produits de placement qu'elle commercialisait en France; qu'ainsi, les communiqués contestés doivent être regardés comme étant de nature à produire des effets économiques notables et comme ayant pour objet de conduire des investisseurs à modifier de manière significative leur comportement vis-à-vis des produits qu'ils désignent; que, dans les circonstances de l'espèce, ces communiqués, qui font référence à « la société Fairvesta » doivent être regardés comme faisant grief à la société Fairvesta International GmbH et aux sociétés Fairvesta Europe AG, Fairvesta Europe AG II et Fairvesta Vermögensverwaltung International AG, filiales du groupe Fairvesta, qui sont recevables à en demander l'annulation; que, par suite, la fin de non-recevoir soulevée par l'Autorité des marchés financiers doit être écartée;

En ce qui concerne la légalité des communiqués :

6. Considérant, en premier lieu, qu'aux termes de l'article L. 621-1 du code monétaire et financier : « L'Autorité des marchés financiers, autorité publique indépendante dotée de la personnalité morale, veille à la protection de l'épargne investie dans les instruments financiers et les actifs mentionnés au II de l'article L. 421-1 donnant lieu à une offre au public ou à une admission aux négociations sur un marché réglementé et dans tous autres placements offerts au public. Elle veille également à l'information des investisseurs et au bon fonctionnement des marchés d'instruments financiers et d'actifs mentionnés au II de l'article L. 421-1. Elle apporte son concours à la régulation de ces marchés aux échelons européen et international »;

7. Considérant qu'en vertu de ces dispositions, il appartient à l'Autorité des marchés financiers de publier des communiqués invitant les épargnants ou investisseurs à faire preuve de vigilance vis-à-vis de

certains types de placements ou de pratiques financières risqués; qu'il résulte des termes des dispositions citées ci-dessus que le législateur a entendu confier à l'Autorité des marchés financiers une mission de protection de l'épargne et d'information des investisseurs qui s'étend non seulement aux instruments financiers, définis par l'article L. 211-1 du code monétaire et financier, et aux actifs mentionnés au II de l'article L. 421-1 du même code admis aux négociations sur un marché réglementé, mais également à tous les autres placements offerts au public; que, par suite, alors même que les placements immobiliers proposés par la société Fairvesta International GmbH ne relevaient pas, ainsi que le soulignaient les communiqués attaqués, de la réglementation applicable aux titres financiers, il était loisible à l'Autorité des marchés financiers, sans excéder sa compétence, d'appeler l'attention des investisseurs sur leurs caractéristiques et leurs modalités de commercialisation, dès lors qu'il s'agissait de placements offerts au public; que les sociétés requérantes ne sont, par suite, pas fondées à soutenir que l'Autorité des marchés financiers n'était pas compétente pour publier les communiqués litigieux;

8. Considérant, en second lieu, d'une part, que les communiqués attaqués ne sont entachés d'aucune des inexactitudes alléguées par les sociétés requérantes; que, notamment, en mentionnant que les placements immobiliers offerts par la société Fairvesta sont « souvent commercialisés en France de manière très active par des personnes tenant des discours parfois déséquilibrés au regard des risques en capital encourus », les termes des communiqués attaqués n'impliquent pas nécessairement que les placements en cause seraient commercialisés en France par la société Fairvesta elle-même; que les communiqués n'opèrent pas de confusion entre les activités de commercialisation de placements immobiliers de la société Fairvesta International GmbH et les activités de commercialisation de titres obligataires et de prestations de services d'investissement exercées par des filiales

du même groupe, l'Autorité des marchés financiers ayant d'ailleurs inséré, dans ses communiqués des 17 juillet et 5 novembre 2012, une note de bas de page faisant clairement la distinction entre les activités respectives de ces différentes sociétés ; qu'il est constant que la société Fairvesta n'est ni autorisée à fournir en France des services d'investissements financiers, ni habilitée à se livrer à une activité de démarchage bancaire ou financier, et que les placements qu'elle propose n'ont pas donné lieu à l'élaboration de documents d'informations visés ou revus par l'Autorité des marchés financiers ; que, d'autre part, en publiant les communiqués attaqués, l'Autorité des marchés financiers n'a pas excédé les limites de sa mission d'information des investisseurs ni commis d'erreur de droit, et n'a pas entaché son appréciation d'erreur manifeste ;

9. Considérant qu'il résulte de ce qui précède que les sociétés requérantes ne sont pas fondées à demander l'annulation des communiqués qu'elles attaquent ; que le surplus de leurs conclusions ne peut, dès lors, qu'être rejeté ;

Sur le recours pour excès de pouvoir, introduit sous le n° 368084, tendant à l'annulation du refus de rectifier les communiqués publiés par l'Autorité des marchés financiers :

En ce qui concerne la fin de non-recevoir opposée par l'Autorité des marchés financiers :

10. Considérant, en premier lieu, qu'il résulte de ce qui a été dit au point 5 que la société Fairvesta International GmbH est recevable à demander l'annulation pour excès de pouvoir du refus opposé à sa demande de rectification des communiqués litigieux ; qu'il en va de même, dans les circonstances de l'espèce, des sociétés Fairvesta Europe AG, Fairvesta Europe AG II et Fairvesta Vermögensverwaltung International AG, filiales du groupe Fairvesta ;

11. Considérant, en second lieu, que l'Autorité des marchés financiers soutient que la requête est irrecevable en ce qu'elle est dirigée contre le refus de recti-

fier les communiqués litigieux signifié aux sociétés intéressées par un courrier du 12 avril 2013, qui ne ferait que confirmer le refus déjà opposé aux mêmes sociétés par un courrier du 13 février 2013, lequel n'aurait pas été contesté dans le délai de recours contentieux ; que, toutefois, la décision de refus opposée par l'Autorité des marchés financiers par son courrier du 13 février 2013 ne comportait pas la mention des voies et délais de recours prévue par l'article R. 421-5 du code de justice administrative, de sorte que le délai de recours contentieux n'a pas commencé à courir à l'égard des sociétés requérantes ; qu'ainsi, la requête enregistrée le 25 avril 2013 au secrétariat du contentieux du Conseil d'État n'est pas tardive ; qu'il suit de là que la fin de non-recevoir opposée par l'Autorité des marchés financiers doit être écartée ;

En ce qui concerne la légalité externe :

12. Considérant que le refus de l'Autorité des marchés financiers de rectifier un communiqué de mise en garde des investisseurs n'entre dans aucune des catégories de décisions dont l'article 1er de la loi du 11 juillet 1979 relative à la motivation des actes administratifs et à l'amélioration des relations entre l'administration et le public, alors applicable, exige la motivation ; qu'aucune autre disposition réglementaire ou législative n'exige la motivation d'un tel refus ; qu'ainsi, les sociétés requérantes ne sont pas fondées à soutenir que le refus qu'elles attaquent serait insuffisamment motivé ;

En ce qui concerne la légalité interne :

13. Considérant, en premier lieu, qu'il résulte de ce qui a été dit au point 7 que les sociétés requérantes ne sont pas fondées à soutenir que l'Autorité des marchés financiers ne serait pas compétente pour publier les communiqués litigieux et que son refus de les rectifier serait, dans cette mesure, entaché d'erreur de droit ;

14. Considérant, en second lieu, qu'il résulte de ce qui a été dit au point 8 que les sociétés requérantes ne sont pas fondées à soutenir qu'en refusant de rectifier les communiqués litigieux sur les différents points mentionnés ci-dessus, l'Autorité des marchés finan-

ciers aurait commis une erreur manifeste d'appréciation et une erreur de droit ;

15. Considérant qu'il résulte de ce qui précède que les sociétés requérantes ne sont pas fondées à demander l'annulation de la décision de refus qu'elles attaquent ; que le surplus de leurs conclusions ne peut, dès lors, qu'être rejeté ;

Sur le recours indemnitaire introduit sous le n° 368083 :

16. Considérant qu'il résulte de ce qui a été dit ci-dessus que la société Fairvesta International GmbH n'est pas fondée à soutenir que la responsabilité de l'Autorité des marchés financiers serait engagée à raison de la publication des communiqués litigieux et du refus d'en rectifier certaines des mentions ; que, par suite, ses conclusions indemnitaires sont vouées au rejet ;

En ce qui concerne les conclusions présentées au titre de l'article L. 761-1 du code de justice administrative :

17. Considérant que les dispositions de l'article L. 761-1 du code de justice administrative font obstacle à ce qu'une somme soit mise à ce titre à la charge de l'Autorité des marchés financiers ou de l'État, qui ne sont pas, dans les présentes instances, les parties perdantes ;

DÉCIDE

Article 1er : Les requêtes de la société Fairvesta International GmbH et autres sont rejetées.

Article 2 : La présente décision sera notifiée à la société Fairvesta International GmbH, premier requérant dénommé et à l'Autorité des marchés financiers. Les autres requérants seront informés de la présente décision par la SCP Foussard-Froger, avocats au Conseil d'État et à la Cour de cassation, qui les représente devant le Conseil d'État.

› Préparation

Analyse du sujet

La décision à commenter appelait les étudiants à confronter les spécificités d'un arrêt d'actualité aux connaissances élémentaires de droit administratif qui leur ont été dispensées en cours et en travaux dirigés. Par la richesse des notions auxquelles le juge se réfère (recevabilité, cas d'ouverture du recours en excès de pouvoir, office du juge), l'arrêt d'espèce permettait par ailleurs d'apprécier la capacité des étudiants à commenter l'intégralité du sujet et à proposer un plan cohérent en distinguant ce qui relevait de la recevabilité de la requête de ce qui relevait de son examen au fond.

Plan du corrigé

I/ L'admissibilité nouvelle de la justiciabilité d'actes de droit souple émis par les autorités de régulation

A – Un assouplissement sur mesure des conditions de recevabilité des recours en annulation d'actes de droit souple émis par les autorités de régulation

B – Un assouplissement cohérent des conditions de recevabilité des recours en annulation d'actes de droit souple émis par les autorités de régulation

II/ L'examen consécutif de la légalité des communiqués de l'autorité des marchés financiers

A – Une interprétation téléologique de la compétence de l'autorité des marchés financiers

B – Une justification lapidaire de la légalité interne des communiqués de l'autorité des marchés financiers

› Corrigé

Dans ses conclusions sous la décision *Laboratoires Goupil* (CE 27 mai 1987, n° 83292, Lebon), la commissaire du gouvernement Martine Laroque estimait que « la circonstance qu'(un acte) fasse grief à un administré ne suffit pas à rendre ce dernier recevable à former un recours pour excès de pouvoir, si cet acte n'est pas susceptible par lui-même de modifier sa situation juridique. » Depuis le 21 mars 2016, il est désormais certain qu'une telle lecture des conditions inhérentes à la recevabilité matérielle d'un recours en excès de pouvoir ne peut être généralisée.

Le litige à l'origine de la prise de position des juges du Palais Royal sur laquelle fonder un tel constat mettait notamment en cause la société Fairvesta International GMBH. Depuis 2009, cette société proposait aux investisseurs localisés en France des produits de placements immobiliers, commercialisés sur le territoire par le biais d'agents immobiliers et de conseillers en gestion du patrimoine. Par trois communiqués successivement diffusés sur son site internet le 21 juillet 2011, le 17 juillet 2012 et le 5 novembre 2012, l'Autorité des marchés financiers attirait l'attention du public sur les activités de la société Fairvesta. Ladite autorité ayant rejeté la réclamation par laquelle cette dernière sollicitait la rectification desdits communiqués, la société Fairvesta International GMBH et les autres sociétés concernées demandèrent l'annulation de ces trois communiqués ainsi que de la décision refusant de les rectifier.

Statuant en premier et dernier ressort, le Conseil d'État eut à se prononcer sur la justiciabilité d'un acte de droit souple et, subséquemment, sur les modalités de son contrôle s'agissant de la recevabilité de la requête puis de son examen au fond. Les communiqués émis par l'Autorité des marchés financiers dans le but d'alerter les investisseurs sur les conditions de commercialisation d'un produit financier sont-ils susceptibles de recours en excès de pouvoir ? Dans l'affirmative, le contrôle de légalité d'un tel acte revêt-il une certaine originalité ?

Par un arrêt rendu le 21 mars 2016, les juges du Palais Royal admirent dans un premier temps la justiciabilité de certains actes de droit souple adoptés par les autorités de régulation dans l'exercice des missions dont elles sont investies lorsqu'ils revêtent le caractère de dispositions générales et impératives ou lorsqu'ils énoncent des prescriptions individuelles dont ces autorités pourraient ultérieurement censurer la méconnaissance. Le Conseil d'État prit également position en faveur de la recevabilité matérielle de tels actes lorsqu'ils sont de nature à produire des effets notables, notamment de nature économique, ou qu'ils ont pour objet d'influer de manière significative sur les comportements des personnes auxquelles ils s'adressent. Dans un deuxième temps, eu égard à la diminution brutale des souscriptions des produits de placement commercialisés par la société requérante, qui coïncidait avec les prises de positions adoptées par l'Autorité des marchés financiers, les juges du Conseil d'État en vinrent à la conclusion que le litige s'inscrivait dans cette seconde hypothèse, et que le recours devait par suite être regardé comme recevable. Enfin, dans un troisième temps, les hauts magistrats s'attachèrent à contrôler la légalité des actes contestés. Après avoir écarté le moyen tiré de l'existence d'un vice d'incompétence ainsi que les différents moyens de légalité interne invoqués, le Conseil d'État rejeta la requête.

L'examen particulier de la recevabilité du recours dirigé contre les communiqués de l'Autorité des marchés financier (I) a donc précédé un contrôle de légalité dont l'originalité n'est pas évidente dans la décision en présence (II).

I/ L'admissibilité nouvelle de la justiciabilité d'actes de droit souple émis par les autorités de régulation

Dans la décision en présence, le Conseil d'État s'est attaché à façonner les conditions de recevabilité *ratione materiae* auxquelles est subordonnée l'introduction d'un recours en excès de pouvoir, afin d'adapter ces conditions à la spécificité des actes de droit souple (A). Ainsi, les recours en annulation dirigés contre certains actes de droit souple sont matériellement recevables lorsque ces actes revêtent un caractère décisoire. Ils peuvent par ailleurs être regardés comme recevables en raison de leurs effets sur leurs destinataires (B).

A – Un assouplissement sur mesure des conditions de recevabilité des recours en annulation d'actes de droit souple émis par les autorités de régulation

Dans sa version en vigueur au jour de la décision commentée comme dans sa dernière version, le Code de justice administrative prévoit, en son article R. 421-1, que les juridictions administratives ne peuvent être saisies que par voie de recours formé contre une décision. La règle ainsi prescrite, dite règle de la décision préalable, puise davantage sa justification dans des considérations historiques – puisqu'elle est communément regardée comme une nuance conceptuelle à l'abandon de la théorie du ministre-juge (*cf.* CE 13 déc. 1889, Cadot, *Lebon* 1148). Elle a pourtant été renforcée depuis l'entrée en vigueur du décret du 2 novembre 2016 portant modification du Code de justice administrative (décret JADE).

Les communiqués déférés par la société Fairvesta au juge de l'excès de pouvoir sont des actes de droit souple. Ces actes ne constituent pas des décisions au sens de l'article R. 421-1 du Code de justice administrative. Le droit souple regroupe en effet l'ensemble des instruments qui s'apparentent à des règles, en ce qu'ils ont pour objet d'orienter les comportements de leurs destinataires, sans toutefois créer par eux-mêmes des droits ou des obligations. À défaut de créer des droits ou des obligations, les actes de droit souple sont en principe dépourvus de caractère décisoire, puisqu'ils n'ont aucun impact sur l'ordonnancement juridique. Pourtant, ils sont de nature à engendrer des effets particulièrement significatifs sur leurs destinataires. C'est cette spécificité qui a conduit les juges du Palais Royal à reconsidérer la question de leur justiciabilité.

La présente décision doit être analysée à la lumière du contexte actuel. D'un côté, comme évoqué précédemment, l'exigence d'une décision administrative préalable à l'introduction d'un recours a donc été renforcée par le décret JADE, durcissant ainsi les conditions de recevabilité matérielle des recours en excès de pouvoir. De l'autre, le Conseil d'État entreprend ici d'élargir le champ des décisions susceptibles de faire l'objet d'un recours en excès de pouvoir, assouplissant par là même ses conditions de recevabilité matérielle. Faut-il y voir une discordance entre la volonté du pouvoir réglementaire et la position de la plus haute juridiction administrative ? Ou bien une simple manifestation des enjeux fondamentaux de la détermination des conditions de recevabilité, tiraillée entre l'impératif contemporain de désengorgement des juridictions et la nécessité d'assurer le droit au recours des justiciables, notamment garanti par les stipulations de l'article 6 de la convention européenne de sauvegarde des droits de l'homme et des libertés fondamentales ? Le raisonnement adopté par le Conseil d'État, logique et pragmatique, tend à confirmer la seconde approche.

B – Un assouplissement cohérent des conditions de recevabilité des recours en annulation d'actes de droit souple émis par les autorités de régulation

À titre liminaire, il y a lieu de souligner que les actes nouvellement susceptibles d'être contestés par la voie du recours en excès de pouvoir sont précisément circonscrits. D'une part, seuls les actes émanant des autorités de régulation sont concernés. Ce n'est donc pas le cas des actes de droit souple émis par d'autres autorités, tels que les prises de position des exécutifs locaux ou nationaux ou encore celles des autorités administratives indépendantes dépourvues de mission de régulation. D'autre part, les actes de droit souple concernés sont limitativement énumérés : il s'agit des avis, recommandations, mises en garde et prises de position adoptés par de telles autorités. Ces actes peuvent être contestés par la voie d'un recours en excès de pouvoir dans 2 hypothèses.

En premier lieu, les actes de droit souple susmentionnés peuvent faire l'objet d'un recours en excès de pouvoir « lorsqu'ils revêtent le caractère de dispositions générales et impératives ou lorsqu'ils énoncent des prescriptions individuelles dont ces autorités pourraient ultérieurement censurer la méconnaissance ». Une telle position jurisprudentielle s'inscrit dans une certaine logique. En effet, si un acte de droit souple comporte des dispositions générales et impératives, il revêt de ce fait un caractère décisoire et ne peut donc plus être regardé comme un acte de droit souple. Le raisonnement adopté peut être rapproché de celui opéré par le juge en cas de contestation d'une circulaire ; c'est-à-dire d'un acte dont la portée n'est par nature qu'interprétative mais dont les dispositions générales et impératives peuvent faire l'objet, par exception, d'un recours en excès de pouvoir (*cf.* CE 18 déc. 2002, *Duvignères*). La même logique gouverne l'admission de la recevabilité des recours dirigés contre des actes de droit souple énonçant des prescriptions individuelles dont la méconnaissance pourrait ultérieurement être sanctionnée : à partir du moment où la méconnaissance d'un acte peut être sanctionnée, c'est que le suivi de ses prescriptions constitue une obligation et que cet acte, dont les prescriptions modifient ainsi l'ordonnancement juridique, revêt par suite un caractère décisoire.

En second lieu, les actes de droit souple précédemment énumérés sont susceptibles de recours en excès de pouvoir « lorsqu'ils sont de nature à produire des effets notables, notamment de nature économique, ou ont pour objet d'influer de manière significative sur les comportements des personnes auxquelles ils s'adressent ». En d'autres termes, les recours contre de tels actes seront également recevables si la décision fait grief aux requérants, c'est-à-dire si elle affecte de manière suffisamment grave et/ou immédiate l'ordonnancement juridique ou la situation du requérant. Il y a lieu d'en déduire qu'indépendamment du premier cas d'ouverture évoqué, l'acte en cause peut faire l'objet d'un recours en excès de pouvoir dès lors qu'il fait grief, et ce, alors même qu'il ne revêt pas un caractère décisoire. Une telle position jurisprudentielle apparaît particulièrement originale dans la mesure où, pour être recevable, un acte administratif doit en principe cumulativement présenter un caractère décisoire et revêtir celui d'un acte faisant grief. En revanche, il y a lieu de noter que ce n'est pas l'unique cas dans lequel un acte en principe insusceptible de recours en excès de pouvoir peut le devenir eu égard à ses effets, comme en témoigne la jurisprudence relative aux mesures d'ordre intérieur (*cf.* CE 17 févr. 1995, *Marie et Hardouin* ; CE 14 déc. 2007, *Boussouar, Payet et Planchenot*).

La décision commentée, en ce qu'elle s'attache à admettre la justiciabilité d'un acte à raison de ses effets, parait donc empreinte d'un certain pragmatisme au regard de la prolifération contemporaine des actes de droit souple. Il pourra toutefois être objecté à son utilité que si les actes de droit souple n'étaient pas directement contestables, les justiciables pouvaient en revanche contester les décisions de refus de rectifier ou de retirer ces actes de droit souple, qu'il leur appartenait de provoquer par la voie d'une réclamation administrative préalable ; faculté ouverte aux administrés même en l'absence de texte.

Dans le cas d'espèce, eu égard à la diminution brutale des souscriptions des produits de placement qu'elle commercialisait, les juges du Palais Royal ont considéré que la situation de la société Fairvesta rentrait dans cette seconde hypothèse, admettant par suite la recevabilité de son recours. Restait alors à examiner la requête au fond.

II/ L'examen consécutif de la légalité des communiqués de l'autorité des marchés financiers

Obéissant à un schéma classique, les juges administratifs ont d'abord examiné la légalité externe des communiqués (A) avant d'en contrôler la légalité interne (B).

A – Une interprétation téléologique de la compétence de l'autorité des marchés financiers

De manière classique, l'examen au fond de la requête penche en premier lieu sur les moyens de légalité externe. La légalité externe représente une cause juridique au sens de la jurisprudence *Intercopie* (CE, sect., 20 févr. 1953). Les moyens de légalité externe sont le vice d'incompétence de l'auteur de l'acte, le vice de forme et le vice de procédure. En l'espèce, seul un vice de compétence était invoqué.

Le moyen d'incompétence tend à soutenir que l'auteur d'un acte n'était pas habilité à l'édicter. Cette incompétence peut être territoriale, matérielle ou temporelle. Il s'agit d'un moyen d'ordre public, ce qui signifie que, par exception, il peut être invoqué pour la première fois par les parties à chaque stade de la procédure et qu'il doit, le cas échéant, être relevé d'office par le juge, à condition qu'il ressorte des pièces du dossier.

En l'espèce, les sociétés requérantes considéraient qu'attirer l'attention des investisseurs sur les caractéristiques et les modalités de commercialisation de leurs produits financiers n'entrait pas dans les compétences de l'Autorité des marchés financiers. C'est donc la compétence matérielle de l'autorité de régulation qui était contestée.

Le Conseil d'État déduit des termes des dispositions évoquées que le législateur a entendu confier à l'Autorité des marchés financiers une mission de protection de l'épargne et d'information des investisseurs qui s'étend, au-delà des produits expressément visés par les texte, à tous les placements offerts au public, ce qui inclut donc les placements immobiliers proposés par la société Fairvesta International GmbH quand bien même ceux-ci ne relèveraient pas de la réglementation applicable aux titres financiers.

Il y a lieu de relever que les juges du droit adoptent ainsi une interprétation téléologique de la loi, c'est-à-dire qu'ils se fondent sur la finalité voulue par le législateur, généralement éclairée par les travaux parlementaires, plutôt que sur les termes employés au sein des textes. Constructive et pragmatique, une telle interprétation débouche, en l'espèce, sur une extension prétorienne du champ de compétence de l'Autorité des marchés financiers. Elle permet au Conseil d'État d'écarter le moyen d'incompétence invoqué.

Pour autant, cette interprétation téléologique, dont l'utilisation n'est pas exceptionnelle, ne permet pas, à elle seule, de déceler une quelconque originalité dans l'office du juge à qui il revient, comme exposé dans le considérant 4, d'examiner les vices susceptibles d'affecter la légalité des actes de droit souple émis par les autorités investies d'une mission de régulation « *en tenant compte de leur nature et de leurs caractéristiques, ainsi que du pouvoir d'appréciation dont dispose l'autorité de régulation.* »

La spécificité de l'office du juge ainsi défini ne sera pas davantage perceptible dans l'examen de la légalité interne des communiqués de l'autorité des marchés financiers.

B – Une justification lapidaire de la légalité interne des communiqués de l'autorité des marchés financiers

Ce n'est qu'après avoir écarté le moyen de légalité externe invoqué que les juges du Palais Royal se penchent sur les moyens de légalité interne. En l'espèce, trois moyens de légalité interne étaient soulevés.

Le Conseil d'État vérifie dans un premier temps que les communiqués litigieux ne sont pas entachés d'erreur de fait. Il y a effectivement erreur de fait lorsque les faits sur lesquels l'administration fonde un acte sont entachés d'inexactitude matérielle. Il est traditionnellement admis que le juge administratif retienne que l'erreur de fait constitue un moyen de légalité interne depuis une décision *Camino* de 1916. En réalité, le Conseil d'État vérifiait déjà l'exactitude matérielle des faits depuis l'arrêt Gomel, rendu le 4 avril 1914.

Après avoir écarté le moyen tiré de l'existence d'une erreur de fait, les hauts magistrats écartent également, dans un second temps, celui tiré d'une erreur de droit. L'erreur de droit revêt une acception duale. Elle comprend les hypothèses dans lesquelles l'acte attaqué n'a été pris sur la base d'aucun texte. Il s'agira alors d'un défaut de base légale. Mais elle peut également traduire une erreur sur les motifs de droit retenus. Il est alors question des hypothèses dans lesquelles l'acte attaqué est fondé sur un raisonnement juridique erroné, parce que l'administration a fait application d'une norme inexistante, inapplicable, irrégulière ou inexactement interprétée.

Enfin, dans un troisième temps, les juges du droit retiennent que l'Autorité des marchés financiers n'a pas entaché son appréciation d'erreur manifeste. Cette affirmation résulte du contrôle de la qualification juridique des faits, qui consiste à déterminer si les faits sur lesquels s'est fondée l'autorité de régulation sont de nature à justifier son communiqué. Le juge administratif contrôle la qualification juridique des faits depuis l'arrêt *Gomel* précité. Son contrôle est néanmoins variable au gré de la marge d'appréciation laissée à l'administration, elle-même déduite de l'intensité de l'encadrement de son action par les textes. En effet, plus la marge d'appréciation laissée à l'administration par les textes apparaîtra importante, plus le contrôle opéré par le juge administratif sera restreint (*cf.* CE 15 févr. 1961, *Lagrange*). C'était le cas en l'espèce, et l'office du juge était alors limité à la censure d'une erreur manifeste d'appréciation, dont l'existence est retenue lorsque la décision litigieuse est manifestement disproportionnée par rapport aux faits qui sont censés la justifier. En l'absence d'erreur grossière, le Conseil d'État a pu écarter ce moyen comme infondé.

Si l'examen au fond de la requête ne présentait donc pas d'intérêt particulier dans la mesure où la spécificité de l'office du juge évoquée par le Conseil d'État n'est pas perceptible dans la décision en présence, elle n'en restera pas moins remarquable en raison de l'admission pionnière de la recevabilité matérielle d'un acte de droit souple émis par une autorité de régulation.

Les actes de l'administration

› *Dissertation*

Contrat et puissance publique.

Thème principal

Contrat administratif

Mots clés

Contrat administratif, Acte unilatéral, Clause exorbitante

Sujet donné et corrigé établi par

Gweltaz Eveillard, Professeur de droit public à l'Université Rennes 2

Second semestre 2016-2017

› *Préparation*

Analyse du sujet

Le sujet est classique mais rempli de pièges. Le premier tient à la définition des termes du sujet. La pratique a montré qu'à la fin de l'année de Licence 2, nombre d'étudiants étaient encore incapables de définir la notion de « puissance publique ». Parce qu'elle est généralement étudiée en tout début d'année, dans l'introduction du cours, à l'occasion de l'étude des différents fondements du droit administratif, et qu'elle n'est plus ensuite abordée que de manière allusive, à travers les notions de prérogatives de puissance publique ou encore de clause exorbitante du droit commun ? Toujours est-il que cette ignorance est fréquemment constatée, y compris dans des copies qui sans cela auraient été bonnes. Certains étudiants n'hésitent pas, ce qui n'est qu'à demi faux mais change complètement la portée du sujet, à définir la puissance publique de manière organique : la « puissance publique » est pour eux synonyme de « personne publique », et le sujet devient donc « Contrat et personne publique ». On conviendra qu'il ne s'agit plus du tout du même sujet... Sans doute faut-il y voir la marque d'une tendance des étudiants à chercher dans les sujets qui leur sont donnés à l'examen une version maquillée de sujets qu'ils ont eu à travailler pendant l'année – bref, à confondre réflexion et bachotage. En un sens, le classicisme du présent sujet le dessert, même s'il est arrivé, pour d'autres sujets formulés en termes plus originaux (*cf.* le sujet « La police administrative est-elle libérale », publié dans les présentes annales en 2012), qu'au contraire l'étudiant ne voie pas ce qu'un tel énoncé peut avoir de ressemblant avec les sujets qu'il a eu l'occasion de traiter pendant l'année. Pour éviter cet écueil, il convient de répéter et répéter encore que tout sujet doit être abordé avec un regard entièrement neuf et sans préjugé, mais en postulant que celui qui l'a choisi l'a fait en prenant en compte le programme du cours... Ceci est assurément une question de maturité, mais on est en droit de l'attendre d'un étudiant qui a déjà derrière lui deux années de droit.

Le deuxième terme du sujet était tout aussi déconcertant. Certes, l'immense majorité des étudiants sait définir le contrat, mais beaucoup n'ont pas remarqué que le sujet ne portait pas ici sur le « contrat administratif » mais sur le « contrat », ou ont voulu y voir une coquille sans incidence sur le contenu de l'exercice demandé... Évidemment, nous sommes en droit administratif, et la comparaison avec la notion de puissance publique suggère qu'il sera beaucoup question de contrat administratif. Il n'empêche : des rudiments en théorie générale des obligations sont bien utiles au traitement du sujet, ce qui est loin d'être évident pour des candidats toujours enclins à cloisonner les savoirs.

La délimitation du sujet suscite également certains écueils. Le comparatif « et » invite à étudier les rapports respectifs des deux notions, mais de nombreux étudiants n'en voient qu'un aspect : comment la puissance publique se manifeste-t-elle dans le contrat administratif ? (car cette erreur de délimitation suit et complète généralement celle qui a été commise plus haut, à l'occasion de la définition du contrat...) Or, il faudrait peut-être (assurément, même...) commencer par se demander si le procédé contractuel est bien, par lui-même, compatible avec la notion de puissance publique...
Si l'on ajoute que le sujet appelle une bonne maîtrise de l'ensemble du cours sur les contrats administratifs, voire de quelques points vus dans d'autres thèmes, tels que le service public ou la police administrative, car il ne se rapporte pas à un passage particulier du cours, il s'agit en définitive d'un sujet assez difficile.

Plan du corrigé

I/ L'exclusion mutuelle des deux notions
   A – La puissance publique sans contrat
   B – Le contrat sans puissance publique
II/ La coexistence des deux notions
   A – La puissance publique, critère du contrat administratif
   B – La puissance publique, élément fondamental du régime du contrat administratif

› Corrigé

Pour le béotien, les notions mêmes de contrat et de puissance publique s'excluent mutuellement.

En effet, sans même qu'il soit besoin de remonter jusqu'au Doyen Hauriou, qui voyait dans la puissance publique le critère du droit administratif, force est de constater que l'administration se caractérise par rapport aux simples particuliers par la possession de la puissance publique, c'est-à-dire d'un pouvoir exorbitant du droit commun et impliquant d'imposer sa volonté à autrui. La manifestation la plus visible cette puissance publique est le pouvoir de l'administration de décider unilatéralement pour autrui, en adoptant des actes administratifs unilatéraux.

Le contrat n'a dès lors, semble-t-il, rien à faire dans l'activité administrative, du moins dans l'activité de l'administration soumise au droit public. Le procédé contractuel est en effet issu du droit privé et poursuit une logique de prise de décision bien éloignée de celle qui préside à la puissance publique : la norme contractuelle est adoptée bilatéralement, par consensus entre les parties, et ne produit au demeurant qu'un effet relatif entre ces dernières. L'administration qui recourt au contrat se met, si l'on suit cette logique, au niveau de son cocontractant et abandonne ses prérogatives de puissance publique.

Une analyse schématique conduirait donc à distinguer deux sortes d'actions des personnes publiques : d'une part une action administrative soumise au droit public et se traduisant par l'adoption d'actes administratifs unilatéraux, d'autre part une action privée soumise au droit privé et se traduisant par la passation de contrats – si tant est d'ailleurs que cette dernière soit possible, ce qui supposerait que les prérogatives de puissance publique ne soient pas indisponibles, et que la personne publique puisse renoncer à leur usager. Cette analyse, est-il besoin de le préciser, est erronée. L'administration recourt depuis les origines au contrat, preuve qu'elle peut renoncer à l'action unilatérale au moins dans certaines circonstances : sans même remonter à l'Ancien droit, le contrat a été un mode privilégié d'exécution de certaines actions administratives, par exemple les travaux publics. Mieux encore, dès la seconde moitié du XIXe siècle, il a été admis que cette action contractuelle n'était pas nécessairement soumise au droit privé, d'où l'apparition, entre l'acte administratif unilatéral et le contrat de droit privé, d'une tierce catégorie, le contrat administratif, acte contractuel mais soumis au droit public et empruntant par conséquent aux deux catégories précédentes.

C'est donc bien d'une coexistence entre le contrat et la puissance publique qu'il faut parler, et ce à un double niveau. D'une part, parce que la puissance publique n'exclut pas, ou du moins pas toujours, le recours au procédé contractuel. D'autre part, parce que n'est pas exclue, au sein du même instrument, le contrat administratif, la coexistence de la puissance publique et du bilatéralisme.

Pour autant, il ne faut pas non plus exagérer le sens du propos et considérer les deux notions sont parfaitement conciliables : ce serait minorer l'originalité du droit administratif, voire remettre en cause la justification de son existence. Il ne peut s'agir que d'une coexistence conditionnée, car il n'est pas toujours possible pour l'administration de recourir au contrat ou, plus largement, de renoncer à la puissance publique au nom du bilatéralisme.

Toute la question est par conséquent de déterminer dans quelle mesure la puissance publique permet le recours par l'administration au procédé contractuel.

Si les deux notions ont assez souvent vocation à s'exclure (I), elles peuvent également se concilier, dans une mesure qui est loin d'être négligeable (III).

I/ L'exclusion mutuelle des deux notions

La puissance publique exclut parfois le recours au contrat (A) et, inversement, ce dernier est en principe largement exclusif de la puissance publique (B).

A – La puissance publique sans contrat

L'acte administratif unilatéral et le contrat ne sont pas deux procédés rigoureusement interchangeables : il est en effet parfois interdit à l'administration de contracter.

Il est tout d'abord assez fréquent que les textes prévoient, plus ou moins explicitement, l'exercice par l'administration de telle ou telle de ses compétences par voie d'acte unilatéral : il en va ainsi notamment à chaque fois qu'elle mentionne une forme d'acte unilatéral (décret, arrêté...) ou emploie un vocabulaire faisant référence à un tel acte (décision, autorisation, agrément...).

La jurisprudence va plus loin encore puisqu'elle interdit traditionnellement à l'administration de transférer par voie contractuelle son pouvoir de décision unilatérale : la délégation du pouvoir de décision unilatérale est nécessairement opérée par voie unilatérale. Elle interdit de même à l'administration de s'engager contractuellement sur un acte unilatéral à venir, par exemple de s'engager contractuellement à délivrer ultérieurement une autorisation administrative à son cocontractant.

De même encore, si les personnes publiques disposent, en ce qui concerne la gestion de leurs services publics, d'une liberté de choix entre les déléguer ou non, et si elles ont également le choix, lorsqu'elles décident de les déléguer, entre le faire par voie d'habilitation unilatérale ou de dévolution contractuelle, il existe des exceptions à cette liberté, qui conduisent à interdire toute délégation, donc *a fortiori* toute délégation contractuelle : il en va ainsi non seulement lorsqu'un texte constitutionnel ou législatif prohibe expressément ou implicitement cette délégation, mais également à raison de la nature même du service public en cause (CE, avis, 7 oct. 1986). C'est ainsi que les services publics régaliens ne peuvent faire l'objet d'un contrat de délégation, qu'il s'agisse de la défense, de la justice, du service public pénitentiaire ou, bien entendu, de la police administrative (CE, sect., 17 juin 1932, *Ville de Castelnaudary*).

Il ne faut évidemment pas accorder à cette prohibition une portée plus large qu'elle ne l'a. Les activités concernées sont relativement peu nombreuses et, dans la majorité des cas, l'administration dispose du choix entre le contrat et l'acte unilatéral (c'est par exemple le cas en matière d'octroi des aides publiques ou d'autorisations d'occupation du domaine public). Il convient au demeurant de souligner que, même dans les services publics régaliens, seules les activités les plus étroitement liées à la puissance publique voient leur délégation prohibée (Cons. const., décis. n° 2011-625 DC, 10 mars 2011, *LOPPSI*) : ainsi, les activités de santé ou de formation en prison peuvent être confiées à des partenaires privés, éventuellement par voie contractuelle. De la même façon d'ailleurs, en matière de transferts de compétences, seule la réalisation même du transfert ne peut être effectuée par voie contractuelle : les modalités du transfert peuvent être déterminées par contrat (Cons. const., décis. n° 94-358 DC, 16 janv. 1995, *Loi d'orientation pour l'aménagement et le développement du territoire*).

Il faut enfin noter que, dans certains cas, le recours au contrat est obligatoire. Il en va ainsi, évidemment, lorsqu'un texte le prévoit (par exemple en matière de distribution d'électricité), mais également, de fait, lorsque l'attribution d'une tâche à un prestataire est soumise, en vertu du droit de l'Union européenne, à des règles de publicité et de mise en concurrence : il n'est pas d'usage en effet (sauf, depuis l'ord. du 19 avr. 2017, en matière d'occupation du domaine public) que l'attribution d'une autorisation unilatérale soit soumise à de telles règles, et cette considération n'est pas étrangère à la requalification par le juge administratif de certaines décisions apparemment unilatérales en contrats, afin que leur passation soit ainsi encadrée (CE 22 mars 2000, *Époux Lasaulce*).

La puissance publique exclut donc parfois le contrat ; réciproquement, le contrat exclut en principe la puissance publique.

B – Le contrat sans puissance publique

Une vision trop « administrativiste » de l'action de l'administration conduit à négliger que cette dernière peut assez souvent agir selon les règles du droit privé, soit que ce dernier soit formellement appliqué, soit que le droit administratif ne conduise pas à une solution différente de celle du droit privé – car, on ne doit pas l'oublier, l'exorbitance de ce dernier est limitée à ce qui est nécessaire pour satisfaire l'intérêt général.

Ainsi, l'administration peut contracter, sans usage de prérogatives de puissance, en passant des contrats de droit privé. Ces derniers sont même, historiquement, les premiers qu'elle a passés. Ils constituent d'ailleurs toujours la solution de principe aujourd'hui : un contrat passé par une personne publique est en principe un contrat de droit privé en l'absence de disposition législative le qualifiant de contrat administratif ou sauf à ce qu'il satisfasse à l'un des trois critères jurisprudentiels suivants : un objet relatif à l'exécution même du service public (CE, sect., 20 avr. 1956, *Époux Bertin*), la présence en son sein ou dans un document annexe auquel il renvoie d'une clause exorbitante du droit commun (CE 28 juill. 1912, *Société des granits porphyroïdes des Vosges*) ou encore sa soumission par la loi ou le règlement à un régime exorbitant du droit commun (CE, sect., 19 janv. 1973, *Société d'exploitation électrique de la rivière du Sant*).

Par ailleurs, et même s'ils sont soumis au droit public, les contrats administratifs sont réellement des contrats, proches à bien des égards de leurs homologues de droit privé. Ce sont bien des actes bilatéraux, dont les clauses doivent être acceptées par les parties, à défaut d'être toujours négociées par elles – mais les contrats d'adhésion existent également en droit privé. Ces clauses peuvent au demeurant déroger aux exigences de la légalité, au motif que les parties ont accepté des dérogations : pour ne prendre qu'un seul exemple, les contrats administratifs peuvent rétroagir, par dérogation au principe de non-rétroactivité des actes administratifs.

De même, les contrats administratifs sont en principe modifiés par des avenants adoptés de manière bilatérale, et ils prennent fin par une résolution bilatérale – le fait que, dans l'un et l'autre cas, il puisse parfois en aller différemment ne devant pas faire oublier qu'il ne s'agit que de solutions exceptionnelles.

Il n'est jusqu'au régime contentieux des contrats administratifs qui ne concoure à montrer qu'ils sont la chose des parties : il est en effet empreint, surtout depuis ses évolutions récentes, d'un souci de protection des droits subjectifs des parties et, éventuellement, des tiers, qui l'emporte assez nettement sur la protection de la légalité. Ainsi, dans le contentieux de la formation du contrat, et que le recours soit exercé par une des parties (CE, ass., 28 déc. 2009, *Commune de Béziers*) ou par un tiers (CE, ass., 7 avr. 2014, *Département du Tarn-et-Garonne*), toute illégalité n'emporte pas l'annulation du contrat : cela dépend de sa gravité, mais également des conséquences de cette sanction sur l'intérêt général et sur les intérêts des parties. Par ailleurs, les moyens invocables par le requérant ne sont pas illimités, les parties ne pouvant se prévaloir des vices à l'origine desquels elles se trouvent et les tiers ne pouvant soulever que des vices qui les lèsent personnellement : on est bien loin de la situation du requérant dans le cadre du recours pour excès de pouvoir, qui se fait le défenseur de la loi contre un acte administratif unilatéral. De même, le contentieux de l'exécution du contrat est, du moins lorsqu'il est engagé par le cocontractant, un contentieux subjectif, et la sanction d'une illégalité peut là-aussi y dépendre des mêmes paramètres que dans le contentieux de la formation du contrat (ainsi en cas de contestation d'une mesure de résiliation unilatérale : CE, sect., 21 mars 2011, *Commune de Béziers*).

Le constat qui se dégage de cette analyse pourrait être celui d'une interpénétration assez limitée des notions de contrat et de puissance publique. Pourtant, celles-ci coexistent, en particulier avec le contrat administratif.

II/ La coexistence des deux notions

La puissance publique est un élément permettant tout à la fois d'identifier le contrat administratif (A) et de caractériser son régime juridique (B).

A – La puissance publique, critère du contrat administratif

La jurisprudence avait subordonné, au début du XXe siècle, la qualification de contrat administratif à la présence, dans le contrat passé par une personne publique, d'au moins une clause exorbitante du droit commun (CE 28 juill. 1912, *Société des granits por-*

phyroïdes des Vosges). Ce n'est plus le cas aujourd'hui, et un contrat conclu par une personne publique peut être administratif sans manifestation de la puissance publique, par son seul objet relatif à l'exécution même d'un service public (CE, sect., 20 avr. 1956, *Époux Bertin*). On pourra toutefois relever que, le service public se définissant entre autres, et en principe du moins, par l'existence de prérogatives de puissance publique (CE, sect., 22 févr. 2007, *APREI*), la puissance publique est tout de même assez souvent, et quoiqu'indirectement, à l'origine de la qualification de contrat administratif.

En l'état de la jurisprudence, un contrat passé par une personne publique est administratif, même s'il n'est pas relatif à l'exécution même d'un service public, s'il contient au moins une clause exorbitante du droit commun, ou si un document annexe auquel il renvoie, comme un cahier des charges, comporte une telle clause (T. confl., 5 juill. 1999, *UGAP c/ Société SNC Activ CSA*). Or, la clause exorbitante du droit commun entretient un rapport direct avec la puissance publique, puisqu'elle se définit comme la stipulation contractuelle dérogeant au droit commun des obligations en raison de l'intérêt général (T. confl., 13 oct. 2014, *Société Axa France*) : elle manifeste donc, au sein du contrat, la présence de la puissance publique en conférant au cocontractant public des pouvoirs particuliers et notamment en dérogeant à l'égalité des parties propres au droit privé.

Enfin, et quoi que de manière tout à fait marginale, un contrat passé par une personne publique et qui ne serait pas relatif à l'exécution même d'un service public ni ne contiendrait de clause exorbitante du droit commun est administratif s'il est soumis à un régime législatif ou réglementaire exorbitant du droit commun (CE, sect., 19 janv. 1973, *Société d'exploitation électrique de la rivière du Sant*) : là encore, la puissance publique se manifeste, cette fois par une source exogène qui confie au cocontractant public, ou à une personne publique tierce au contrat, des pouvoirs particuliers.

Ce rôle de la puissance publique n'est pas étranger non plus à l'institution par le Tribunal des conflits d'une présomption d'administrativité des contrats conclus entre deux personnes publiques (T. confl., 21 mars 1983, *UAP*). Ces derniers se situent en effet, pour reprendre les termes du commissaire du gouvernement D. Labetoulle, à la rencontre de deux gestions publiques, ce par quoi il faut entendre la rencontre de deux puissances publiques qui, bien souvent, se manifestent concurremment dans le contrat. Il est vrai toutefois que cette présomption n'est guère appliquée en pratique.

De même, la puissance publique n'est pas étrangère, quoique de manière moins nette, à la qualification de contrat administratif attribuée à un contrat entre personnes privées. La principale hypothèse dans laquelle le contrat possède un tel caractère correspond en effet au cas d'un mandat implicite par lequel un des cocontractants privés serait censé agir pour le compte d'une personne publique : or, figurent parmi les indices d'un tel contrat la détention de prérogatives de puissance publique par ledit cocontractant privé (qui les tient nécessairement d'une personne publique) ou la soumission de celui-ci à un contrôle de l'administration c'est-à-dire à l'exercice sur lui de prérogatives de puissance publique. Il en va d'ailleurs *a fortiori* de même lorsque l'intensité de ce contrôle fait du cocontractant privé une personne morale transparente, qui ne possède pas davantage d'autonomie qu'un des services de la personne publique.

La puissance publique est donc au cœur de l'identification du contrat administratif. Elle est tout autant au centre de son régime juridique.

B – La puissance publique, élément fondamental du régime du contrat administratif

Le régime juridique du contrat administratif est marqué par la présence de la puissance publique.

Tout d'abord, il peut comporter en son sein – en particulier les contrats de délégation du service public ou les conventions d'occupation du domaine public – des clauses réglementaires, c'est-à-dire des clauses qui constituent le règlement du service ou celui encadrant l'utilisation du domaine public, et se seraient appliquées de la même manière en l'absence de contrat. Ces clauses ne sont d'ailleurs contractuelles qu'en apparence, comme en atteste leur régime contentieux qui permet leur invocabilité par les tiers (CE 21 déc. 1906, *Syndicat des propriétaires et contribuables du quartier Croix-de-Seguey-Tivoli*) et leur contestabilité par ces derniers (CE, ass., 10 juill. 1996, *Cayzeele*), en raison des conséquences qu'elles peuvent avoir sur eux, à l'instar d'un acte réglementaire. Ici, ce sont bien en réalité des dispositions réglementaires, issues par conséquent de la puissance publique, qui s'appliquent au cocontractant comme aux tiers, pour leur conférer des droits ou leur imposer des obligations.

Ensuite, le contrat administratif se caractérise par les prérogatives exorbitantes de l'administration lors de l'exécution du contrat, qui lui confèrent un caractère inégalitaire : pouvoir de direction et de contrôle, pouvoir de sanction (CE 31 mai 1907, *Deplanque*), pouvoir de modification unilatérale (CE 2 févr. 1983, *UTPUR*) ou de résiliation unilatérale (CE, ass., 2 mai 1958, *Distillerie de Magnac-Laval*) dans l'intérêt général. De tels pouvoirs peuvent certes être mentionnés dans le contrat, auquel cas ils révèlent l'existence de clauses exorbitantes du droit commun, ou être prévus par un texte législatif ou réglementaire, mais ils constituent également des règles générales applicables au contrat administratif et existent même sans texte : l'administration ne peut d'ailleurs y renoncer par voie contractuelle (CE, sect., 6 mai 1985, *Association Eurolat*), ce qui révèle, en l'occurrence, l'indisponibilité de la puissance publique.

Cette inégalité est encore renforcée par le très strict encadrement de l'exception d'inexécution au bénéfice du cocontractant privé. Cette dernière n'est possible que si le contrat n'est pas relatif à l'exécution même du service public, et sous réserve que la personne publique ne s'y oppose pas pour des motifs tirés de l'intérêt général (CE 8 oct. 2014, *Société Grenke location*). Et encore est-ce un progrès par rapport à la situation antérieure, dans laquelle l'exception d'inexécution était purement et simplement interdite. La puissance publique pèse pleinement sur le cocontractant privé et lui interdit de cesser l'exécution du contrat quand bien même la personne publique n'honorerait pas ses propres engagements.

Enfin, l'ingérence de la puissance publique dans le contrat administratif peut venir de sources extérieures au contrat. Il peut s'agir tout d'abord de la personne publique cocontractante, certes, mais en une autre qualité que celle-ci, par exemple dans l'exercice de ses pouvoirs de police administrative ou, plus largement, dans l'exercice de ses activités de réglementation qui peuvent venir perturber l'exécution du contrat. Il peut même s'agir d'une personne publique tierce au contrat, dont l'action normative aurait sur ce dernier des effets identiques. En pareils cas, le cocontractant aura certes droit à une indemnité, sur le fondement de la théorie du fait du prince dans le premier, sur celui de l'imprévision dans le second. Si, en l'occurrence, la puissance publique ne s'impose donc pas sans contrepartie – mais il en va de même lorsque le cocontractant public modifie unilatéralement ou résilie unilatéralement le contrat pour un motif d'intérêt général – elle ne s'impose pas moins, le cocontractant devant continuer l'exécution du contrat : en ne le faisant pas, il ne renonce d'ailleurs pas seulement auxdites indemnités, il commet également une faute contractuelle l'exposant à des sanctions (CE, sect., 5 nov. 1982, *Société Propétrol*).

S'il n'est pas question de nier le caractère contractuel du contrat administratif, la puissance publique est donc largement à même de faire plier le principe de l'article 1103 du Code civil au terme duquel « *les conventions légalement formées tiennent lieu de loi à ceux qui les ont faites* ». C'est à ce prix que la puissance publique s'accommode du procédé contractuel…

Les actes de l'administration

› *Commentaire d'arrêt : T. confl., 16 novembre 2015, Sté Claf Accompagnement c/ Association Plie Nord Est*

Thème principal

Contrat administratif

Mots-clés

Définition du contrat, Service public, Théorie du mandat, Association transparente, Prérogatives de service public

Sujet donné et corrigé établi par

Paul Cassia, Professeur de droit public l'Université Paris 1 Panthéon-Sorbonne

Second semestre 2015-2016

Vu, enregistrée à son secrétariat le 10 juillet 2015, l'expédition du jugement rendu le 23 juin 2015 par lequel le tribunal administratif de Paris, saisi d'une demande de M. Benoît, ès qualités de mandataire judiciaire de la société Claf Accompagnement, tendant à obtenir la condamnation de l'association PLIE Paris Nord-Est à lui verser la somme de 150 034,67 euros au titre d'actions de formation effectuées en 2010, 2011 et 2012, a sursis à statuer, et a renvoyé au Tribunal par application de l'article 32 du décret du 27 février 2015 le soin de trancher la question de compétence ;

Vu l'ordonnance de référé du 10 juillet 2014 par laquelle le président du tribunal de grande instance de Paris s'est déclaré incompétent pour connaître de cette demande au motif que les contrats passés entre l'association PLIE Paris Nord-Est et la société Claf Accompagnement comportaient une clause attribuant compétence au tribunal administratif ;

Considérant que l'association PLIE Paris Nord-Est, constituée pour l'exécution du Plan local pour l'insertion et l'emploi Paris Nord-Est, a passé avec la société Claf Accompagnement des contrats en vue de l'organisation de stages de formation afin de faciliter l'accès à l'emploi de personnes en grande difficulté d'insertion sociale et professionnelle sélectionnées par l'association ; qu'après que la société Claf Accompagnement a été placée en liquidation judiciaire, un litige a opposé le mandataire judiciaire de cette dernière et l'association relativement au paiement de sommes dues en exécution de ces contrats ;

Considérant que si, eu égard à l'intérêt général de son activité, aux obligations qui lui sont imposées et aux contrôles dont elle fait l'objet tant en raison de son financement essentiellement assuré par des subventions publiques qu'en raison de sa qualité d'organisme intermédiaire bénéficiaire de subventions du Fonds social européen, l'association PLIE Paris Nord-Est est investie d'une mission de service public, d'une part, elle est une association régie par la loi du 1er juillet 1901 regroupant tant des personnes privées, patronales et syndicales, que des personnes publiques, dont aucune de ces dernières ne contrôle seule, ou conjointement avec d'autres personnes publiques, son organisation et son fonctionnement, et, d'autre part, elle n'agit pas au nom et pour le compte de ces dernières mais en son nom et pour son propre compte ; que, dès lors, le litige relatif à l'exécution des contrats passés avec la société Claf Accompagnement est de la compétence de la juridiction judiciaire ; [...]

› Préparation

Analyse du sujet

Le commentaire de cet arrêt ne présente aucune difficulté : il se borne à appliquer une série de jurisprudences constantes relatives à l'identification du service public et du contrat administratif, et c'est pour cela qu'il a été proposé à l'examen. Le corrigé ci-dessous a été élaboré à partir des seuls documents figurant dans les fiches de TD et du contenu du cours magistral.

› Corrigé

Le droit des contrats de l'administration est en profond renouvellement, qu'il s'agisse de l'identification de la nature de ces contrats (T. confl. 13 oct. 2014, *Sté Axa France Iard*, qui adopte une nouvelle définition de la clause exorbitante ; T. confl 9 mars 2015, *Rispal*, qui abandonne la jurisprudence *Peyrot* relativement à la qualification des contrats passés par les sociétés concessionnaires d'autoroute) ou du contentieux des contrats administratifs (CE 21 déc. 2009, *Commune de Béziers I*, pour le recours des parties au contrat ; CE 4 avr. 2014, *Département de Tarn-et-Garonne*, pour les recours des tiers au contrat). Par contraste, l'arrêt *Sté Claf Accompagnement* détonne heureusement, tant il fait application de jurisprudences bien établies – dont il conforte donc la pérennité – rendues à propos de l'identification du contrat administratif.

En vue de l'exécution d'un plan local pour l'insertion et l'emploi, l'association PLIE Paris Nord-Est avait conclu des contrats avec la société Claf Accompagnement, lui confiant la réalisation de prestations de formation pour des chômeurs en grande difficulté. Cette société ayant été mise en liquidation judiciaire, son mandataire judiciaire avait assigné en référé l'association PLIE Paris Nord-Est afin d'obtenir une provision sur les sommes dues pour les prestations réalisées.

Par une ordonnance du 10 juillet 2014, le président du TGI de Paris s'était déclaré incompétent, en se fondant sur une clause attributive de compétence au tribunal administratif figurant dans les contrats passés entre les parties. L'administrateur judiciaire de la société s'était alors tourné vers le tribunal administratif de Paris.

Ce dernier avait considéré que les contrats en cause étaient de droit privé, et relevaient donc de la compétence du juge judiciaire. Or, l'ordonnance de référé du TGI de Paris étant devenue définitive, le tribunal administratif ne pouvait plus, par lui-même, décliner la compétence de la juridiction administrative. Par une décision du 23 juin 2015, il avait donc renvoyé au Tribunal des conflits le soin de trancher cette question de compétence juridictionnelle, faisant ainsi application de l'article 32 du décret du 27 février 2015 relatif au Tribunal des conflits et aux questions préjudicielles.

Trois points n'étaient pas en débat dans l'affaire *Sté Claf Accompagnement*. D'une part, il n'existait pas de disposition législative attribuant compétence à l'un de deux ordres de juridiction pour connaître du contentieux des contrats en cause : si cette attribution légale se serait imposée aux parties aux contrats et aux juges (CE 22 févr. 2007, *APREI*), son absence laisse place aux critères jurisprudentiels classiques de qualification des contrats, selon lesquels est administratif le contrat conclu par une personne publique ou pour son compte, et qui soit fait participer le cocontractant à une mission de service public, soit comporte une « clause signal » d'intérêt général.

D'autre part, l'insertion dans un contrat d'une clause attributive de compétence juridictionnelle est sans effet sur la nature de ce contrat, et donc sur l'ordre de juridiction effectivement compétent pour connaître d'un contentieux né de son exécution : il n'est pas permis à la volonté des parties de modifier la répartition des compétences contentieuse, qui est d'ordre public et dont le respect doit être systématiquement vérifié par la juridiction saisie. Enfin, s'agissant de conventions conclues entre deux personnes privées, il existe une présomption selon laquelle ces contrats sont de nature privée et relèvent, pour leur contentieux, du juge judiciaire. Dans son arrêt *Rispal* du 9 mars 2015 précité, le Tribunal des conflits avait d'ailleurs reconnu et généralisé le champ de cette présomption en décidant que, désormais, les contrats conclus par des sociétés concessionnaires d'autoroutes avec d'autres personnes privées ont en principe, quel que soit leur objet, le caractère de contrats de droit privé.

En l'occurrence, le critère organique du contrat administratif faisait défaut. Sans doute l'association assure-t-elle une mission de service public à la réalisation duquel la société Claf Accompagnement participait, de sorte que l'un des critères matériels d'identification du contrat administratif était rempli (I) ; mais faute de rattachement direct ou indirect de l'exercice de cette mission à une personne publique, les contrats en cause étaient nécessairement de droit privé (II).

I/ La présence d'un critère matériel du contrat administratif : l'exercice d'une mission de service public par l'association PLIE Paris Nord-Est

L'arrêt *Sté Claf Accompagnement* s'attache en premier lieu à identifier la mission exercée par l'association PLIE Paris Nord-Est – étant entendu qu'il est admis de longue date qu'une personne privée peut assurer une mission de service public (CE, ass., 13 mai 1938, *Caisse primaire « Aide et Protection »*). Ce raisonnement paraît un peu curieux, dans la mesure où était en cause la qualification des contrats conclus par cette association et la société de droit privé : si le critère organique du contrat administratif n'était pas présent, il était en tout état de cause inutile de vérifier l'existence de l'un des deux critères matériels d'identification du contrat administratif (participation à l'exercice d'un service public ou présence d'une clause révélant un régime exorbitant du droit commun).

Quoi qu'il en soit, l'arrêt du 16 novembre 2015 applique une jurisprudence classique en la matière, en confirmant implicitement la disparition d'un critère originel d'identification du service public (A) et en recherchant si les autres critères sont présents dans le fonctionnement de l'association (B).

A – La confirmation de la disparition du critère des prérogatives de puissance publique dans l'identification du service public

Dans l'arrêt *Narcy* du 28 juin 1963, le Conseil d'État avait posé trois critères permettant d'identifier le service public. L'un d'eux tenait aux prérogatives de puissance publique que le législateur avait confiées aux centres techniques. Cet élément n'est désormais plus décisif. La décision *APREI* précitée a, à la suite de décisions du Conseil d'État adoptées dans les années 1990, confirmé que de telles prérogatives n'étaient plus indispensables à la reconnaissance de la qualité de service public.

L'abandon de ce critère s'explique par le fait que le Conseil d'État a pris acte de la dissociation entre les missions de service public et les fonctions « d'autorité » des organismes qui en ont la charge. Il arrive que des organismes puissent exercer de telles missions sans qu'il soit nécessaire qu'un pouvoir « de contrainte » leur soit confié. Ainsi, dans l'affaire *Commissariat à l'énergie atomique* jugée par le Conseil d'État le 25 juillet 2008, une association ayant pour objet l'étude de la protection de l'homme s'est vu reconnaître la qualité de service public, alors qu'il est évident que la réalisation de telles recherches ne nécessite pas la détention de prérogatives de puissance publique ; dans l'affaire *Commune d'Aix-en-Provence* jugée par le Conseil d'État le 6 avril 2007, c'est une association ayant un objet culturel – l'organisation d'un festival d'art lyrique – qui a été qualifiée de service public, sans pourtant disposer de prérogatives de puissance publique.

Par son arrêt *Sté Claf Accompagnement*, le Tribunal des conflits s'approprie – et donc valide – « en creux » la jurisprudence du Conseil d'État en la matière. On comprend que la formation de chômeurs, objet de l'association PLIE Paris Nord-Est, ne nécessite pour sa mise en œuvre aucune prérogative de puissance publique. Cela n'empêche pas que cette activité puisse bénéficier du « label » de service public.

B – La vérification des critères matériels et du contrôle exercé sur l'organisme dans l'identification du service public

Pour qualifier de service public la mission exercée par l'association PLIE Paris-Nord Est, le Tribunal des conflits constate que les deux critères cumulatifs posés par l'arrêt *Narcy* – une activité d'intérêt général assurée ou assumée par une personne publique – sont réunis.

D'une part, l'association exerce une mission d'intérêt général. On sait que cette notion est difficilement systématisable, voire indéfinissable. Si certaines activités exclusivement « commerciales » ne relèvent clairement plus de l'intérêt général, comme cela est désormais le cas pour les jeux de hasard organisés par la Française des Jeux (CE 27 oct. 1999, *Rolin*), le juge – en particulier administratif

– fait une interprétation très extensive, et donc favorable à la reconnaissance d'un service public, de ce critère. La décision du Conseil d'État du 21 juin 2000, *SARL Plage Chez Joseph* a montré qu'une concession de plage pouvait constituer un service public, dès lors qu'il était possible de la rattacher à l'intérêt du développement d'une station balnéaire. Il est plus évident de reconnaître le caractère d'intérêt général d'activités de nature « sociale » : ainsi, dans l'affaire *APREI* précitée, le Conseil d'État a admis que des centres d'aide par le travail visant à favoriser l'intégration sociale de personnes handicapées exerçaient une mission d'intérêt général. Il ne pouvait qu'en aller de même pour l'activité de l'association PLIE Paris Nord-Est, qui participe aux actions de réinsertion des demandeurs d'emploi.

D'autre part, cette activité est assumée par une personne publique. Ce critère d'identification du service public s'attache au contrôle exercé par une telle personne sur l'organisme exerçant une mission d'intérêt général. Faute d'un contrôle suffisant, cet organisme ne pourra être qualifié de service public, comme l'a montré l'affaire *Sté Axa France* précitée jugée par le Tribunal des conflits le 13 octobre 2014 : en l'absence de droit de regard d'une commune sur l'organisation de l'association ayant une activité d'intérêt général (la pratique de l'aviron), son activité n'a pas le caractère de service public ; l'arrêt *Narcy* avait également recherché, préalablement à la reconnaissance de la qualité de service public des centres techniques, l'existence d'un droit de regard de l'administration sur ces centres, matérialisé par divers contrôles exercés par l'autorité de tutelle. Sur ce point, l'arrêt *Sté Claf Accompagnement* se borne à relever l'existence d'un « contrôle » exercé par des collectivités publiques sur les activités de l'association, sans préciser les modalités de ce contrôle. À cet égard, il est curieux que le Tribunal des conflits s'attache, s'agissant de la notion de service public, au financement de l'organisme en cause pour analyser le critère du contrôle : l'arrêt *USIA* rendu par le Conseil d'État le 16 novembre 1956 fait du financement du service un critère relatif à sa nature – le SPA est essentiellement financé par des subventions, le SPIC par des redevances perçues sur les usagers…

Cela étant, il était en tout état de cause inutile de reconnaître la qualification de service public à l'association PLIE Paris Nord-Est pour déterminer la compétence juridictionnelle, dès lors que le critère organique de qualification des contrats administratifs n'était pas rempli.

II/ L'absence du critère organique du contrat administratif : la nature privée des contrats passés par l'association PLIE Paris Nord-Est

Les contrats conclus entre l'association et une autre personne privée ne pouvaient relever de la compétence du juge administratif dès lors que cette association n'était ni transparente (A), ni n'agissait pour le compte d'une personne publique (B).

A – L'absence de « transparence » de l'association PLIE Paris Nord-Est

Depuis une décision *Commune de Boulogne-Billancourt* du 21 mars 2007, le Conseil d'État juge que lorsqu'une personne privée est créée à l'initiative d'une personne publique qui en contrôle l'organisation et le fonctionnement et qui lui procure l'essentiel de ses ressources, cette personne privée doit être regardée comme transparente et les contrats qu'elle conclut pour l'exécution de la mission de service public qui lui est confiée sont des contrats administratifs. Le principe qui guide cette jurisprudence est que la personne publique ne se distingue que formellement, sur le terrain de la personnalité juridique, de la personne privée qu'elle a créé ; substantiellement, la personne privée n'est qu'une émanation de la ou des personnes publiques qui sont à l'origine de sa création ou qui la contrôlent. L'affaire *Commune d'Aix-en-Provence* précitée a ainsi montré qu'à travers l'association créée et contrôlée par une ou des personnes publiques, ce sont ces dernières qui en réalité doivent être regardées comme gérant directement le service public.

Sans doute l'essentiel des ressources de l'association PLIE Paris Nord-Est provient-il de différentes personnes publiques ; sans doute également des personnes publiques en sont-elles membres. Mais il existe également des personnes privées composant l'association et la co-gérant avec les personnes publiques, et en l'occurrence, à la différence des deux précédents jugés par le Conseil d'État, il n'est pas possible de dire que ces dernières en contrôlent le fonctionnement.

Le critère organique pouvait cependant encore être rempli par application de la jurisprudence sur le mandat.

B – L'absence de mandat confié par une personne publique à l'association PLIE Paris Nord-Est

La « théorie » du mandat a été dégagée par l'arrêt *Sté d'équipement de la région montpelliéraine* du 30 mai 1975, par lequel le Conseil d'État a considéré qu'un marché de travaux publics passé entre deux personnes privées était administratif car l'une d'elle n'agissait pas pour son propre compte, mais pour celui des collectivités auxquelles les voies devaient être remises. Elle a été régulièrement confirmée depuis, y compris par le Tribunal des conflits, qui en a par exemple fait application dans un arrêt *Sté d'exploitation de la Tour Eiffel* du 16 juin 2014 : une société de droit privé agissant librement avec une autre société de droit privé, sans contrôle effectif de la ville de Paris sur ses activités, ne pouvait être regardée comme agissant pour le compte de cette dernière, propriétaire de la Tour Eiffel. L'arrêt *Rispal* précité réserve également le cas où une société concessionnaire d'autoroute agirait pour le compte de l'État, auquel cas le contrat passé avec une autre société de droit privé pourrait être administratif.

Cela étant, le mandat donné par une personne publique ne se présume pas, et ce n'est qu'en cas de contrôle poussé de cette personne sur son cocontractant privé que ce dernier pourra être regardé comme ayant agi au nom et pour le compte de la personne publique.

En l'occurrence, la circonstance que l'association mette en œuvre une politique publique n'a pas suffi à caractériser un mandat au sens de l'arrêt *Sté d'équipement de la région montpelliéraine*. Le Tribunal des conflits constate que les contrats ont été signés par l'association PLIE Paris Nord-Est pour son propre compte, indépendamment de tout contrôle par une ou des personnes publiques. Celles-ci versent sans doute des crédits permettant le fonctionnement de l'association, mais il n'appartient qu'à elle de définir la « politique » selon laquelle elle souhaite les utiliser.

Par suite, en l'absence du critère organique, les contrats conclus par l'association PLIE Paris Nord-Est et la société Claf Accompagnement étaient des contrats de droit privé, dont le contentieux relevait de la compétence du juge judiciaire.

Les fonctions de l'administration

Thème principal

Service public

Mots clés

Neutralité, Usagers

Sujet et corrigé établi par

Élise Untermaier-Kerléo, Maître de conférences à la faculté de droit de l'Université Jean Moulin Lyon 3

Premier semestre 2017-2018

› *Commentaire d'arrêt : CE, 5e et 4e chambres réunies, 28 juillet 2017, Boutaleb et a., n° 390740, Rec. T.*

Vu les procédures suivantes :

1° Sous le n° 390740, par une requête et un mémoire complémentaire, enregistrés les 4 et 9 juin 2015 au secrétariat du contentieux du Conseil d'État, Mme C... demande au Conseil d'État :

1°) d'annuler pour excès de pouvoir la décision implicite de refus née du silence gardé par le ministre des affaires sociales, de la santé et des droits des femmes sur sa demande tendant à l'abrogation partielle des dispositions de l'arrêté du 21 avril 2007 relatif aux conditions de fonctionnement des instituts de formation paramédicaux ;

2°) d'enjoindre au ministre d'abroger les dispositions litigieuses ;

3°) de mettre à la charge de l'État la somme de 2 000 euros au titre de l'article L. 761-1 du Code de justice administrative.

2° Sous le n° 390741, par une requête et un mémoire complémentaire, enregistrés les 4 et 9 juin 2015 au secrétariat du contentieux du Conseil d'État, Mme A... demande au Conseil d'État :

1°) d'annuler pour excès de pouvoir la décision implicite de refus née du silence gardé par le ministre des affaires sociales, de la santé et des droits des femmes sur sa demande tendant à l'abrogation partielle des dispositions de l'arrêté du 21 avril 2007 relatif aux conditions de fonctionnement des instituts de formation paramédicaux;

2°) d'enjoindre au ministre d'abroger les dispositions litigieuses;

3°) de mettre à la charge de l'État la somme de 2 000 euros au titre de l'article L. 761-1 du Code de justice administrative.

3° Sous le n° 390742, par une requête et un mémoire complémentaire, enregistrés les 4 et 9 juin 2015 au secrétariat du contentieux du Conseil d'État, l'Association de défense des droits de l'homme – collectif contre l'islamophobie en France demande au Conseil d'État :

1°) d'annuler pour excès de pouvoir la décision implicite de refus née du silence gardé par le ministre des affaires sociales, de la santé et des droits des femmes sur sa demande tendant à l'abrogation partielle des dispositions de l'arrêté du 21 avril 2007 relatif aux conditions de fonctionnement des instituts de formation paramédicaux;

2°) d'enjoindre au ministre d'abroger les dispositions litigieuses;

3°) de mettre à la charge de l'État la somme de 2 000 euros au titre de l'article L. 761-1 du Code de justice administrative.

Vu les autres pièces des dossiers;

Vu :

- la Constitution, notamment son Préambule;
- le Code de l'éducation;
- le Code de la santé publique;
- l'arrêté du 21 avril 2007 relatif aux conditions de fonctionnement des instituts de formation paramédicaux;
- l'arrêté du 31 juillet 2009 relatif au diplôme d'État d'infirmier;
- le Code de justice administrative;

Après avoir entendu en séance publique :

– le rapport de Mme Catherine Bobo, auditeur,

– les conclusions de M. Nicolas Polge, rapporteur public ;

1. Considérant que l'article 10 de l'arrêté ministériel du 21 avril 2007 relatif aux conditions de fonctionnement des instituts de formation paramédicaux dispose que les règlements intérieurs de ces instituts doivent comporter au minimum les règles définies à l'annexe IV du même arrêté ; que cette annexe IV définit un règlement intérieur type, dont le deuxième alinéa du chapitre Ier du Titre II prévoit que : « *Les signes et les tenues qui manifestent ostensiblement l'appartenance à une religion sont interdits dans tous les lieux affectés à l'institut de formation ainsi qu'au cours de toutes les activités placées sous la responsabilité de l'institut de formation ou des enseignants, y compris celles qui se déroulent en dehors de l'enceinte dudit établissement* » ; que Mmes C... et A..., élèves à l'Institut de formation des soins infirmiers dépendant de l'Hôpital Saint-Antoine à Paris, et l'Association de défense des droits de l'homme – Collectif contre l'islamophobie en France ont demandé par un courrier du 27 janvier 2015 à la ministre des affaires sociales, de la santé et des droits des femmes d'abroger les dispositions précitées de l'annexe IV de l'arrêté du 21 avril 2007 ; qu'ils demandent l'annulation pour excès de pouvoir de la décision implicite de rejet née du silence gardée par la ministre sur leur demande d'abrogation ; qu'il y a lieu de joindre leurs requêtes pour statuer par une seule décision ;

2. Considérant, d'une part, qu'aux termes de l'article 10 de la Déclaration des Droits de l'Homme et du Citoyen du 26 août 1789 : « *Nul ne doit être inquiété pour ses opinions, même religieuses, pourvu que leur manifestation ne trouble pas l'ordre public établi par la loi* » ; qu'aux termes de l'article 2 de la Constitution du 4 octobre 1958 : « *La France est une République indivisible, laïque, démocratique et sociale. Elle assure l'égalité*

devant la loi de tous les citoyens sans distinction d'origine, de race ou de religion. Elle respecte toutes les croyances » ; qu'il résulte de l'article L. 636-1 du Code de l'éducation que les études supérieures préparant aux professions de santé autres que les professions médicales, pharmaceutiques et odontologiques sont organisées conformément aux dispositions du Code de la santé publique et du Code de l'éducation ; qu'aux termes de l'article L. 141-6 du Code de l'éducation : « *Le service public de l'enseignement supérieur est laïque et indépendant de toute emprise politique, économique, religieuse ou idéologique ; il tend à l'objectivité du savoir ; il respecte la diversité des opinions. Il doit garantir à l'enseignement et à la recherche leurs possibilités de libre développement scientifique, créateur et critique* » ; qu'aux termes de l'article L. 811-1 du même Code : « *Les usagers du service public de l'enseignement supérieur sont les bénéficiaires des services d'enseignement, de recherche et de diffusion des connaissances et, notamment, les étudiants inscrits en vue de la préparation d'un diplôme ou d'un concours, les personnes bénéficiant de la formation continue et les auditeurs. / Ils disposent de la liberté d'information et d'expression à l'égard des problèmes politiques, économiques, sociaux et culturels. Ils exercent cette liberté à titre individuel et collectif, dans des conditions qui ne portent pas atteinte aux activités d'enseignement et de recherche et qui ne troublent pas l'ordre public* [...] » ; qu'aux termes, enfin de l'article L. 141-5-1 du même code : « *Dans les écoles, les collèges et les lycées publics, le port de signes ou tenues par lesquels les élèves manifestent ostensiblement une appartenance religieuse est interdit* » ; que les instituts de formation paramédicaux étant des établissements d'enseignement supérieur, leurs élèves ont, lorsqu'ils suivent des enseignements théoriques et pratiques en leur sein, la qualité d'usagers du service public ; qu'il résulte des dispositions citées précédemment qu'ils sont, en cette qualité, sauf lorsqu'ils suivent un enseignement dispensé dans un lycée public, libres de faire état de leurs croyances religieuses, y compris par le port de vêtement ou de signes manifestant leur appartenance à une religion, sous réserve de ne pas perturber le déroulement des activités d'enseignement et le fonctionnement normal du service public notamment par un comportement revêtant un caractère prosélyte ou provocateur ;

3. Considérant, d'autre part, que l'arrêté du 31 juillet 2009 relatif au diplôme d'État d'infirmier prévoit que la durée de la formation des élèves infirmiers est de 4 200 heures réparties sur trois années, dont 2 100 heures de formation théorique et 2 100 heures de formation clinique sous forme de stages ; que, lorsqu'ils effectuent un stage dans un établissement de santé chargé d'une mission de service public, les élèves infirmiers doivent respecter les obligations qui s'imposent aux agents du service public hospitalier ; que, s'ils bénéficient de la liberté de conscience qui interdit toute discrimination fondée sur la religion, le principe de laïcité fait obstacle à ce qu'ils manifestent leurs croyances religieuses dans le cadre du service public ; que, lorsque les élèves infirmiers effectuent leur stage dans un établissement n'ayant aucune mission de service public, ils doivent respecter, le cas échéant, les dispositions du règlement intérieur de cet établissement qui fixent les conditions dans lesquelles ses agents peuvent faire état de leurs croyances religieuses ;

4. Considérant qu'il résulte de ce qui est indiqué aux points 2 et 3 ci-dessus qu'en interdisant aux élèves des instituts de formations paramédicaux, par les dispositions précitées de l'annexe IV de l'arrêté du 21 avril 2007, de manifester leurs convictions religieuses sans distinguer entre les situations dans lesquelles les élèves sont susceptibles de se trouver en tant qu'usagers du service public ou en tant que stagiaires dans un établissement de santé chargé d'une mission de service public, le ministre a édicté une interdiction qui, par son caractère général, est entachée d'illégalité ; que le litige ayant conservé son objet contrairement à ce que soutient le ministre, les requérants sont, dès

lors, fondés, à demander l'annulation de la décision implicite de rejet née du silence gardée par la ministre sur leur demande d'abrogation de ces dispositions; que cette annulation implique nécessairement l'abrogation ou la modification des dispositions réglementaires de l'annexe IV de l'arrêté du 21 avril 2007 dont l'illégalité a été constatée; qu'il y a lieu pour le Conseil d'État d'enjoindre au ministre de procéder à l'abrogation des dispositions litigieuses, ou à leur modification conformément à ce qui est indiqué aux points 2 et 3 ci-dessus;

5. Considérant qu'il y a lieu, dans les circonstances de l'espèce, de mettre à la charge de l'État la somme de 1 000 euros à verser à Mme C..., à Mme A... et à l'Association de défense des droits de l'homme – Collectif contre l'islamophobie en France chacune, au titre des dispositions de l'article L. 761-1 du Code de justice administrative;

DÉCIDE :

Article 1er : La décision implicite de rejet née du silence gardée par la ministre sur la demande d'abrogation des dispositions du deuxième alinéa du chapitre Ier du titre II de l'annexe IV de l'arrêté du 21 avril 2007 est annulée.

Article 2 : Il est enjoint à la ministre des affaires sociales, de la santé et des droits des femmes d'abroger ces dispositions ou de les modifier conformément aux motifs de la présente décision.

Article 3 : L'État versera à Mmes C... et A... et à l'Association de défense des droits de l'homme – Collectif contre l'islamophobie en France une somme 1 000 euros chacune au titre de l'article L. 761-1 du Code de justice administrative.

Article 4 : La présente décision sera notifiée à Mme B... C..., à Mme D... A..., à l'Association de défense des droits de l'homme.

› Préparation

Analyse du sujet

L'arrêt donné à commenter s'inscrit dans le cadre du chapitre sur le service public, et plus précisément sur les lois du service public : il concerne le principe de neutralité religieuse. La question se posait de savoir si les élèves infirmiers pouvaient se voir interdire le port de signes religieux pendant leur formation. La principale difficulté du sujet tient au fait que le Conseil d'État procède, dans cet arrêt, à de multiples distinctions. Le statut des élèves infirmiers varie selon qu'ils suivent leur formation théorique (ils sont, dans ce cas, usagers du service public de l'enseignement supérieur) ou qu'ils effectuent des stages dans un établissement de santé (ils deviennent alors des agents, assujettis aux mêmes règles que le personnel). La Haute juridiction prend également en considération le lieu du stage, selon qu'il est effectué dans un établissement de santé qui est chargé d'une mission de service public ou qui en est, à l'inverse, dépourvu ; elle tient compte enfin du lieu des cours, selon qu'ils sont dispensés dans un établissement d'enseignement supérieur ou dans un lycée public.

Une fois l'arrêt lu – et même « décortiqué », le plan est assez facile à construire. La première partie (I) peut être consacrée aux élèves infirmiers stagiaires, assimilés au personnel de l'établissement, avec une sous-partie (A) concernant les stages dans un établissement chargé d'une mission de service public et une autre sous-partie (B) relative aux stages effectués au sein d'un établissement dépourvu d'une telle mission. La seconde partie (II) traitera des élèves infirmiers en tant qu'usagers du service public, avec une sous-partie (A') évoquant les cours suivis dans un établissement d'enseignement supérieur, et une dernière sous-partie (B') pour les cours suivis dans un lycée public.

Plan du corrigé

I/ Les élèves infirmiers en stage : des agents de l'établissement

A – L'obligation de neutralité religieuse au sein d'un établissement chargé d'une mission de service public

B – La liberté religieuse encadrée par le règlement intérieur de l'établissement dépourvu de mission de service public

II/ Les élèves infirmiers en cours : des usagers du service public

A – La liberté des étudiants de faire état de leurs croyances religieuses

B – L'interdiction de porter des signes religieux ostensibles dans l'enceinte d'un lycée public

› Corrigé

Le principe de neutralité du service public interdit aux agents publics de manifester leurs convictions religieuses, et notamment de porter des signes religieux, dans l'exercice de leurs fonctions. En revanche, les usagers peuvent, en principe, exprimer librement leurs croyances. Qu'en est-il des élèves infirmiers qui, dans le cadre de leur formation, doivent accomplir des stages à l'hôpital ? C'est à cette délicate question que répond le Conseil d'État, dans cet arrêt des 5e et 4e chambres réunies, en date du 28 juillet 2017 et mentionné dans les tables du recueil *Lebon*.

Deux femmes, élèves à l'Institut de formation des soins infirmiers dépendant de l'Hôpital Saint-Antoine à Paris, et l'Association de défense des droits de l'homme – Collectif contre l'islamophobie en France, ont demandé à la ministre des Affaires sociales, de la Santé et des Droits des femmes d'abroger les dispositions de l'arrêté ministériel du 21 avril 2007 relatif aux conditions de fonctionnement des instituts de formation paramédicaux. Selon les dispositions litigieuses de cet arrêté, les règlements intérieurs des instituts de formation paramédicaux doivent interdire « les signes et les tenues qui manifestent ostensiblement l'appartenance à une religion […] dans tous les lieux affectés à l'institut de formation ainsi qu'au cours de toutes les activités placées sous la responsabilité de l'institut de formation ou des enseignants, y compris celles qui se déroulent en dehors de l'enceinte dudit établissement ». Le silence gardé par la ministre sur cette demande d'abrogation a fait naître une décision implicite de rejet dont les requérants demandent l'annulation pour excès de pouvoir. Le recours est porté directement devant le Conseil d'État, conformément aux dispositions de l'article R. 311-1 du Code de justice administrative, qui prévoit la compétence en premier et dernier ressort de la Haute juridiction administrative, pour les recours dirigés contre les actes réglementaires des ministres.

Les élèves des instituts de formation paramédicaux peuvent-ils se voir interdire de faire état de leurs croyances religieuses tout au long de leur formation théorique et clinique ?

La Haute juridiction donne raison aux requérants, en affirmant que « le ministre a édicté une interdiction qui, par son caractère général, est entachée d'illégalité ». En effet, les élèves des instituts de formation paramédicaux ont la qualité d'usagers du service public de l'enseignement supérieur, lorsqu'ils suivent des enseignements théoriques et pratiques en leur sein. Dès lors, sauf lorsqu'ils assistent à un cours dispensé dans un lycée public, ils peuvent faire état de leurs croyances religieuses, y compris par le port de vêtements ou de signes manifestant leur appartenance à une religion, « sous réserve de ne pas perturber le déroulement des activités d'enseignement et le fonctionnement normal du service public notamment par un comportement revêtant un caractère prosélyte ou provocateur ».

En revanche, lorsqu'ils effectuent un stage dans un établissement de santé chargé d'une mission de service public, les élèves infirmiers ne peuvent manifester leurs croyances religieuses, à l'instar des agents du service hospitalier. S'ils réalisent leur stage au sein d'un établissement n'ayant aucune mission de service public, ils doivent respecter, le cas échéant, les dispositions du règlement intérieur de cet établissement qui fixent les conditions dans lesquelles ses agents peuvent faire état de leurs croyances religieuses. En conséquence, le Conseil d'État annule la décision implicite attaquée et enjoint à la ministre d'abroger ou de modifier les dispositions litigieuses.

Par cette décision, la Haute juridiction rappelle la distinction fondamentale entre les usagers du service public, qui restent en principe libres de faire état de leurs convictions religieuses, et les agents du service public, assujettis à l'obligation de neutralité, corollaire du principe de laïcité. La frontière entre ces deux catégories n'est pas toujours évidente. Les élèves infirmiers ont justement la particularité d'appartenir aux deux : s'ils sont assimilés à des agents quand ils sont en stage dans un établissement de santé (I), ils restent des usagers lorsqu'ils suivent leur formation théorique et pratique au sein des instituts de formation paramédicaux (II).

I/ Les élèves infirmiers en stage : des agents de l'établissement

Les élèves infirmiers stagiaires sont assujettis aux mêmes règles que les personnels des établissements dans lesquels ils effectuent leur stage. En conséquence, ils sont soumis à l'obligation de neutralité au sein d'un établissement de santé chargé d'une mission de service public (A). Ils doivent respecter les dispositions du règlement intérieur dans un établissement de santé dépourvu de mission de service public (B).

A – L'obligation de neutralité religieuse au sein d'un établissement chargé d'une mission de service public

La Haute juridiction affirme que « lorsqu'ils effectuent un stage dans un établissement de santé chargé d'une mission de service public, les élèves infirmiers doivent respecter les obligations qui s'imposent aux agents du service public hospitalier ». Or, le « devoir de stricte neutralité qui s'impose à tout agent collaborant à un service public », apparu dans la jurisprudence administrative avec les arrêts *Dlle Pasteau* du 8 décembre 1948 (Leb. p. 464) et *Dlle Jamet* du 3 mai 1950 (Leb. p. 247), leur interdit de manifester leurs convictions religieuses dans l'exercice de leurs fonctions. Comme l'a précisé le Conseil d'État dans l'avis contentieux, *Mlle Marteaux* (3 mai 2000, n° 217017; Leb. p. 169), « le principe de laïcité fait obstacle à ce qu'ils disposent, dans le cadre du service public, du droit de manifester leurs croyances religieuses ». On retrouve exactement cette formule dans l'arrêt commenté. Cette importante limite à la liberté d'expression religieuse des agents des services publics a été jugée conforme aux stipulations de la Convention européenne des droits de l'homme (CEDH 26 nov. 2015, *Ebrahimian c/ France*, n° 64846/11). Consacrée par la jurisprudence, l'interdiction de manifester ses convictions religieuses dans l'exercice de ses fonctions figure désormais dans le statut général de la fonction publique, depuis la loi n° 2016-483 du 20 avril 2016 relative à la déontologie et aux droits et obligations des fonctionnaires. L'article 25 de la loi n° 83-634 du 13 juillet 1983 portant droits et obligations des fonctionnaires énonce en effet : « Dans l'exercice de ses fonctions, il [le fonctionnaire] est tenu à l'obligation de neutralité. / Le fonctionnaire exerce ses fonctions dans le respect du principe de laïcité. À ce titre, il s'abstient notamment de manifester, dans l'exercice de ses fonctions, ses opinions religieuses ».

L'interdiction d'exprimer ses convictions religieuses a un champ relativement large. Elle s'impose, non seulement aux agents de droit public, mais aussi aux salariés de droit privé travaillant dans des services publics gérés par des organismes de droit privé

(Soc. 19 mars 2013, *Caisse primaire d'assurance maladie de Seine-Saint-Denis*, n° 12-11690, *Bull.*). Comme le spécifie ce dernier arrêt concernant une technicienne de prestations maladie, peu importe que le salarié soit ou non directement en contact avec le public. En revanche, en dehors de l'exercice des fonctions, l'agent retrouve sa liberté d'expression religieuse. Il ne peut se voir infliger une sanction disciplinaire pour avoir pratiqué sa religion ou exprimé sa foi, comme l'a rappelé la Haute juridiction administrative, par exemple dans l'arrêt *Delle Weiss* (CE 28 avr. 1938, n° 59549, *Leb.* p. 379, *D.* 1939. III. 41, concl. G. Dayras et note M. Waline). Le Conseil d'État avait annulé la sanction infligée à une institutrice stagiaire, considérant « qu'en invitant, par une lettre privée, un élève-maître de l'école normale d'instituteurs de la Mayenne à assister, pendant les vacances, à certaines conférences, [...] en admettant même que lesdites conférences dussent avoir un caractère religieux », l'intéressée n'a pas violé « le principe de la neutralité scolaire ».

B – La liberté religieuse encadrée par le règlement intérieur de l'établissement dépourvu de mission de service public

S'agissant des élèves infirmiers qui effectuent leur stage dans un établissement n'ayant aucune mission de service public, le Conseil d'État renvoie aux « dispositions du règlement intérieur de cet établissement qui fixent les conditions dans lesquelles ses agents peuvent faire état de leurs croyances religieuses ». En effet, l'obligation de neutralité religieuse ne s'applique en principe qu'aux agents des services publics. Comme l'a rappelé la Cour de cassation, chambre sociale, dans le cadre de l'affaire de la crèche *Baby Loup*, « le principe de laïcité instauré par l'article 1er de la Constitution n'est pas applicable aux salariés des employeurs de droit privé qui ne gèrent pas un service public » (arrêt du 19 mars 2013, n° 11-28845, *Bull.*).

Toutefois, comme le précise la Cour dans le même arrêt, les personnels qui ne travaillent pas pour le compte d'un service public peuvent se voir imposer par le règlement intérieur des restrictions à leur liberté religieuse dès lors qu'elles sont « justifiées par la nature de la tâche à accomplir », qu'elles répondent « à une exigence professionnelle essentielle et déterminante » et qu'elles sont « proportionnées au but recherché ». C'est ce qu'énoncent désormais les dispositions de l'article L. 1321-2-1 du Code du travail, issues de la loi n° 2016-1088 du 8 août 2016, aux termes desquelles « le règlement intérieur peut contenir des dispositions inscrivant le principe de neutralité et restreignant la manifestation des convictions des salariés si ces restrictions sont justifiées par l'exercice d'autres libertés et droits fondamentaux ou par les nécessités du bon fonctionnement de l'entreprise et si elles sont proportionnées au but recherché ».

II/ Les élèves infirmiers en cours : des usagers du service public

Lorsqu'ils suivent des enseignements théoriques et pratiques au sein des instituts de formation paramédicaux, les élèves infirmiers ont la qualité d'usagers du service public. À ce titre, ils sont en principe libres de faire état de leurs croyances religieuses (A), sauf dans le cas particulier où ils assistent à un cours dispensé dans un lycée public (B).

A – La liberté des étudiants de faire état de leurs croyances religieuses

Le Conseil d'État affirme, dans cet arrêt, que « les instituts de formation paramédicaux étant des établissements d'enseignement supérieur, les élèves ont, lorsqu'ils suivent des enseignements théoriques et pratiques en leur sein la qualité d'usagers du service public ; [...] ils sont, en cette qualité, [...] libres de faire état de leurs croyances religieuses ». Ainsi la Haute juridiction rappelle-t-elle qu'à la différence des agents, les usagers d'un service public ne sont pas soumis au principe de neutralité. À ce titre, les étudiants peuvent exprimer leurs convictions, notamment par le port de vêtement ou de signes manifestant leur appartenance à une religion. Les juges du Palais-Royal prennent soin de rappeler la liberté de conscience et de religion, constitutionnellement garantie par l'article 10 de la Déclaration des droits de l'homme et du citoyen. Ils citent également l'article L. 811-1 du Code de l'éducation qui précise que « les usagers du service public de l'enseignement supérieur sont les bénéficiaires » de ce service et qu'ils disposent et exercent individuellement et collectivement « la liberté d'information et d'expression à l'égard des problèmes politiques, économiques, sociaux et culturels [...] dans des conditions qui ne portent pas atteinte aux activités d'enseignement et de recherche et qui ne troublent pas l'ordre public [...] ». L'arrêt commenté s'inscrit dans la lignée de la jurisprudence antérieure. Déjà, dans l'arrêt du 26 juillet 1996, *Université de Lille II*, le Conseil d'État avait annulé les arrêtés d'un doyen interdisant à deux étudiantes de pénétrer dans l'enceinte de la faculté, revêtues du « foulard islamique » (CE, 4/1 ssr, 26 juill. 1996, *Université de Lille II*, n° 170106, *T. Lebon*).

Toutefois, comme l'a rappelé le Conseil d'État dans une étude réalisée en 2013 sur les principes de laïcité et de neutralité à la demande du Défenseur des droits, la liberté d'expression religieuse des usagers n'est pas absolue et connaît des restrictions qui procèdent « soit de textes particuliers, soit de considérations liées à l'ordre public ». En l'espèce, la Haute juridiction prend soin de préciser que la liberté de conscience et de religion des usagers des services publics ne s'exerce que « sous réserve de ne pas perturber le déroulement des activités d'enseignement et le bon fonctionnement du service public, notamment par un comportement revêtant un caractère prosélyte ou provocateur ». En outre, les élèves infirmiers, comme tous les usagers d'un service public, doivent respecter la loi du 11 octobre 2010 interdisant la dissimulation du visage dans l'espace public, qui s'applique notamment dans les lieux affectés à un service public. Ils doivent encore respecter les restrictions à la liberté religieuse résultant de la loi du 15 mars 2004, lorsqu'ils sont amenés à suivre des cours dans un lycée public...

B – L'interdiction de porter des signes religieux ostensibles dans l'enceinte d'un lycée public

Le Conseil d'État réserve le cas particulier dans lequel les élèves infirmiers « suivent un enseignement dispensé dans un lycée public ». Dans ce cas, ils se voient appliquer les dispositions de l'article L. 141-5-1 du Code de l'éducation, issues de la loi n° 2004-228 du 15 mars 2004. Selon ces dispositions, « dans les écoles, les collèges et les lycées publics, le port de signes ou tenues par lesquels les élèves manifestent ostensiblement une appartenance religieuse est interdit ». Ainsi, et en dépit de leur qualité d'usagers du service public, les élèves des institutions de formation paramédicaux, ne peuvent manifester « ostensiblement » leur appartenance religieuse lorsqu'ils se trouvent dans un établissement de l'enseignement secondaire. S'ils peuvent porter des signes religieux discrets, leur sont en revanche interdits, non seulement les signes ou tenues, tels notamment un voile ou un foulard islamique, une kippa ou une grande croix, dont le port, par lui-même, manifeste ostensiblement une appartenance religieuse, mais aussi ceux dont le port ne manifeste ostensiblement une appartenance religieuse qu'en raison du comportement de l'élève. Ainsi un bandana peut donc être considéré un signe religieux interdit dans les établissements scolaires (CE, 4/5 ssr, 5 déc. 2007, M. *et Mme Ghazal*, n° 295671, *Leb.*).

L'application de la loi du 15 mars 2004 aux élèves infirmiers, qui ne sont pas exactement des lycéens, puisqu'ils sont usagers du service public de l'enseignement supérieur, n'était pas évidente. En effet, comme toute exception, la restriction à la liberté religieuse résultant de la loi du 15 mars 2004, s'interprète strictement. C'est en sens que le Tribunal administratif de Nice a annulé pour erreur de droit la décision d'une école élémentaire de refuser à une mère de famille, le droit d'accompagner une sortie scolaire en conservant son voile, l'administration ne se prévalant pas « d'une disposition légale ou réglementaire précise » (TA Nice, 9 juin 2015, *Mme D.*, n° 1305386).

Tout en affirmant la liberté religieuse des usagers des services publics, la Haute juridiction administrative admet de nouvelles restrictions à cette liberté. En assimilant les élèves infirmiers, d'une part, aux agents des services publics, lorsqu'ils sont en stage dans un établissement de santé chargé d'une mission de service public, et d'autre part, aux lycéens, lorsqu'ils suivent des cours dans un lycée public, le Conseil d'État a, ce faisant, procédé à une double extension du principe de neutralité religieuse.

Les fonctions de l'administration

Thème principal

Service public

Mots clés

Sources, Police administrative

Sujet et corrigé établi par

Florent Blanco, Professeur à l'Université d'Orléans

Premier semestre 2017-2018

› *Cas pratique*

Vous venez d'être recruté(e) comme stagiaire au sein du service des affaires juridiques du ministère des affaires étrangères. Soucieux de vous faire profiter pleinement de cette expérience en vous mettant par là même à l'épreuve, votre chef de service n'hésite pas à vous consulter sur plusieurs dossiers au cœur de l'actualité, vous demandant même de lui apporter un appui technique à travers de brèves notes manuscrites.

Vous êtes parallèlement consulté(e), de manière plus officieuse, par certains membres du personnel du ministère, avec lesquels vous avez eu l'occasion de tisser des liens, à la suite de différentes décisions controversées.

Saurez-vous répondre aux attentes placées en vous et éclairer vos interlocuteurs de vos lumières ?

La France est liée à la Côte d'Ivoire par une convention de coopération judiciaire, signée et ratifiée régulièrement en 1981. Cette convention a récemment été modifiée par une convention postérieure, qui fixe, en particulier, les conditions de l'exécution en France des décisions de justice émanant des juridictions de Côte d'Ivoire, en excluant tout recours à l'exécution forcée contre l'État, les collectivités territoriales, les établissements publics et les sociétés de droit privé liées par contrat à une personne publique. Monsieur Félix M., ressortissant ivoirien, conteste la manière dont la convention franco-ivoirienne a été modifiée. Il considère en effet que la convention modificative, qui a fait l'objet d'une approbation par le gouvernement français sans avoir été soumise à l'autorisation préalable du législateur, met en cause le caractère saisissable de biens auxquels pourraient s'appliquer les voies d'exécution prévues au Code de procédure civile et affecte les principes fondamentaux du régime de la propriété, des droits réels et des obligations civiles et commerciales. À ses yeux, l'approbation de la convention modificative ne pouvait donc intervenir, au regard du contenu de celle-ci, qu'après le vote d'une loi, en vertu de l'article 53 de la Constitution. Il estime également que cette convention, qui porte selon lui atteinte à plusieurs principes constitutionnels, est elle-même inconstitutionnelle, ce qui peut justifier son invalidation par le juge, et qu'elle comporte en outre des stipulations en contradiction avec d'autres traités liant la France à la Côte d'Ivoire. Il a en conséquence introduit dans les délais deux recours pour excès de pouvoir devant le Conseil d'État, l'un dirigé contre le décret 29 décembre 2016 portant ratification de l'accord conclu entre le gouvernement français et le gouvernement ivoirien, l'autre contre le décret du 17 février 2017 portant publication de ce même accord.

Un arrêté du ministre des affaires étrangères du 24 novembre 2015, adopté sur la base d'un décret gouvernemental, est venu fixer les conditions d'attribution d'une nouvelle indemnité d'éloignement au profit des personnels des ambassades et des consulats. Ce texte réglementaire donne compétence au ministre des affaires étrangères pour accorder individuellement une telle indemnité aux personnels en poste à l'étranger qui en feraient la demande. *Francis C.*, en poste à l'ambassade de France au Maroc, s'est récemment vu refusé par le ministre cette indemnité d'éloignement, au motif qu'il ne remplissait pas certaines des conditions prévues par l'arrêté du 24 novembre 2015. Il a tout dernièrement introduit un recours devant le tribunal administratif de Paris contre la décision de refus du ministre, en invoquant la méconnaissance de l'arrêté ministériel de 2015. Votre chef de service, informé de l'existence de ce contentieux, doute de la pertinence du moyen soulevé par le requérant à l'appui de son recours. Il n'est pas sûr en effet que l'on puisse se prévaloir, à l'appui de la contestation d'un acte administratif, d'un autre acte administratif émanant de la même autorité. Il vous demande toutefois de faire des recherches sur la jurisprudence du Conseil d'État pour vérifier ce point de droit.

Madame *Hajer B.* exerce, en qualité de fonctionnaire de catégorie C., des fonctions de secrétariat au sein du ministère depuis plusieurs années. À la grande surprise de ses supérieurs, elle est dernièrement venue sur son lieu de travail voilée, ce qui lui a immédiatement été reproché. Ayant fait l'objet par son chef de service d'une mise en demeure de retirer son voile, à laquelle elle a refusé d'obtempérer, *Hajer B.*, contre laquelle une procédure disciplinaire a été engagée, a dernièrement reçu un blâme, avant d'être temporairement exclue des services. Ses collègues la pressent de rentrer dans les rangs en renonçant à son voile, en évoquant auprès d'elle les risques que la procédure disciplinaire en cours débouche sur une révocation pure et simple. Ayant noué avec vous des liens d'amitié, elle vous consulte discrètement, bien décidée à se battre, sur ses droits et sa situation. Elle pense tout d'abord que la liberté religieuse et la liberté de conscience, garanties par la Constitution française, lui permettent parfaitement d'affirmer sur son lieu de travail ses convictions religieuses, d'autant que son voile, plutôt discret, qu'elle porte d'ailleurs depuis longtemps en dehors de son travail, ne dissimule nullement son visage et qu'elle a même dernièrement arboré celui-ci en tant que mère accompagnatrice lors d'une sortie scolaire organisée par l'école maternelle où se trouve scolarisé son fils, sans que cela lui soit reproché par le chef d'établissement. Considérant que son éventuel licenciement serait en réalité fondé sur un motif discriminatoire, elle entend par ailleurs le contester devant le juge administratif. Outre la méconnaissance des dispositions de la Déclaration des droits de l'homme et du citoyen de 1789, elle entend invoquer à l'appui de son recours la violation de certaines normes internationales, en particulier les stipulations de l'article 24 de la charte sociale européenne, ainsi que les dispositions issues d'une récente directive européenne, non encore transposée en droit interne, qui vient prévoir certaines garanties au profit des salariés des secteurs public et privé en cas de procédure disciplinaire engagée à leur encontre.

Madame *Noëlle Y.*, agent du ministère, déplore de son côté la dégradation des conditions de travail au sein de l'administration d'État depuis plusieurs mois. Elle décide, avec plusieurs de ses collègues, de se mettre en grève, mais apprend que le ministre envisage d'adopter des mesures de réorganisation du service (à travers le déplacement momentané de personnels non-grévistes dans des services particulièrement affectés par le mouvement de grève), afin d'éviter de fortes perturbations dans l'activité du ministère. Elle pense que le ministre outrepasserait ses pouvoirs en adoptant de telles mesures, qui lui paraissent au surplus attentatoires au droit de grève, constitutionnellement garanti, et dénuées de tout fondement juridique. Elle décide toutefois de vous consulter discrètement et officieusement.

Madame *Sandra I.*, qui travaille également au sein du ministère, conteste quant à elle certains choix actuels du pouvoir exécutif en place en matière de diplomatie et de politique internationale. Soucieuse de convaincre ses collègues de bureau, elle n'hésite pas à distribuer des tracts dans certains services, dans lesquels elle expose ses arguments et ses griefs. Elle entend d'ailleurs profiter du mouvement de grève amorcé par *Noëlle Y.* pour se joindre à la contestation et exprimer à cette occasion ses désaccords politiques. Ayant eu vent des intentions et de l'attitude de cet agent, votre propre chef de service vous consulte à ce sujet.

À l'approche des fêtes de fin d'année, le ministre a par ailleurs pris la décision, pourtant réprouvée par certains de ses proches collaborateurs, de faire installer une grande crèche de Noël à l'entrée du bâtiment du ministère, juste au pied de l'immense sapin décoré. Il a toutefois, par précaution, pris l'avis de son service des affaires juridiques. Votre chef de service vous fait immédiatement passer ce dossier, afin de recueillir votre sentiment à ce sujet.

Alors que de nombreux vols (ordinateurs portables et matériel de bureau) ont eu lieu ces dernières semaines, une enquête interne au ministère a permis d'identifier dans une femme assurant l'entretien des locaux le soir l'auteur de ces larcins. Ceux-ci ont été signalés aux services de police, qui ont décidé de faire intervenir des agents afin de prendre « sur le fait » l'intéressée, à sa sortie des bâtiments avec du matériel volé. L'interpellation tourne cependant mal et *Carine L.* (la femme de ménage concernée) est sérieusement blessée par l'un des agents de police. Elle décide d'introduire une action en responsabilité contre l'État devant le Conseil d'État. Informé de ce recours, votre chef de service croit déceler un problème de compétence, mais vous demande votre avis à ce sujet.

Questions

1. Que pensez-vous de l'argumentaire développé par *Félix M.* ? Ces deux recours ont-ils une chance de prospérer devant le Conseil d'État ? Qu'en est-il des différents moyens que le requérant développe à l'appui de ses recours ? [5 points]

2. Que pensez-vous du recours introduit devant le tribunal administratif par *Francis C.* ? Que pouvez-vous répondre sur ce point à votre chef de service ? [2 points]

3. Que pouvez-vous répondre à *Hajer B.* s'agissant de son droit à manifester librement ses convictions religieuses dans le cadre de ses fonctions ? Pourrait-elle au surplus fonder son éventuel

recours sur la méconnaissance des stipulations de l'article 24 de la charte sociale européenne et invoquer à l'appui de celui-ci les dispositions de la directive européenne non encore transposée ? [5 points]

4. Que pensez-vous des différentes positions de *Noëlle Y.* sur le droit de grève et des mesures d'organisation que le ministre pourrait adopter ? [3 points]

5. Que pensez-vous de l'attitude de *Sandra I.* ? La grève qu'elle appelle de ses vœux a-t-elle un objet licite ? [1,5 point]

6. Que pouvez-vous conseiller au ministre s'agissant de son projet d'édifier une grande crèche de Noël à l'entrée du bâtiment du ministère ? [1,5 point]

7. Quelle est la nature de l'opération de police à l'origine du dommage subi par *Carine L.* ? Celle-ci a-t-elle eu raison d'introduire son recours devant le Conseil d'État ? [2 points]

Documents annexes

Article 34 – Constitution du 4 octobre 1958

La loi fixe les règles concernant :

- les droits civiques et les garanties fondamentales accordées aux citoyens pour l'exercice des libertés publiques ; la liberté, le pluralisme et l'indépendance des médias ; les sujétions imposées par la Défense nationale aux citoyens en leur personne et en leurs biens ;
- la nationalité, l'état et la capacité des personnes, les régimes matrimoniaux, les successions et libéralités ;
- la détermination des crimes et délits ainsi que les peines qui leur sont applicables ; la procédure pénale ; l'amnistie ; la création de nouveaux ordres de juridiction et le statut des magistrats ;
- l'assiette, le taux et les modalités de recouvrement des impositions de toutes natures ; le régime d'émission de la monnaie.

La loi fixe également les règles concernant :

– le régime électoral des assemblées parlementaires, des assemblées locales et des instances représentatives des Français établis hors de France ainsi que les conditions d'exercice des mandats électoraux et des fonctions électives des membres des assemblées délibérantes des collectivités territoriales ;
– la création de catégories d'établissements publics ;
– les garanties fondamentales accordées aux fonctionnaires civils et militaires de l'État ;
– les nationalisations d'entreprises et les transferts de propriété d'entreprises du secteur public au secteur privé.

La loi détermine les principes fondamentaux :

– de l'organisation générale de la Défense nationale ;
– de la libre administration des collectivités territoriales, de leurs compétences et de leurs ressources ;
– de l'enseignement ;
– de la préservation de l'environnement ;
– du régime de la propriété, des droits réels et des obligations civiles et commerciales ;
– du droit du travail, du droit syndical et de la sécurité sociale.

Les lois de finances déterminent les ressources et les charges de l'État dans les conditions et sous les réserves prévues par une loi organique.

Les lois de financement de la sécurité sociale déterminent les conditions générales de son équilibre financier et, compte tenu de leurs prévisions de recettes, fixent ses objectifs de dépenses, dans les conditions et sous les réserves prévues par une loi organique.

Des lois de programmation déterminent les objectifs de l'action de l'État.

Les orientations pluriannuelles des finances publiques sont définies par des lois de programmation. Elles s'inscrivent dans l'objectif d'équilibre des comptes des administrations publiques.

Les dispositions du présent article pourront être précisées et complétées par une loi organique.

Article 53 – Constitution du 4 octobre 1958

Les traités de paix, les traités de commerce, les traités ou accords relatifs à l'organisation internationale, ceux qui engagent les finances de l'État, ceux qui modifient les dispositions de nature législative, ceux qui sont relatifs à l'état des personnes, ceux qui comportent cession, échange ou adjonction de territoire, ne peuvent être ratifiés ou approuvés qu'en vertu d'une loi.

Ils ne prennent effet qu'après avoir été ratifiés ou approuvés.

Nulle cession, nul échange, nulle adjonction de territoire n'est valable sans le consentement des populations intéressées.

Article 24 de la Charte sociale européenne

Article 24 – Droit à la protection en cas de licenciement

En vue d'assurer l'exercice effectif du droit à la protection en cas de licenciement, les Parties s'engagent à reconnaître :

a. le droit des travailleurs à ne pas être licenciés sans motif valable lié à leur aptitude ou conduite, ou fondé sur les nécessités de fonctionnement de l'entreprise, de l'établissement ou du service ;

b. le droit des travailleurs licenciés sans motif valable à une indemnité adéquate ou à une autre réparation appropriée.

À cette fin les Parties s'engagent à assurer qu'un travailleur qui estime avoir fait l'objet d'une mesure de licenciement sans motif valable ait un droit de recours contre cette mesure devant un organe impartial.

› Préparation

Analyse du sujet

Le présent sujet d'examen, proposé aux étudiants orléanais lors de la première session d'examen 2017/2018, se présente comme un cas pratique dit « fermé » (énoncé assorti de questions), dont le contenu couvre les principales thématiques du programme traité au premier semestre (sources, service public et police administrative).
Un tel sujet permet tout à la fois de s'assurer de la maîtrise des connaissances attendues en 2e année, tout en mettant à l'épreuve les étudiants face à des situations concrètes. Il s'agit en effet d'être en mesure, à l'aide de connaissances théoriques et d'éléments factuels découlant de l'énoncé, de mener un véritable raisonnement juridique, en apportant des réponses concrètes et précises aux questions posées.
Ces quelques exigences ont guidé la confection du présent corrigé, dont le contenu se veut conforme au niveau attendu d'un étudiant de licence 2e année.

› Corrigé

1. Que pensez-vous de l'argumentaire développé par *Félix M.* ? Ces deux recours ont-ils une chance de prospérer devant le Conseil d'État ? Qu'en est-il des différents moyens que le requérant développe à l'appui de ses recours ? [5 points]

Il convient d'évoquer successivement les **recours de *Félix M.*** et les **moyens** soulevés à l'appui de ces derniers.

S'agissant des **deux recours introduits par *Félix M.***, une différence importante apparaît. Seul pourra être examiné le recours contre le décret du 17 février 2017 portant publication de l'accord conclu entre le gouvernement français et le gouvernement ivoirien. Le Conseil d'État sera en revanche incompétent pour connaître du recours dirigé contre le décret 29 décembre 2016 portant ratification de ce même accord. Depuis 1926, l'*acte portant publication d'un traité* est en effet détachable du traité lui-même et peut faire l'objet d'un REP, alors que l'*acte portant ratification d'un traité* n'est pas considéré comme détachable du traité lui-même et ne peut faire l'objet d'un recours (ce dernier acte appartient encore à la catégorie des *actes de gouvernement*) : CE, 5 février 1926, *Dame Caraco*. Le juge administratif pourra ainsi vérifier la régularité de la procédure de ratification ou d'approbation du traité à l'appui d'un recours dirigé, non contre le décret portant ratification d'un traité (incontestable au contentieux), mais contre le décret de publication de celui-ci.

Que penser ensuite des **moyens invoqués par *Félix M.*** à l'appui du recours dirigé contre le décret de publication (3 points) ? Il faut, là encore, sérier les différents éléments formant l'argumentaire du requérant.

Sur le moyen tiré de la méconnaissance de l'article 53 de la Constitution

L'article 53 de la Constitution conditionne la ratification ou l'approbation de certains traités au vote préalable d'une loi. Cette « autorisation législative préalable » concerne des engagements essentiels engageant la France, dont la « liste » est fixée par l'article 53 (annexé au sujet). Si, initialement, le juge administratif refusait de contrôler l'intervention d'une autorisation parlementaire (CE, ass., 16 nov. 1956, *Villa*), tel n'est plus le cas aujourd'hui (CE, ass., 18 déc. 1998, *SARL du Parc d'activité de Blotzheim*). Depuis 1998, le juge administratif peut ainsi être amené à contrôler la régularité de la procédure de ratification d'un traité, en sanctionnant notamment la violation des dispositions de l'article 53 de la Constitution. Saisi d'un recours pour excès de pouvoir dirigé contre un décret publiant un traité, le Conseil d'État peut ainsi examiner le moyen tiré de ce que, en vertu de l'article 53 de la Constitution, la ratification ou l'approbation de l'engagement international en cause aurait dû être autorisée par la loi (par ex., CE 23 févr. 2000, *M. Bamba Dieng et autres*, qui correspond largement à l'hypothèse présentée ici). *Félix M.* est donc parfaitement fondé en l'espèce à invoquer un tel moyen à l'appui de son recours contre le décret du 17 février 2017 portant publication de l'accord conclu entre le gouvernement français et le gouvernement ivoirien.

Il s'agit ensuite de se demander ici si la convention modificative entrait ou non dans le champ d'application de l'article 53 de la Constitution. Celle-ci « fixe, en particulier, les conditions de l'exécution en France des décisions de justice émanant des juridictions de Côte d'Ivoire, en excluant tout recours à l'exécution forcée contre l'État, les collectivités territoriales, les établissements publics et les sociétés de droit privé liées par contrat à une personne publique ».

Félix M. considère quant à lui que cette convention modificative « met en cause le caractère saisissable de biens auxquels pourraient s'appliquer les voies d'exécution prévues au Code de procédure civile et affecte les principes fondamentaux du régime de la propriété, des droits réels et des obligations civiles et commerciales ». Il a sans aucun doute raison. L'article 53 de la Constitution exige en effet l'intervention d'une loi pour les traités « qui modifient les dispositions de nature législative ». Or, l'article 34 de la Constitution, qui fixe le domaine de la loi, précise que « la loi détermine les principes fondamentaux [...] du régime de la propriété, des droits réels et des obligations civiles et commerciales ». Dès lors que l'accord en question touche aux principes fondamentaux du régime de la propriété, des droits réels et des obligations civiles et commerciales, il modifie des dispositions de nature législative au sens de l'article 53 de la Constitution. Il ne pouvait en conséquence être ratifié ou approuvé qu'en vertu d'une loi. Faute de loi, le Conseil d'État procédera ici, selon toute vraisemblance, à l'annulation du décret.

Sur le moyen tiré de la méconnaissance de la Constitution et d'autres normes internationales

Félix M. estime par ailleurs que « cette convention, qui porte selon lui atteinte à plusieurs principes constitutionnels, est elle-même inconstitutionnelle, ce qui peut justifier son invalidation par le juge, et qu'elle comporte en outre des stipulations en contradiction avec d'autres traités liant la France à la Côte d'Ivoire ».

De tels moyens seront sans nul doute écartés ici par le Conseil d'État. Il n'appartient pas en effet au Conseil d'État de se prononcer sur la conformité d'un traité ou d'un accord à la Constitution, ni, davantage, de se prononcer sur la conformité d'un traité ou d'un accord à d'autres engagements internationaux (CE 8 juill. 2002, *Commune de Porta* ; CE, ass., 9 juill. 2010, *Fédération nationale de la libre-pensée* ; CE, ass., 23 déc. 2011, M. *Eduardo José Kandyrine de Brito Paiva*).

2. Que pensez-vous du recours introduit devant le tribunal administratif par *Francis C.* ? Que pouvez-vous répondre sur ce point à votre chef de service ? [2 points]

Selon un principe constant, qui puise ses origines dans le droit romain, les actes administratifs réglementaires sont toujours considérés comme supérieurs aux actes administratifs individuels émanant de la même autorité. L'auteur d'un acte administratif réglementaire se doit ainsi de l'appliquer, tant qu'il n'a pas été abrogé ou modifié, à travers l'adoption d'actes administratifs individuels pris sur son fondement (« *Tu patere legem quam fecisti* »). La jurisprudence confirme depuis longtemps un tel rapport de subordination : un ministre qui a fixé par voie réglementaire les conditions d'attribution de certaines allocations ne peut ainsi refuser de les appliquer aux fonctionnaires qui remplissent les conditions prévues par le texte (CE, sect., 28 nov. 1930, *Sieur Aubanel*). Ce rapport de subordination peut ainsi conduire le juge administratif à annuler un acte individuel pris en méconnaissance d'un acte réglementaire, à la condition toutefois que les deux actes relèvent du même champ normatif et du même domaine d'intervention.

Tel est le cas en l'espèce : l'arrêté du ministre des affaires étrangères du 24 novembre 2015, lui-même pris sur la base d'un décret gouvernemental, vient établir les conditions d'attribution d'une nouvelle indemnité d'éloignement au profit des personnels des ambassades et des consulats, tout en donnant compétence au ministre lui-même pour accorder individuellement de telles indemnités. Sans qu'il soit possible ici de se positionner sur le fond en déterminant l'issue de ce litige, *Francis C.* était donc parfaitement fondé à introduire un recours devant le tribunal administratif de Paris contre la décision de refus du ministre, en invoquant la méconnaissance de l'arrêté ministériel de 2015.

3. Que pouvez-vous répondre à *Hajer B.* s'agissant de son droit à manifester librement ses convictions religieuses dans le cadre de ses fonctions ? Pourrait-elle au surplus fonder son éventuel recours sur la méconnaissance des stipulations de l'article 24 de la charte sociale européenne et invoquer à l'appui de celui-ci les dispositions de la directive européenne non encore transposée ? [5 points]

L'attitude et les questionnements d'*Hajer B.* appellent ici plusieurs précisions, les unes sur son **comportement actuel**, les autres sur les **moyens** qu'elle entend éventuellement invoquer devant le juge en cas de contentieux.

Il convient, en premier lieu, de lui rappeler qu'elle se doit, en qualité de fonctionnaire, de respecter, dans l'exercice de ses fonctions, les exigences du principe de neutralité du service public et celles de la laïcité. Pour les agents du service public, et particulièrement pour les fonctionnaires, l'exigence de neutralité s'applique en effet strictement : toute manifestation de conviction religieuse constitue ainsi un manquement à leurs obligations (circulaire n° 5209/SG du 13 avril 2007 relative à la charte de laïcité dans les services publics; **loi n° 2016-483 du 20 avril 2016 relative à la déontologie et aux droits et obligations des fonctionnaires, article 1er**). La position d'*Hajer B.* semble procéder ici d'un amalgame entre les sphères publiques et privées : si elle est évidemment libre, sous réserve de respecter l'interdiction législative de dissimulation du visage dans l'espace public (loi du 11 octobre 2010 interdisant la dissimulation du visage dans l'espace public, article 1er), de porter un voile dans la vie de tous les jours, cette liberté ne saurait prévaloir dans le cadre de ses fonctions. La circonstance selon laquelle son voile est « plutôt discret » et qu'il « ne dissimule nullement son visage » (ce qui est en tout état de cause interdit dans l'espace public) n'a pas ici d'incidence. Doit également être écarté l'argument selon lequel elle a « dernièrement arboré » son voile « en tant que mère accompagnatrice lors d'une sortie scolaire organisée par l'école maternelle où se trouve scolarisé son fils, sans que cela lui soit reproché par le chef d'établissement ». S'appuyant sur une étude rendue par le Conseil d'État à la fin de l'année 2013, la jurisprudence tend à assimiler en effet ces mères accompagnatrices à de simples usagers et non à des collaborateurs occasionnels du service public, ce qui conduit le plus souvent à ne pas leur faire application du principe de neutralité religieuse et à leur permettre de conserver leur voile lors de l'accompagnement des enfants à l'occasion de sorties scolaires (par exemple, TA Nice, 9 juin 2015, n° 1305386 : annulation du refus opposé à une mère accompagnatrice de conserver son voile à l'occasion d'une sortie scolaire). La comparaison établie par *Hajer B.* entre la situation sur son lieu de travail et l'accompagnement de son fils lors de sorties scolaires n'est donc pas pertinente. Il convient de signaler à *Hajer B.* ses erreurs et de lui rappeler les obligations qui sont les siennes, afin qu'elle ne persiste pas dans une attitude répréhensible et qu'elle ne s'engage pas inutilement dans un contentieux sans issue.

Il convient toutefois d'évoquer également les moyens qu'elle entend faire valoir en cas de litige devant le juge à la suite d'une possible éviction.

L'éventuelle invocation au contentieux de la violation de la **Déclaration des droits de l'homme et du citoyen**, toujours possible à l'appui du recours contre une mesure individuelle, se heurtera ici aux dispositions législatives imposant un strict devoir de neutralité aux fonctionnaires (v. *supra*). Si la Constitution française protège bien la liberté religieuse, cette liberté n'est cependant pas absolue. Le moyen en question n'a donc guère de chance de prospérer.

L'intéressée, qui considère être l'objet d'une discrimination, entend par ailleurs se fonder sur les **stipulations de l'article 24 de la charte sociale européenne**. Sans que l'on ait à se prononcer ici sur le fond, il convient de se demander dans ce cas si ces dispositions sont bien d'effet direct (et donc invocables au contentieux à l'appui d'un recours contre un acte administratif), en soumettant les stipulations en question, annexées au présent sujet, à la grille d'analyse établie par le Conseil d'État en 2012 (CE, ass., 11 avr. 2012, *Gisti*). En vertu de celle-ci, la stipulation d'un traité est d'effet direct si elle n'a pas pour objet exclusif de régir les relations entre États et si elle ne nécessite, par sa précision suffisante, l'intervention d'aucun acte complémentaire pour produire des effets à l'égard des particuliers. À la lecture des stipulations de l'article 24 de la charte sociale européenne, ces critères semblent bien être présents. *Hajer B.* pourrait ainsi s'en prévaloir au contentieux. Telle est d'ailleurs la solution retenue par le Conseil d'État, qui a admis l'effet direct de l'article 24 de la charte sociale européenne : CE 10 févr. 2014, *Fischer*.

Hajer B. entend également se fonder sur les dispositions issues d'une **récente directive européenne**, non encore transposée en droit interne, qui prévoit certaines garanties au profit des salariés des secteurs public et privé en cas de procédure disciplinaire engagée à leur encontre. Il est ici question de l'invocabilité des directives non transposées à l'appui d'un recours contre un acte administratif individuel (ce qui est le cas pour une éventuelle mesure de licenciement). Une telle invocabilité de substitution est désormais possible, en vertu de la jurisprudence *Perreux* (CE, ass., 30 oct. 2009, *Mme Perreux*), si certaines conditions sont remplies (dispositions *précises et inconditionnelles*, absence de mesures de transposition prises par l'État, délai de transposition de la directive expiré). En l'espèce, nous ne disposons pas de précisions suffisantes dans l'énoncé pour trancher cette question, en particulier s'agissant du caractère suffisamment précis et inconditionnel des dispositions en question.

4. Que pensez-vous des différentes positions de *Noëlle Y.* sur le droit de grève et des mesures d'organisation que le ministre pourrait adopter ? [3 points]

Noëlle Y., à l'origine d'un mouvement de grève au sein du ministère, conteste au ministre la possibilité d'instaurer des mesures d'organisation du service destinées à éviter de fortes perturbations dans le fonctionnement de l'administration d'État.

Cette dernière a tort ici de protester. Tout chef de service peut en effet adopter des mesures générales d'organisation afin d'assurer le bon fonctionnement de l'administration dont il a la charge, en vertu des principes découlant de la jurisprudence *Jamart* (CE, sect., 7 févr. 1936). En l'absence de « législation-cadre » sur le droit de grève, le Conseil d'État admet par ailleurs l'encadrement de son exercice par l'autorité réglementaire, voire par tout chef de service, sur le fondement de la jurisprudence *Dehaene* (CE, ass., 7 juill. 1950), afin de le concilier avec les exigences du principe de continuité des services publics. Le ministre dispose bien ici, en tant que chef de service, de la faculté d'adopter de telles mesures d'organisation. Il peut par ailleurs encadrer l'exercice du droit de grève, qui ne s'exerce pas sans limite.

Noëlle Y. paraît considérer au surplus que l'adoption de telles mesures d'organisation du service serait de nature à porter une attente inadmissible au droit de grève. Elle semble se méprendre ici sur la portée et la finalité des mesures en question. Il serait évidemment impossible pour le ministre, par une simple mesure d'organisation du service, d'interdire purement et simplement toute forme de grève au sein du ministère, alors qu'il s'agit là d'un droit garanti par la Constitution (alinéa 7 du Préambule de la Constitution du 27 octobre 1946, selon lequel « le droit de grève s'exerce dans le cadre des lois qui le réglementent »). Il ne pourrait davantage encadrer de manière trop rigoureuse l'exercice du droit de grève, au point de le priver d'effet. Le juge administratif sanctionne ainsi les limitations du droit de grève qui excèdent la nécessité de préserver la continuité du service public (par exemple, CE 9 déc. 2003, *Mme Aguillon et autres*, s'agissant d'une mesure de réquisition de l'ensemble des personnels grévistes, décidée par arrêté préfectoral). En l'espèce, les mesures d'organisation du service consistent simplement dans le « déplacement momentané de personnels non-grévistes dans des services particulièrement affectés par le mouvement de grève ». Elles ne paraissent nullement excessives et attentatoires au droit de grève.

Contrairement à ce que pense *Noëlle Y.*, le ministre n'outrepasserait donc pas ses pouvoirs en adoptant une telle mesure.

5. Que pensez-vous de l'attitude de *Sandra I.* ? La grève qu'elle appelle de ses vœux a-t-elle un objet licite ? [1,5 point]

L'attitude de *Sandra I.*, qui distribue des tracts dans certains services afin de contester la politique internationale de l'exécutif, méconnaît clairement le principe de neutralité qui s'impose aux fonctionnaires et agents publics (**loi n° 2016-483 du 20 avril 2016 relative à la déontologie et aux droits et obligations des fonctionnaires, article 1er**).

Il apparaît au surplus que la grève qu'elle envisage poursuit un but politique et qu'elle a donc un objet illicite au sens de la *jurisprudence Dehaene* (à la différence de la grève amorcée par *Noëlle Y.*, qui porte, elle, sur les conditions de travail).

Si la grève dans les services publics n'est pas par principe illégale, elle doit toutefois s'exercer, selon la formule contenue dans l'arrêt *Dehaene*, « pour la défense des intérêts professionnels », ce qui exclut normalement, *a contrario*, un mouvement de grève qui présenterait un caractère purement politique (CE 8 févr. 1961, *Rousset*). Tel est le cas en l'espèce, puisque l'intéressée entend contester « certains choix actuels du pouvoir exécutif en place en matière de diplomatie et de politique internationale » et « profiter du mouvement de grève amorcé par *Noëlle Y.* pour se joindre à la contestation et exprimer à cette occasion ses désaccords politiques ».

Il convient donc de signaler au chef de service l'attitude condamnable de cet agent, passible de sanctions.

6. Que pouvez-vous conseiller au ministre s'agissant de son projet d'édifier une grande crèche de Noël à l'entrée du bâtiment du ministère ? [1,5 point]

Les principes de neutralité des services publics et de laïcité peuvent également conduire à interdire les signes ou emblèmes religieux sur les lieux et emplacements publics (art. 28 de la loi du 9 décembre 1905). La question des « crèches de Noël » a, en particulier, conduit le Conseil d'État à préciser sur ce point la portée et les contours de telles interdictions (CE, ass., 9 nov. 2016, *Commune de Melun* ; CE, ass., 9 nov. 2016, *Fédération de la libre-pensée de Vendée*). Il découle en substance d'une telle jurisprudence que l'installation temporaire d'une crèche de Noël n'est légale que si l'installation présente un caractère culturel, artistique ou festif, sans exprimer dans le même temps la reconnaissance officielle d'un culte ou une préférence pour telle ou telle religion. Le Conseil d'État précise également qu'il faut prendre en considération le lieu de l'installation, en distinguant notamment entre les bâtiments publics et les autres emplacements publics. S'agissant des bâtiments publics, l'installation d'une crèche de Noël n'est pas en principe conforme aux exigences du principe de neutralité des personnes publiques, sauf si des circonstances particulières permettant de lui reconnaître un caractère culturel, artistique ou festif.

Le ministre envisage ici l'installation d'une crèche à l'entrée du bâtiment du ministère, au pied du grand sapin décoré. Une telle installation dans un bâtiment public, siège des services de l'État, ne résulte à l'évidence ici d'aucun usage local et ne s'inscrit pas davantage dans un environnement de nature culturelle, artistique ou festive. L'installation d'une telle crèche méconnaîtrait en conséquence sans aucun doute les exigences attachées au principe de neutralité des services publics et des personnes publiques.

Les réserves des proches collaborateurs semblent ici justifiées. Il convient donc de conseiller au ministre de renoncer à ce projet.

7. Quelle est la nature de l'opération de police à l'origine du dommage subi par *Carine L.* ? Celle-ci a-t-elle eu raison d'introduire son recours devant le Conseil d'État ? [2 points]

La distinction entre police administrative et police judiciaire repose, depuis le milieu du XXe siècle, sur un critère finaliste, qui découle du but ou de la finalité de la décision ou de l'opération à qualifier, ce qui conduit le juge à prendre en considération l'intention dans laquelle des autorités de police ont agi (CE, sect., 11 mai 1951, *Consorts Baud* ; T. confl. 7 juin 1951, *Dame Noualek*). Si l'opération ou la décision à qualifier est en lien avec une infraction pénale déterminée, la qualification de *police judiciaire* sera retenue, alors que celle de *police administrative* s'imposera au contraire en l'absence d'un tel lien. Le lien en question s'apprécie toutefois largement et peut même être établi pour des infractions qui ne seraient pas effectivement commises et avérées, comme c'est le cas pour les infractions imminentes : constitue par exemple une opération de police judiciaire l'opération par laquelle les forces de police entendent prendre en flagrant délit des malfaiteurs sur la foi de renseignements détenus, pour les arrêter en cas de commencement d'exécution de l'infraction (T. confl. 27 juin 1955, *Dame Barbier* – opération destinée à prendre en flagrant délit des trafiquants d'or).

En l'espèce, les forces de police sont intervenues « afin de prendre « sur le fait » l'intéressée, à sa sortie des bâtiments avec du matériel volé ». L'intention punitive et répressive est ici suffisamment évidente pour retenir la qualification d'**opération de police judiciaire**.

Carine L. a saisi en l'espèce le Conseil d'État pour obtenir réparation du dommage subi à l'occasion de l'opération de police judiciaire qui a mal tourné. Son action a ici été portée devant une juridiction incompétente pour en connaître, puisque les litiges nés à l'occasion d'opérations de police judiciaire relèvent de la **compétence du juge judiciaire**.

Les fonctions de l'administration

Thème principal

Service public

Mots clés

Distinction SPA-SPIC, Compétence juridictionnelle

Sujet donné et corrigé établi par

Hervé de Gaudemar, Professeur de droit public à l'Université Jean Moulin – Lyon 3

Second semestre 2016-2017

› *Commentaire d'arrêt : T. confl., 9 janvier 2017, Centre Léman*

Aucun document autorisé.

Arrêt :

Vu, enregistrée à son secrétariat le 6 octobre 2016, l'expédition du jugement du 8 septembre 2016 par lequel le tribunal de commerce de Thonon-les-Bains, saisi par la société Centre Léman d'un litige l'opposant à la communauté d'agglomération d'Annemasse-Les Voirons, concernant la réparation de préjudices imputés aux tarifs des activités « bien-être » du centre aquatique Château bleu, a renvoyé au Tribunal le soin de décider sur la question de compétence ;

Vu l'ordonnance du 25 novembre 2015 du président de la 1re chambre du tribunal administratif de Grenoble déclinant la compétence de la juridiction administrative pour connaître de ce litige ;

Vu, enregistré à son secrétariat le 9 novembre 2016, le mémoire de la communauté d'agglomération d'Annemasse-Les Voirons qui conclut à la compétence de la juridiction administrative au motif que l'ensemble des activités du centre aquatique Château bleu relèvent du service public administratif ;

Vu, enregistré à son secrétariat le 6 décembre 2016, le mémoire de la société Centre Léman qui conclut à la compétence de la juridiction judiciaire au motif que les activités de remise en forme en milieu aquatique proposées par le centre aquatique Château bleu relèvent du service public industriel et commercial ;

Vu, enregistré à son secrétariat le 6 janvier 2017, le mémoire en réplique de la communauté d'agglomération d'Annemasse-Les Voirons qui maintient ses précédentes conclusions ;

Vu les autres pièces du dossier ;

Vu la loi des 16-24 août 1790 et le décret du 16 fructidor an III ;

Vu la loi du 24 mai 1872 ;

Vu le décret n° 2015-233 du 27 février 2015 ;

Après avoir entendu en séance publique :

– le rapport de M. Didier Chauvaux, membre du Tribunal,
– les observations de la SCP Celice, Soltner, Texidor, Perrier pour la société Centre Léman,
– les observations de la SCP Boutet, Hourdeaux pour la Communauté d'agglomération d'Annemasse-Les Voirons,
– les conclusions de Mme Bénédicte Vassallo-Pasquet, rapporteur public ;

Considérant que la société Centre Léman, qui exploite un centre de « remise en forme » situé à Vetraz-Monthoux (Haute-Savoie), a demandé au tribunal administratif de Grenoble de condamner la communauté d'agglomération d'Annemasse-Les Voirons à réparer le préjudice commercial qu'elle affirme subir du fait du tarif de certaines activités proposées par le centre aquatique « Château bleu » qui est exploité par cet établissement public de coopération intercommunale ; que par une ordonnance du 25 novembre 2015, le président de la 1re chambre du tribunal administratif de Grenoble, estimant que les activités « bien-être » du centre Château bleu sont de nature commerciale, a décliné la compétence de la juridiction administrative pour connaître du litige ; que la société a alors assigné la communauté d'agglomération devant le tribunal de commerce de Thonon-les-Bains qui, par un jugement du 8 septembre 2016 qui doit être regardé comme fondé sur l'article 32 du décret du 27 février 2015, a renvoyé au Tribunal le soin de décider sur la question de compétence ;

Considérant qu'il ressort des pièces du dossier que le centre aquatique Château bleu, qui comprend notamment une piscine olympique et un espace « bien-être » doté d'une salle de « cardio-fitness », d'un sauna, d'un hammam et d'un bain à remous, propose des activités d'« aqua-gym » et d'« aqua-bike » ; que ce centre est exploité directement par la communauté d'agglomération d'Annemasse-Les Voirons, qui en assure la direction et y affecte des agents dont certains ont la qualité de fonctionnaire ; que les produits et charges d'exploitation sont portés au budget de la communauté d'agglomération ; qu'eu égard à son organisation et à ses conditions de fonctionnement, le centre ne saurait être regardé comme un service public industriel et commercial ; qu'il présente par suite, pour l'ensemble de ses activités, un caractère administratif ; que la demande de la société Centre Léman tendant à la réparation d'un préjudice commercial imputé notamment au tarif des séances d'« aqua-bike » relève, dès lors, de la compétence des juridictions de l'ordre administratif ;

DÉCIDE :

Article 1er : La juridiction administrative est compétente pour connaître du litige opposant la société Centre Léman à la communauté d'agglomération d'Annemasse-Les Voirons.

Article 2 : L'ordonnance du 25 novembre 2015 du président de la 1re chambre du tribunal administratif de Grenoble est déclarée nulle et non avenue. La cause et les parties sont renvoyées devant ce tribunal.

Article 3 : La procédure suivie devant le tribunal de commerce de Thonon-les-Bains est déclarée nulle et non avenue, à l'exception du jugement rendu par ce tribunal le 8 septembre 2016.

Article 4 : La présente décision sera notifiée à la société Centre Léman, à la communauté d'agglomération d'Annemasse-Les Voirons et au ministre de l'intérieur.

› *Préparation*

Analyse du sujet

Les étudiants ont eu à commenter un arrêt du Conseil d'État qu'ils n'avaient pas étudié en travaux dirigés et qui n'avait pas été cité en cours. Mais ils ont pu acquérir durant le semestre toutes les connaissances nécessaires à ce travail.

L'arrêt n'est pas difficile à comprendre et la problématique de l'affaire est aisément identifiable. Mais il peut s'avérer compliqué à commenter du fait du caractère très circonscrit de cette problématique qui concerne la méthode d'identification des services publics industriels et commerciaux et des services publics administratifs. Il fallait donc expliquer l'intérêt de cette méthode en la replaçant dans un contexte plus général, sans pour autant tomber dans l'exercice de la dissertation.

Plan du corrigé

I/ Illustration des difficultés liées à l'hétérogénéité du régime juridique des services publics

A – La distinction des services publics administratifs et des services publics industriels et commerciaux

B – Les effets de la distinction sur la compétence des juridictions

II/ Application bien utile de la méthode d'identification des catégories de services publics

A – L'utilisation d'une méthode d'identification classique

B – L'affirmation du caractère indissociable des activités du centre aquatique

› *Corrigé*

Le même mois que l'arrêt *Société commerciale de l'Ouest africain*, dit « Bac d'Éloka », mais à presque une centaine d'années d'intervalle, le Tribunal des conflits apporte, dans un arrêt du 9 janvier 2017, *Société Centre Léman*, une intéressante illustration de la distinction des services publics administratifs et des services publics industriels et commerciaux. Instauré par la loi du 24 mai 1872, dans une période marquée par une lente éclosion des institutions de la IIIe République, le Tribunal des conflits est chargé de régler les conflits d'attribution entre les juridictions de l'ordre administratif et de l'ordre judiciaire. Sa composition et son mode de fonctionnement ont été récemment réformés par une loi du 16 février 2015. Mais les principes structurants de son organisation demeurent pour l'essentiel ceux de 1872. Il en va notamment ainsi du principe de composition paritaire entre magistrats de la Cour de cassation et membres du Conseil d'État. Le Tribunal des conflits peut être saisi selon plusieurs voies. Il peut être saisi par le préfet en cas de conflit positif, par les juridictions dans le cadre d'une procédure en prévention de conflit négatif ou dans le cadre d'une question soulevant une difficulté sérieuse et mettant en jeu la séparation des ordres de juridiction, voire même par les justiciables en cas de conflit de décision ou de conflit négatif avéré. Les procédures de conflit positif et de prévention du conflit négatif sont cependant les plus nombreuses.

L'arrêt du 9 janvier 2017, *Société Centre Léman*, ne déroge pas à ce constat, puisque le Tribunal des conflits a été saisi dans le cadre d'une procédure de prévention de conflit négatif. L'affaire se rapporte à une action en responsabilité extracontractuelle qu'une société commerciale exploitant un centre de « remise en forme » a engagée contre une communauté d'agglomération du fait du préjudice qui lui serait causé par les tarifs du centre aquatique que gère cet établissement public de coopération intercommunale. Le tribunal administratif de Grenoble devant lequel cette action a été portée s'étant déclaré incompétent pour en connaître, la société a saisi le tribunal de commerce de Thonon-les-Bains. Mais s'estimant à son tour incompétent, il a décidé de surseoir à statuer et de renvoyer au Tribunal des conflits la question de compétence. À la lecture de l'arrêt, on peut supposer que le tribunal de commerce de Thonon-les-Bains a vraisemblablement négligé de préciser sur quelle base il saisissait le Tribunal des conflits, au regard notamment des deux types de procédures qui semblaient pouvoir être envisagées en l'espèce : la procédure de prévention du conflit négatif et celle relative à la question soulevant une difficulté sérieuse. Mais usant de son pouvoir d'interprétation, le Tribunal des conflits a considéré que le jugement du tribunal de commerce de Thonon-les-Bains qui l'a saisi devait « être regardé comme fondé sur l'article 32 du décret du 27 février 2015 », c'est-à-dire sur la procédure de prévention du conflit négatif.

C'est donc dans ce cadre que les quatre magistrats de la Cour de cassation et les quatre membres du Conseil d'État composant la formation ordinaire du Tribunal des conflits ont eu à se prononcer, après avoir écouté les conclusions d'un rapporteur public, nouvelle appellation issue de la réforme de 2015 des anciens commissaires du gouvernement. C'est à une question très classique qu'il leur fallait répondre, celle de la qualification de la nature de l'activité du centre aquatique : était-elle de nature administrative ou de nature industrielle et commerciale ? De cette qualification dépend en effet, depuis l'arrêt *Bac d'Éloka* du 22 janvier 1921, une grande part du régime juridique des activités de service public, notamment celui de la responsabilité extracontractuelle.

Le Tribunal des conflits a estimé que le centre aquatique de la communauté d'agglomération d'Annemasse-Les Voirons exerçait une activité de service public à caractère administratif. Il en a déduit que la juridiction administrative était compétente pour connaître du recours de la société commerciale et a déclaré nul et non avenu le jugement du tribunal administratif de Grenoble.

Cet arrêt s'insère dans une jurisprudence déjà bien fournie sur les services publics administratifs et les services publics industriels et commerciaux. Il ne constitue certainement pas l'un de ces grands arrêts qui ont fait du Tribunal des conflits un riche contributeur à la formation du droit administratif, à côté du Conseil d'État. Mais, d'une part, il témoigne parfaitement des difficultés que rencontrent les justiciables, ainsi que les juges, face à l'hétérogénéité du régime juridique des services publics et constitue, d'autre part, il fait une application bien utile de la méthode de distinction des deux grandes catégories de services publics.

I/ Illustration des difficultés liées à l'hétérogénéité du régime juridique des services publics

Selon la définition du professeur René Chapus, un service public est une activité d'intérêt général « assurée ou assumée par une personne publique ». S'il existe des principes juridiques communs à tous les services publics que l'on regroupe habituellement sous l'appellation de « lois de Rolland », du nom du professeur les ayant identifiés dès le début du XXe siècle, le régime juridique des services publics dépend principalement de la distinction des services publics industriels et commerciaux et des services publics administratifs qui emporte des conséquences sur la compétence juridictionnelle et le droit applicable.

A – La distinction des services publics administratifs et des services publics industriels et commerciaux

Alors que le service public a pu être considéré à la fin du XIXe siècle et au début du XXe siècle comme un critère du droit administratif, en ce sens où la reconnaissance d'une activité de service public suffisait à emporter compétence du juge administratif et mise à l'écart du droit privé au profit d'une application des règles du droit administratif (T. confl. 8 févr. 1873, *Blanco*), la multiplication progressive de services publics à objet économique, notamment dans le sillage de ce que l'on a pu appeler le « socialisme municipal », a favorisé l'apparition, au sein de la notion de services public, de services industriels et commerciaux répondant en tant que tels à un régime distinct de celui des services administratifs, c'est-à-dire à un régime de droit privé.

La catégorie des services publics industriels et commerciaux remonte à un arrêt du Tribunal des conflits du 22 janvier 1921, *Société commercial de l'Ouest africain*, rendu sur les conclusions du commissaire du gouvernement Paul Matter, qui était à l'époque avocat général à la Cour de cassation. Cet arrêt essentiel a été rendu à l'occasion d'un accident survenu à un bac de transport, le « bac d'Éloka » qui reliait les lagunes d'Abidjan, en Côte d'Ivoire, du temps de la colonisation. Le bac ayant coulé, une action en responsabilité extracontractuelle a été portée contre l'État par le propriétaire d'un véhicule qui se trouvait sur le bac. Et le Tribunal des conflits a jugé que cette action relevait de la compétence des tribunaux de l'ordre judiciaire et non pas de la juridiction administrative, car cette activité de transport se faisait « dans les mêmes conditions qu'un industriel ordinaire ».

Si le Tribunal des conflits s'est bien gardé d'indiquer que ce service industriel était un service public, le Conseil d'État n'a pas hésité à combiner service industriel et service public dans un arrêt de la même année, du 23 décembre 1921, *Société générale d'armement*, qui est le premier à faire apparaître la notion de « service public industriel » en tant que catégorie juridique.

L'importance de ces jurisprudences est considérable. Avant l'arrêt *Bac d'Éloka*, le droit privé pouvait certes être appliqué à des activités de service public, mais il ne l'était que pour certains actes, les actes de gestion, tels des contrats de fourniture (CE 31 juill. 1912, *Société des granits porphyroïdes des Vosges*). Comme le commissaire du gouvernement Romieu avait pu l'indiquer dans ses conclusions sur un arrêt du Conseil d'État du 6 février 1903, *Terrier*, lorsque l'administration agit dans les mêmes conditions que les particuliers, elle doit se trouver « soumise aux mêmes règles comme aux mêmes juridictions ». Mais en dépit du fait que cette distinction des actes de gestion publique et des actes de gestion privée semblait être parfois contestée (CE 4 mars 1910, *Thérond*), elle ne concernait que des types d'actes et se construisait comme une exception à un principe d'application du droit administratif aux services publics. On mesure dès lors d'autant mieux la portée de l'arrêt du *Bac d'Éloka*, tel que précisé par l'arrêt *Société général d'armement*, qui est d'avoir fait apparaître qu'une activité de service public pouvait être soumise en tant que telle, à titre de principe, à un régime de droit privé et à la compétence des juridictions judiciaires.

C'est à cette jurisprudence ancienne, mais toujours en vigueur, que se rattache l'arrêt du Tribunal des conflits du 9 janvier 2017, *Société Centre Léman*, au regard des effets qui sont attachés à la distinction des services publics industriels et commerciaux et des services publics administratifs.

B – Les effets de la distinction sur la compétence des juridictions

La distinction des services publics industriels et commerciaux et des services publics administratifs a des effets directs et pour le moins radicaux. Les premiers sont principalement soumis au droit privé et relèvent en principe de la compétence des juridictions judiciaires alors que les seconds sont principalement soumis au droit administratif et relèvent en principe de la compétence des juridictions administratives.

Ces effets concernent les usagers du service public, mais aussi les agents, ainsi que les tiers. Concernant les usages du service public, il existe un bloc de compétence judiciaire pour les services publics industriels et commerciaux, tandis que les usagers d'un service public administratif sont dans une situation légale ou réglementaire et relèvent pour leurs litiges de la compétence des juridictions judiciaires.

Les agents des services publics industriels et commerciaux sont eux-mêmes, en principe, dans une situation de droit privé, à l'exception notable du directeur du service et de l'agent comptable si le service est soumis à la comptabilité publique (CE 26 janv. 1923, *De Robert Lafrégeyre*). Quant aux agents des services publics administratifs, ils sont de droit public si le service est géré par une personne publique ou de droit privé si le service est géré par une personne morale de droit public. C'est le cas par exemple des fédérations sportives.

Pour les tiers, la situation est encore plus délicate à appréhender, notamment pour les actions en responsabilité extracontractuelle. Il faut, en effet, combiner à la fois la nature du service, la nature de la personne qui exploite le service, ainsi, le cas échéant, que la nature de l'acte à l'origine du dommage. Les actions en responsabilité concernant les services publics administratifs relèvent ainsi de la compétence des juridictions administratives si le service est géré par une personne publique, mais de la compétence des juridictions judiciaires si le service est géré par une personne privée, sauf s'il est lié à l'utilisation de prérogatives de puissance publique ou à un dommage de travaux publics. Quant aux actions en responsabilité extracontractuelle émanant de tiers par rapport à un service public industriel et commercial, elles relèvent en général de la compétence des juridictions judiciaires.

C'est à une telle complexité que les juges du fond avaient à faire face dans l'affaire de la Société Centre Léman qu'a eu à juger le Tribunal des conflits dans son arrêt du 9 janvier 2017. La société n'agissait pas ici comme usager du centre aquatique de la communauté d'agglomération d'Annemasse-Les Voirons, mais comme concurrent s'estimant lésé par les activités de ce centre aquatique. Dans une action de ce type, en responsabilité extracontractuelle, la nature de l'activité exercée se révèle plus importante que la nature juridique de la personne exploitant l'activité. Alors qu'une action en responsabilité extracontractuelle contre une personne publique ressortit en principe à la compétence des juridictions de l'ordre administratif, lorsque cette action se rattache à une activité de service public, la compétence aussi bien que le fond dépendent de la question de savoir si cette activité est de nature administrative ou de nature industrielle et commerciale. Le critère matériel domine en cette matière le critère organique.

C'est une source incontestable de complications. La présente affaire en est une illustration frappante, dès lors que deux juridictions du fond arrivent à des conclusions différentes, et en appellent à l'arbitrage du Tribunal des conflits, à propos d'une banale action en responsabilité pour préjudice commercial. La complexité tient ici à la qualification de la nature de l'activité exploitée entre ces deux catégories de services publics que constituent les services publics industriels et commerciaux et les services publics administratifs.

II/ Application bien utile de la méthode d'identification des catégories de services publics

Pour déterminer la nature du service public géré par la communauté d'agglomération d'Annemasse-Les Voirons, le Tribunal des conflits apprécie un certain nombre d'éléments de distinction qui ont déjà été définis par la jurisprudence administrative et judiciaire. Il utilise une méthode d'identification classique d'origine jurisprudentielle, qui lui permet de considérer que l'activité du centre aquatique est dans son ensemble, de manière indissociable, une activité de service public administratif.

A – L'utilisation d'une méthode d'identification classique

En l'absence de texte législatif déterminant la qualification d'une activité de service public, comme c'est le cas du service public de la distribution d'eau potable ou du service public des remontées mécaniques et de l'exploitation des pistes de ski, qui sont des services publics industriels et commerciaux par qualification législative, il appartient aux juges du fond de déterminer eux-mêmes la nature d'une activité de service public.

La méthode d'identification de la nature d'une activité de service public a été pour la première fois clairement déterminée par un arrêt d'Assemblée du Conseil d'État du 24 novembre 1956, *Union syndicale des industries aéronautiques*. Sur les conclusions du commissaire du gouvernement Laurent, le Conseil d'État a jugé que si les activités d'intérêt général prises en charge par les pouvoirs publics sont présumées être de nature administrative, il en va différemment lorsqu'elles ressemblent à une entreprise tant par leur objet, que par l'origine de leurs ressources et les modalités de leur fonctionnement. Comme a pu le juger plus récemment la Cour de cassation, « pour être reconnu comme industriel et commercial, un service public doit ressembler à une entreprise privée par son objet, l'origine de ses ressources et ses modalités de fonctionnement » (Civ. 1re, 11 févr. 2009). Pour que le service public ait un caractère industriel et commercial, il faut donc que ces trois critères soient ensemble réunis. Ils sont cumulatifs : il suffit que l'un de ces critères vienne à manquer pour que la qualification de service public industriel et commercial ne soit pas envisageable.

En l'espèce, on peut constater qu'il a suffi au Tribunal des conflits de se référer aux deux derniers critères, à savoir l'origine des ressources du service et les modalités de son fonctionnement, pour en déduire que le service géré par la communauté d'agglomération d'Annemasse-Les Voirons n'avait pas un caractère industriel et commercial. En ce sens, il a estimé que les ressources du centre aquatique étaient portées par le budget de la collectivité et que les agents de la collectivité y travaillaient avec la qualité de fonctionnaire. Peu importe dès lors que l'activité d'« aqua-gym » et d'« aquabike » puisse être par son objet de même nature qu'une activité privée, l'absence de ressemblance du service avec les conditions de financement et les modalités de fonctionnement d'une entreprise privée emporte, selon la méthode résultant de l'arrêt *Union syndicale des industries aéronautiques*, qualification de service public à caractère administratif.

Cette absence de ressemblance du centre aquatique de la communauté d'agglomération d'Annemasse-Les Voirons avec une entreprise privée vaut par ailleurs selon le Tribunal des conflits pour toutes les activités que ce centre exploite. Le Tribunal des conflits prend, en effet, soin de préciser que le centre présente « pour l'ensemble de ses activités » un caractère administratif.

B – L'affirmation du caractère indissociable des activités du centre aquatique

Le Tribunal des conflits n'a pas fait de distinction entre, d'un côté, les activités d'« aqua-gym » et d'« aqua-bike » et, d'un autre côté, les activités nautiques plus traditionnelles. Il a estimé que ces activités étaient indissociables. Même si l'arrêt n'est pas bien motivé sur ce point, on comprend que toutes les activités du centre aquatique sont exploitées de manière identique et qu'il n'était dès lors pas pertinent d'introduire une distinction entre ces activités, qui aurait pu de surcroît conférer un degré de complexité supplémentaire à l'affaire.

Mais si les circonstances s'y étaient prêtées, le Tribunal des conflits aurait pu dissocier les activités relevant de l'exploitation de ce centre aquatique en séparant des activités de service public administratif et des activités de service public industriel et commercial. La jurisprudence permet en effet de dissocier au sein d'une même entité les activités relevant d'un service public administratif et celles relevant d'un service public industriel et commercial. C'est le cas par exemple des activités des chambres de commerce et d'industries qui sont tantôt de nature administratives, tantôt de nature industrielles et commerciales.

Mais on peut supposer qu'en l'espèce le Tribunal des conflits a estimé qu'il n'existait aucune différence dans les modalités de fonctionnement et les ressources entre les activités d'« aqua-gym » et d'« aqua-bike » et les activités de natation classiques. Il en a donc déduit que le centre nautique était, dans son ensemble, de nature administrative. Déclarant nul et non avenu le jugement du tribunal administratif de Grenoble qui avait rejeté la compétence de la juridiction administrative, il a par conséquent renvoyé le jugement de l'action en responsabilité devant ce tribunal.

Police administrative

Thème principal

Police administrative

Mots clés

État d'urgence, Responsabilité administrative

Sujet donné et corrigé établi par

Marguerite Canedo, Professeure à l'Université de Poitiers

Second semestre 2017-2018

› *Commentaire d'arrêt : CE, ass., avis, 6 juillet 2016, n° 398234*

Le Conseil d'État, sur le rapport de la 2e chambre de la section du contentieux

Vu les procédures suivantes :

I. Sous le numéro 398234, par un jugement n° 1600399, 1600405 et 1600681 du 24 mars 2016, enregistré le 25 mars 2016 au secrétariat du contentieux du Conseil d'État, le tribunal administratif de Cergy Pontoise, avant de statuer sur les demandes de MM. A... E..., D... M... et P... C..., tendant à l'annulation des décisions prises les 16 novembre, 17 novembre et 24 novembre 2015 par les préfets du Val-d'Oise et des Hauts-de-Seine sur le fondement de la loi du 3 avril 1955, ordonnant de perquisitionner les lieux d'habitation qu'ils occupaient, ainsi qu'à la condamnation de l'État à leur verser une indemnité en réparation du préjudice résultant de ces perquisitions, a décidé, par application des dispositions de l'article L. 113-1 du Code de justice administrative, de transmettre le dossier de ces demandes au Conseil d'État, en soumettant à son examen les questions suivantes :

[...]

II. Sous le numéro 399135, par un jugement n° 1600664, 1600678 et 1600960 du 22 avril 2016, enregistré le 26 avril 2016 au secrétariat du contentieux du Conseil d'État, le tribunal administratif de Melun, avant de statuer sur les demandes de MM. G... H..., I... O..., K... B..., N... J... et F... L..., tendant à l'annulation des décisions prises les 25 novembre et 3 décembre 2015 par les préfets du Val-de-Marne et de la Seine-et-Marne sur le fondement de la loi du 3 avril 1955, ordonnant de perquisitionner les lieux qu'ils habitaient, ainsi que, s'agissant de M. J..., à la condamnation de l'État à lui verser une indemnité en réparation du préjudice résultant de la perquisition, a décidé, par application des dispositions de l'article L. 113-1 du Code de justice administrative, de transmettre le dossier de ces demandes au Conseil d'État, en soumettant à son examen les questions suivantes :

[...]

Vu :

- la Constitution, notamment son Préambule et son article 62 ;
- le Code des relations entre le public et l'administration ;
- la loi n° 55-385 du 3 avril 1955 ;
- la loi n° 79-587 du 11 juillet 1979 ;
- la loi n° 2015-1501 du 20 novembre 2015 ;
- la décision du Conseil constitutionnel n° 2016-536 QPC du 19 février 2016 ;
- le Code de justice administrative, notamment son article L. 113-1 ;

[...]

REND L'AVIS SUIVANT :

Les jugements des tribunaux administratifs de Cergy Pontoise et de Melun visés ci-dessus soumettent au Conseil d'État, sur le fondement de l'article L. 113-1 du Code de justice administrative, des questions analogues. Il y a lieu de les joindre pour qu'ils fassent l'objet d'un même avis.

1. En vertu de l'article 1er de la loi du 3 avril 1955, l'état d'urgence peut être déclaré sur tout ou partie du territoire de la République « soit en cas de péril imminent résultant d'atteintes graves à l'ordre public, soit en cas d'événements présentant, par leur nature et leur gravité, le caractère de calamité publique ». Selon l'ar-

ticle 2 de la même loi, l'état d'urgence est déclaré par décret en conseil des ministres ; sa prorogation au-delà de douze jours ne peut être autorisée que par la loi.

L'article 11 de la loi du 3 avril 1955 prévoit que le décret déclarant ou la loi prorogeant l'état d'urgence peut, par une disposition expresse, conférer au ministre de l'intérieur et aux préfets le pouvoir d'ordonner des perquisitions administratives de jour et de nuit. Dans sa rédaction issue de la loi du 20 novembre 2015, cet article 11 précise que les perquisitions en cause peuvent être ordonnées « en tout lieu, y compris un domicile, de jour et de nuit, sauf dans un lieu affecté à l'exercice d'un mandat parlementaire ou à l'activité professionnelle des avocats, des magistrats ou des journalistes, lorsqu'il existe des raisons sérieuses de penser que ce lieu est fréquenté par une personne dont le comportement constitue une menace pour la sécurité et l'ordre publics. / La décision ordonnant une perquisition précise le lieu et le moment de la perquisition. Le procureur de la République territorialement compétent est informé sans délai de cette décision. La perquisition est conduite en présence d'un officier de police judiciaire territorialement compétent. Elle ne peut se dérouler qu'en présence de l'occupant ou, à défaut, de son représentant ou de deux témoins. [...] Lorsqu'une infraction est constatée, l'officier de police judiciaire en dresse procès-verbal, procède à toute saisie utile et en informe sans délai le procureur de la République [...] ».

Ces dispositions de la loi du 3 avril 1955 habilitent le ministre de l'intérieur et les préfets, lorsque le décret déclarant ou la loi prorogeant l'état d'urgence l'a expressément prévu, à ordonner des perquisitions qui, visant à préserver l'ordre public et à prévenir des infractions, relèvent de la police administrative, ainsi que l'a jugé le Conseil constitutionnel dans sa décision n° 2016-536 QPC du 19 février 2016, et sont placées sous le contrôle du juge administratif.

Sur les questions relatives au contrôle de la légalité des ordres de perquisition :

2. Les décisions qui ordonnent des perquisitions sur le fondement de l'article 11 de la loi du 3 avril 1955 sont susceptibles de faire l'objet d'un recours pour excès de pouvoir. La circonstance qu'elles ont produit leurs effets avant la saisine du juge n'est pas de nature à priver d'objet le recours. L'introduction d'un tel recours ne saurait cependant constituer un préalable nécessaire à l'engagement d'une action indemnitaire recherchant la responsabilité de l'État à raison des conditions dans lesquelles les perquisitions ont été ordonnées et mises à exécution.

3. Les décisions qui ordonnent des perquisitions sur le fondement de l'article 11 de la loi du 3 avril 1955 présentent le caractère de décisions administratives individuelles défavorables qui constituent des mesures de police. Comme telles, et ainsi que l'a jugé le Conseil constitutionnel dans sa décision n° 2016-536 QPC du 19 février 2016, elles doivent être motivées en application de l'article 1er de la loi du 11 juillet 1979 relative à la motivation des actes administratifs et à l'amélioration des relations entre l'administration et le public, désormais codifié à l'article L. 211-2 du Code des relations entre le public et l'administration.

La motivation exigée par ces dispositions doit être écrite et comporter l'énoncé des considérations de droit ainsi que des motifs de fait faisant apparaître les raisons sérieuses qui ont conduit l'autorité administrative à penser que le lieu visé par la perquisition est fréquenté par une personne dont le comportement constitue une menace pour la sécurité et l'ordre publics. Dès lors que la perquisition est effectuée dans un cadre de police administrative, il n'est pas nécessaire que la motivation de la décision qui l'ordonne fasse état d'indices d'infraction pénale.

Le caractère suffisant de la motivation doit être apprécié en tenant compte des conditions d'urgence dans lesquelles la perquisition a été ordonnée, dans les circonstances exceptionnelles ayant conduit à la déclaration de l'état d'urgence. Si les dispositions de l'article 4 de la loi du 11 juillet 1979, codifié à l'article L. 211-6 du Code des relations entre le public et l'administration, prévoient qu'une absence complète de motivation n'entache pas d'illégalité une décision lorsque l'urgence absolue a empêché qu'elle soit motivée, il appartient au juge administratif d'apprécier au cas par cas, en fonction des circonstances particulières de chaque espèce, si une urgence absolue a fait obstacle à ce que la décision comporte une motivation même succincte.

4. Outre l'énoncé de ses motifs, la décision qui ordonne une perquisition doit, en vertu des dispositions expresses de l'article 11 de la loi du 3 avril 1955 dans sa rédaction résultant de la loi du 20 novembre 2015, porter mention du lieu et du moment de la perquisition. L'indication du lieu a pour objet de circonscrire les locaux devant être perquisitionnés de façon à permettre de les identifier de façon raisonnable. Le moment indiqué dans la décision est celui à compter duquel la perquisition peut être mise à exécution, en fonction des contraintes opérationnelles. Si la loi prévoit que doit être indiqué le moment de la perquisition, elle n'impose pas que la décision, par une motivation spéciale, fasse apparaître les raisons qui ont conduit à retenir ce moment.

5. L'article 11 de la loi du 3 avril 1955 permet aux autorités administratives compétentes d'ordonner des perquisitions dans les lieux qu'il mentionne lorsqu'il existe des raisons sérieuses de penser que ces lieux sont fréquentés par au moins une personne dont le comportement constitue une menace pour la sécurité et l'ordre publics.

Il appartient au juge administratif d'exercer un entier contrôle sur le respect de cette condition, afin de s'assurer, ainsi que l'a jugé le Conseil constitutionnel dans sa décision n° 2016-536 QPC du 19 février 2016, que la mesure ordonnée était adaptée, nécessaire et proportionnée à sa finalité, dans les circonstances particulières qui ont conduit à la déclaration de l'état d'urgence. Ce contrôle est exercé au regard de la situation de fait prévalant à la date à laquelle la mesure a été prise, compte tenu des informations dont disposait alors l'autorité administrative sans que des faits intervenus postérieurement, notamment les résultats de la perquisition, n'aient d'incidence à cet égard.

Sur les questions relatives aux conditions d'engagement de la responsabilité de l'État :

6. Toute illégalité affectant la décision qui ordonne une perquisition est constitutive d'une faute susceptible d'engager la responsabilité de l'État.

Saisi d'une demande indemnitaire, il appartient au juge administratif d'accorder réparation des préjudices de toute nature, directs et certains, qui résultent de l'illégalité fautive entachant l'ordre de perquisition. Le caractère direct du lien de causalité entre l'illégalité commise et le préjudice allégué ne peut notamment être retenu dans le cas où la décision ordonnant la perquisition est seulement entachée d'une irrégularité formelle ou procédurale et que le juge considère, au vu de l'ensemble des éléments produits par les parties devant lui, que la décision ordonnant la perquisition aurait pu être légalement prise par l'autorité administrative, au vu des éléments dont elle disposait à la date à laquelle la perquisition a été ordonnée.

7. En outre, les conditions matérielles d'exécution des perquisitions sont susceptibles d'engager la responsabilité de l'État à l'égard des personnes concernées par les perquisitions.

Ainsi que l'a jugé le Conseil constitutionnel dans sa décision n° 2016-536 QPC du 19 février 2016, les conditions de mise en œuvre des perquisitions ordonnées sur le fondement de l'article 11 de la loi du 3 avril 1955 doivent être justifiées et proportionnées aux raisons ayant motivé la mesure, dans les circonstances particulières ayant conduit à la déclaration de l'état d'urgence.

En particulier, la perquisition d'un domicile de nuit doit être justifiée par l'urgence ou l'impossibilité de l'effectuer de jour. Sauf s'il existe des raisons sérieuses de penser que le ou les occupants du lieu sont susceptibles de réagir à la perquisition par un comportement dangereux ou de détruire ou dissimuler des éléments matériels, l'ouverture volontaire du lieu faisant l'objet de la perquisition doit être recherchée et il ne peut être fait usage de la force pour pénétrer dans le lieu qu'à défaut d'autre possibilité. Lors de la perquisition, il importe de veiller au respect de la dignité des personnes et de prêter une attention toute particulière à la situation des enfants mineurs qui seraient présents. L'usage de la force ou de la contrainte doit être strictement limité à ce qui est nécessaire au déroulement de l'opération et à la protection des personnes. Lors de la perquisition, les atteintes aux biens doivent être strictement proportionnées à la finalité de l'opération ; aucune dégradation ne doit être commise qui ne serait justifiée par la recherche d'éléments en rapport avec l'objet de la perquisition.

Toute faute commise dans l'exécution des perquisitions ordonnées sur le fondement de la loi du 3 avril 1955 est susceptible d'engager la responsabilité de l'État. Il appartient au juge administratif, saisi d'une demande en ce sens, d'apprécier si une faute a été commise dans l'exécution d'une perquisition, au vu de l'ensemble des éléments débattus devant lui, en tenant compte du comportement des personnes présentes au moment de la perquisition et des difficultés de l'action administrative dans les circonstances particulières ayant conduit à la déclaration de l'état d'urgence. Les résultats de la perquisition sont par eux-mêmes dépourvus d'incidence sur la caractérisation d'une faute.

En cas de faute, il appartient au juge administratif d'accorder réparation des préjudices de toute nature, directs et certains, qui en résultent.

8. Si la responsabilité de l'État pour faute est seule susceptible d'être recherchée par les personnes concernées par une perquisition, la responsabilité de l'État à l'égard des tiers est engagée sans faute, sur le fondement de l'égalité des citoyens devant les charges publiques, en cas de dommages directement causés par des perquisitions ordonnées en application de l'article 11 de la loi du 3 avril 1955.

Doivent être regardés comme des tiers par rapport à la perquisition les personnes autres que la personne dont le comportement a justifié la perquisition ou que les personnes qui lui sont liées et qui étaient présentes dans le lieu visé par l'ordre de perquisition ou ont un rapport avec ce lieu. Doivent notamment être regardés comme des tiers les occupants ou propriétaires d'un local distinct de celui visé par l'ordre de perquisition mais perquisitionné par erreur ainsi que le propriétaire du lieu visé par l'ordre de perquisition, dans le cas où ce propriétaire n'a pas d'autre lien avec la personne dont le comportement a justifié la perquisition que le bail concernant le lieu perquisitionné.

9. Le présent avis sera notifié au tribunal administratif de Cergy Pontoise, au tribunal administratif de Melun, à MM. A... E..., D... M... et P... C..., G... H..., I... O..., K... B..., N... J..., F... L... et au ministre de l'intérieur. Il sera publié au Journal officiel de la République française.

› *Préparation*

Analyse du sujet

L'avis à commenter était relatif au contrôle de légalité des ordres de perquisition émis dans le cadre de l'état d'urgence et au contentieux de la responsabilité que ceux-ci peuvent susciter. Après avoir qualifié les perquisitions de mesures de police administrative, le Conseil d'État va largement leur appliquer le même contrôle de légalité. Il va par ailleurs confirmer la tendance au recul de la faute lourde en soumettant l'État à un régime de responsabilité pour faute simple s'agissant des dommages causés aux personnes visées par la mesure de perquisition ; les tiers bénéficient quant à eux d'un régime de responsabilité sans faute fondé sur la rupture de l'égalité devant les charges publiques.

L'étudiant devait d'abord prendre garde à bien relever que le texte à commenter n'est pas un jugement ou un arrêt, comme cela est très souvent le cas, mais un avis contentieux. En d'autres termes, le Conseil d'État n'était pas ici appelé à trancher sur le fond les litiges portés à sa connaissance mais à donner aux tribunaux administratifs qui l'avaient saisi les outils juridiques pour le faire. Dans un but de simplification, le sujet ne reproduisait pas les questions précises posées par lesdits tribunaux mais les solutions mises en avant dans l'avis permettaient d'en identifier les principales.

Sur le fond, l'avis du Conseil d'État porte exclusivement sur les mesures de perquisition prises, dans le cadre de l'état d'urgence, sur la base de la loi du 3 avril 1955 modifiée. Eu égard à l'actualité de la menace terroriste et à la durée sans précédent de la mise en œuvre de l'état d'urgence en France, il était attendu des étudiants qu'ils fassent en introduction une brève référence au contexte particulier dans lequel s'inscrivaient les questions soulevées par les tribunaux administratifs de Cergy Pontoise et de Melun.

Pour le reste, les étudiants n'avaient pas étudié les ordres de perquisition en cours ; ils pouvaient donc se sentir démunis et être tentés de recopier ce qui est écrit dans l'avis, sombrant ainsi dans le travers de la paraphrase. Pourtant, une lecture attentive du sujet permettait de faire aisément le lien avec des connaissances du programme de deuxième année.

En effet, l'avis, dont les solutions sont finalement très classiques, permettait de mobiliser plusieurs grands chapitres du cours de deuxième année : le contrôle de légalité externe ; l'identification et le contrôle de légalité des mesures de police administrative ; la responsabilité pour faute prouvée ; le choix entre la faute lourde et la faute simple et la confirmation de la tendance au déclin de la première ; la responsabilité sans faute. Il n'était bien entendu pas question de réciter toutes les connaissances relatives à ces thématiques

mais nombre d'entre elles pouvaient trouver des points d'ancrage dans l'avis et être utilisées pour éclairer et commenter celui-ci.
Concernant la responsabilité que l'État est susceptible de voir engagée à raison des dommages causés par ses mesures de perquisition, les étudiants devaient comprendre que le Conseil d'État se livre ici à une double distinction, l'une étant relative à la qualité de la victime (le régime de responsabilité applicable aux personnes visées par les mesures n'est pas le même que celui qui concerne les tiers) ; l'autre portant sur la cause du dommage causé (l'ordre de perquisition en lui-même ou ses modalités d'exécution).
Les arrêts cités dans le corrigé sont tous des arrêts vus en cours et que l'on était donc en droit d'attendre dans les copies.

Plan du corrigé

I/ Les ordres de perquisition : des décisions susceptibles d'être annulées pour illégalité par le juge administratif

A – Des mesures de police administrative relevant du contrôle du juge administratif

B – Un contrôle circonstancié de la légalité des ordres de perquisition

II/ Les perquisitions : des mesures susceptibles d'engager la responsabilité de l'État

A – Une responsabilité de l'État pour faute simple à l'égard des personnes concernées par les mesures de perquisition

B – Une responsabilité de l'État sans faute à l'égard des tiers

› *Corrigé*

L'appréciation de la façon dont l'administration peut être amenée à faire face à des situations de crise n'est pas inconnue de la juridiction administrative, comme le rappelle notamment la théorie des circonstances exceptionnelles. Ces dernières années, le juge a plus particulièrement eu à connaître de mesures prises dans le cadre de l'état d'urgence mis en œuvre en France du 14 novembre 2015 au 1er novembre 2017. Les mesures de rétention ont, dans ce contexte, donné lieu à un contentieux abondant. Mais c'est sur un autre type de mesures largement utilisées pendant cette période que le Conseil d'État a eu à se prononcer dans l'avis ici commenté : les perquisitions administratives.

La haute juridiction administrative devait répondre à un certain nombre d'interrogations soulevées par les tribunaux administratifs de Cergy Pontoise et de Melun saisis pour leur part de recours en annulation introduits par plusieurs requérants contre des décisions préfectorales ordonnant des perquisitions à leurs domiciles respectifs, ainsi que d'actions en responsabilité destinées à condamner l'État à réparer les préjudices qui en étaient résultés. Éprouvant des difficultés sérieuses à trancher les litiges en question, les deux tribunaux administratifs avaient besoin d'un avis du Conseil d'État pour les guider dans leur résolution.

Celui-ci devait ainsi notamment préciser les règles de forme et de fond conditionnant la légalité des décisions de perquisition, ainsi que l'intensité du contrôle juridictionnel effectué sur leur respect. Il devait également se prononcer sur les conditions permettant d'engager la responsabilité de l'État au titre des décisions de perquisition et de leurs modalités d'exécution, tant à l'égard des personnes visées par ces mesures qu'à l'égard des tiers.

Après avoir cité les différents textes applicables en l'espèce et la décision QPC du Conseil constitutionnel en date du 19 février 2016, à laquelle il fait des références appuyées, le Conseil d'État indique dans son avis que les ordres de perquisition doivent d'une part être motivés sur la base de la loi du 11 juillet 1979, d'autre part être justifiés par le comportement des individus occupant les lieux visés, étant entendu que les juridictions du fond devront exercer un « contrôle entier » sur ce dernier point afin que la perquisition puisse apparaître proportionnée. Concernant la responsabilité susceptible de découler d'une perquisition, le Conseil d'État précise que les personnes visées relèvent d'un régime de responsabilité pour faute simple, cette faute pouvant découler de l'illégalité de l'ordre de perquisition ou des conditions matérielles dans lesquelles celui-ci a été exécuté. Les tiers à l'égard de la mesure de perquisition mais néanmoins affectés par celle-ci bénéficient quant à eux d'un régime de responsabilité sans faute fondé sur la rupture de l'égalité devant les charges publiques.

En ce qu'il précise le régime juridique des mesures de perquisition, cet avis revêt une importance indéniable tant pour l'administration que pour les administrés dont il protège les droits face à des opérations qui se veulent particulièrement invasives.

Il en ressort que les ordres de perquisition sont des décisions administratives susceptibles d'être annulées par la voie du recours pour excès de pouvoir (I) et de nature à engager, sous certaines conditions et selon des modalités différentes, la responsabilité de l'État (II).

I/ Les ordres de perquisition : des décisions susceptibles d'être annulées pour illégalité par le juge administratif

Le Conseil d'État commence par indiquer que les perquisitions administratives sont des mesures de police administrative qui, comme telles, relèvent de la compétence de la juridiction administrative. Ayant ainsi logiquement retenu sa compétence pour se prononcer, il est conduit à préciser le contrôle que le juge doit effectuer sur de telles mesures, contrôle qui apparaît fortement tributaire des circonstances et du contexte dans lesquels elles interviennent.

A – Des mesures de police administrative relevant du contrôle du juge administratif

Faisant sienne la position du Conseil constitutionnel dans sa décision du 19 février 2016, le Conseil d'État affirme que les perquisitions sont des mesures de police administrative dès lors qu'elles ont pour but de préserver l'ordre public et qu'elles sont destinées à prévenir les infractions.

Il ressort de la jurisprudence traditionnelle que la police administrative est un service public qui doit avoir pour but spécifique d'assurer le maintien de l'ordre public, lequel s'est d'abord entendu dans un sens purement matériel incluant le respect de la sécurité, de la tranquillité et de la salubrité publiques. Cette conception originelle de l'ordre public a connu une première extension du fait de la jurisprudence *Société Les Films Lutétia* (CE 18 déc. 1959). Surtout, l'arrêt CE 27 octobre 1995 *Commune de Morsang-sur-Orge* a, dans un second temps, fait du respect de la dignité humaine la quatrième composante de l'ordre public, susceptible de justifier une mesure de police même en l'absence de troubles matériels ou de circonstances locales particulières.

Dès lors que les mesures de perquisition, permettant aux forces de police de pénétrer dans un local privé pour y effectuer des recherches, ne peuvent, aux termes de la loi, être décidées que « lorsqu'il existe des raisons sérieuses de penser que ce lieu est fréquenté par une personne dont le comportement constitue une menace pour la sécurité et l'ordre publics », afin justement d'éviter que celle-ci ne passe à l'acte, il est possible d'affirmer qu'elles se donnent bien pour objectif de prévenir des troubles matériels à l'ordre public et entrent dans la définition classique de la police administrative.

Ce caractère préventif est mis en avant par l'avis et permet de distinguer les mesures de perquisition des mesures de police judiciaire. En effet, il est habituellement enseigné que la police administrative est censée présenter un caractère préventif tandis que la police judiciaire se veut avant tout répressive. Cette distinction est en réalité un peu trop simple dans sa formulation puisque le juge retiendra la qualification de police judiciaire chaque fois que l'opération ou la norme qu'il s'agit de qualifier sont en rapport avec une infraction pénale déterminée (CE 11 mai 1951 *Consorts Baud*; T. confl. 7 juin 1951 *Dame Noualek*), peu important que cette infraction ait déjà été commise, qu'elle soit sur le point de l'être ou seulement susceptible de l'être. En revanche, il faudra dans les autres cas retenir la qualification de police administrative, et il en va bien ainsi des mesures de perquisition, lesquelles pourront être décidées lorsqu'il existe des raisons sérieuses de penser que les lieux visés sont fréquentés ou occupés par des personnes constituant une menace pour l'ordre public, même si celles-ci ne sont pas recherchées pour avoir commis ou fomenté une infraction déterminée. Logiquement, la décision d'ordonner une perquisition administrative n'aura pas à être motivée par l'existence « d'indices d'infraction pénale ».

Dès lors que les décisions ordonnant des perquisitions relèvent de la police administrative, c'est donc bien le juge administratif qui est compétent pour en contrôler la légalité. Ainsi, et comme n'importe quelle autre mesure de police administrative, elles pourront faire l'objet d'un recours pour excès de pouvoir et être annulées si elles sont illégales. Il ressort cependant de l'avis commenté que cette annulation ne pourra être décidée par le juge qu'à l'issue d'un contrôle de légalité fortement circonstancié.

B – Un contrôle circonstancié de la légalité des ordres de perquisition

L'avis du 6 juillet 2016 appelle les juridictions inférieures à opérer un contrôle poussé et circonstancié sur la légalité des mesures de perquisition.

Comme toute décision administrative, celle qui ordonne une perquisition est susceptible de donner lieu à un contrôle de légalité externe. Outre le respect des règles de compétence, celui-ci permet de s'assurer qu'aucun vice de procédure ou de forme n'entache l'acte contrôlé. C'est en l'espèce sur le respect d'une règle de forme, à savoir la motivation, que le Conseil d'État devait se prononcer. Était ici en cause le respect de la loi du 11 juillet 1979, aujourd'hui codifiée à l'article L. 211-2 du Code des relations entre le public et l'administration entré en vigueur le 1er janvier 2016. Bien que vaste dans son champ d'application, cette loi n'a pas remis en cause le principe de non-motivation des actes administratifs et se contente de lui apporter un certain nombre de dérogations, aussi nombreuses soient elles. Celles-ci visent les décisions individuelles soit défavorables soit qui dérogent aux règles générales fixées par les textes. Les ordres de perquisition relèvent de la première catégorie, dans laquelle la loi inclut les décisions individuelles qui restreignent l'exercice des libertés publiques ou constituent une mesure de police. L'autorité à l'origine d'une mesure de perquisition devra donc mentionner dans l'acte même les motifs la justifiant, et le juge administratif pourra être amené à vérifier le caractère suffisant de la motivation.

Mais le juge pourra également contrôler la légalité interne de l'ordre de perquisition. L'article 11 de la loi du 3 avril 1955 modifiée ne permet aux autorités compétentes de décider des mesures de perquisition que « lorsqu'il existe des raisons sérieuses de penser que ce lieu est fréquenté par une personne dont le comportement constitue une menace pour la sécurité et l'ordre publics ». La légalité de l'ordre de perquisition dépend donc nécessairement du respect de cette condition et le juge devra sur ce point exercer ce que l'avis qualifie « d'entier contrôle », c'est-à-dire qu'il devra s'assurer que les raisons invoquées par l'administration sont effectivement « sérieuses ». Ceci suppose sans doute d'une part que celle-ci mette en avant un certain nombre de faits dont le juge devra apprécier la véracité à travers un contrôle de l'exactitude matérielle, d'autre part qu'elle démontre que le comportement de l'individu visé par la mesure de perquisition constitue bien « une menace pour la sécurité et l'ordre publics », ce qui conduira le juge administratif à opérer un contrôle normal de la qualification juridique des faits tel que mis en avant par l'arrêt CE 4 avril 1914 *Gomel*. Si cette condition n'est pas respectée, l'ordre de perquisition sera illégal non seulement pour méconnaissance de l'article 11 de la loi du 3 avril 1955, mais en outre parce que la mesure de police administrative qu'il constitue sera nécessairement injustifiée et donc disproportionnée au regard de l'objectif poursuivi, à savoir la préservation de l'ordre public. Cette relation de cause à effet mise en avant par le Conseil constitutionnel dans sa décision déjà citée est ici reprise par le Conseil d'État et montre en définitive que « l'entier contrôle » auquel devra se livrer le juge administratif est un contrôle très poussé puisqu'il apparaît comme une modalité du « contrôle de proportionnalité » qui s'applique habituellement, depuis l'arrêt CE 19 mai 1933 *Benjamin*, aux mesures de police administrative susceptibles de porter atteinte aux libertés publiques. Ce contrôle doit, selon la formule que le juge se plaît aujourd'hui à répéter, permettre de vérifier que la mesure de police mise en cause est « adaptée, nécessaire, et proportionnée à sa finalité », étant entendu qu'elle sera forcément illégale si la finalité en question pouvait être poursuivie par une mesure moins attentatoire aux droits et libertés. Or, une perquisition administrative est assurément attentatoire aux libertés individuelles que sont le respect de la vie privée, l'inviolabilité du domicile ou encore le droit de propriété. Ce contrôle apparaît d'autant plus contraignant pour les autorités publiques qu'il va donner lieu à des appréciations délicates non dénuées de subjectivité. Reste que son caractère fortement circonstancié est susceptible d'en atténuer la rigueur pour l'administration.

Le contrôle de proportionnalité classiquement opéré sur les mesures de police administrative est en soi un contrôle circonstancié puisque c'est au cas par cas que le juge pourra déterminer si, dans les circonstances particulières de chaque affaire, la mesure de police adoptée était bien strictement nécessaire pour prévenir les risques de troubles à l'ordre public. Mais en ce qui concerne les mesures de perquisition décidées dans le cadre de l'état d'urgence, les juridictions inférieures sont appelées à tenir compte de ce contexte inhabituel pour apprécier leur légalité : c'est au regard des « circonstances exceptionnelles » (point 3) ou encore des « circonstances particulières » (point 5) ayant conduit à la déclaration de l'état d'urgence que le juge devra se prononcer.

Ces circonstances joueront au niveau de l'appréciation du caractère suffisant de la motivation de la décision de perquisition, ce qui signifie que le juge administratif pourra sans doute se contenter d'une motivation même légère. Le Conseil d'État exclut toutefois que l'état d'urgence puisse à lui seul constituer « l'urgence absolue » susceptible, aux termes de la loi, de dispenser l'administration de joindre la motivation à la mesure de perquisition. On rappellera d'ailleurs que même si elle est retenue, « l'urgence absolue » ne permet pas à l'administration d'échapper à l'obligation de motiver sa décision après-coup, si le destinataire lui en fait la demande.

Le juge devra également tenir compte de ces circonstances particulières dans l'appréciation du caractère proportionné de la mesure de perquisition et l'on peut penser là encore que le juge administratif sera conduit à se montrer plus « compréhensif » avec l'administration qui, dans un tel contexte, aura été tentée de faire prévaloir le respect de l'ordre public sur celui des libertés publiques.

Enfin, l'avis rappelle que le juge administratif doit, comme pour les autres mesures de police administrative (CE 31 août 2009 *Commune de Crégols*), apprécier la légalité de l'ordre de perquisition en se plaçant à la date à laquelle les autorités compétentes ont émis cet ordre, c'est-à-dire au vu des informations et des faits alors portés à leur connaissance. Peu importent dès lors les résultats de la perquisition : même si celle-ci n'a pas permis aux autorités de police d'obtenir des éléments probants confortant les doutes quant au caractère potentiellement dangereux des personnes visées, cela ne saurait remettre en cause la légalité de la décision de perquisition qui aurait été prise au vu d'indices et de faits suffisamment sérieux.

On le voit, l'ordre de perquisition étant une décision de police administrative, le Conseil d'État le soumet largement au même régime juridique et aux mêmes règles de légalité, tout en appelant à la prise en compte du contexte particulier qu'est l'état d'urgence.

Mais si une telle décision peut être contestée dans sa légalité, elle peut aussi donner lieu, soit à titre exclusif, soit à titre complémentaire, à un contentieux de la responsabilité.

II/ Les perquisitions : des mesures susceptibles d'engager la responsabilité de l'État

L'État est seul compétent, à travers le ministre de l'intérieur, les préfets ou les forces de police, pour tout à la fois ordonner une mesure de perquisition et la mettre en œuvre. C'est donc contre l'État que devra, dans tous les cas, être dirigée l'action en responsabilité à raison des conséquences d'une telle mesure.

Pour le reste, l'enseignement principal de l'avis commenté est que, selon la qualité de la victime (personne visée par la mesure de perquisition ou tiers par rapport à celle-ci) et la cause du dommage (illégalité de l'ordre de perquisition ou modalités de son exécution), le régime de responsabilité applicable ne sera pas le même. En réalité, seule la qualité de la victime est déterminante car un tiers ne semble pouvoir subir de dommages que du fait des modalités de mise en œuvre d'une mesure de perquisition. Ainsi, la personne concernée par la perquisition devra démontrer la faute de l'État, tandis que les tiers bénéficieront d'un régime de responsabilité sans faute.

A – Une responsabilité de l'État pour faute simple à l'égard des personnes concernées par les mesures de perquisition

L'avis du 6 juillet 2016 précise que c'est un régime de responsabilité pour faute qui doit s'appliquer à l'égard des personnes visées par la mesure de perquisition.

La faute susceptible d'engager ici la responsabilité de l'État peut découler tant de l'illégalité de la décision ordonnant la perquisition que des conditions matérielles dans lesquelles celle-ci a été exécutée.

Conformément à sa jurisprudence classique, le Conseil d'État reprend le principe selon lequel toute illégalité est fautive (point 6), lequel vaut aussi bien pour les décisions ordonnant une perquisition que pour les autres décisions administratives. Une telle illégalité peut entraîner la condamnation de l'État à réparer les préjudices qui en découlent si ces préjudices en sont bien une conséquence directe. Or, le Conseil d'État estime qu'une irrégularité formelle ou procédurale ne saurait donner lieu à une condamnation de l'État dès lors qu'elle n'affecte pas le bien-fondé de la perquisition. On peut en effet soutenir que, dans cette hypothèse, la mesure de perquisition pourrait être ordonnée de nouveau mais en respectant les formes ou procédures adéquates. Le préjudice dont se plaindrait la personne concernée par la mesure ne découlerait donc pas de l'illégalité commise mais bien de la perquisition elle-même, perquisition par ailleurs justifiée. Ainsi, une illégalité qui pourrait justifier l'annulation de l'ordre de perquisition ne suffira pas nécessairement à engager la responsabilité de l'État. On peut penser qu'il en irait ainsi du non-respect de l'obligation de motivation et que, pour l'essentiel, ne pourront être indemnisées que les victimes d'une mesure de perquisition ordonnée à tort.

Surtout, le Conseil d'État insiste sur les conditions matérielles dans lesquelles doivent être exécutées les mesures de perquisition. Transposant à ce niveau le contrôle habituellement opéré sur la légalité des mesures de police administrative, le Conseil d'État exige le respect du principe de proportionnalité entre le choix des modalités d'exécution par les autorités compétentes et les circonstances dans lesquelles celles-ci doivent intervenir. Ce contrôle « de proportionnalité » se justifie, dans la logique de la jurisprudence *Benjamin*, par le fait qu'il s'agit, là encore, de protéger les droits et libertés des individus perquisitionnés. Ainsi, une lecture a contrario du point 7 de l'avis permet de déduire un certain nombre de pratiques qui pourront être jugées fautives et conduire à la responsabilité de l'État, comme par exemple l'usage injustifié de la force ou de la contrainte ou encore la dégradation inutile de biens.

La faute affectant la perquisition soit dans son principe soit dans ses modalités d'exécution entraînera l'engagement de la responsabilité de l'État à l'égard de la personne concernée. L'avis confirme ainsi l'abandon de la distinction entre activités normatives et activités matérielles pour déterminer le régime de responsabilité applicable (faute simple ou faute lourde) en matière de police administrative. La rédaction de l'avis laisse clairement entendre que, dans tous les cas, il n'est pas exigé de la victime qu'elle mette en avant une faute lourde, « toute illégalité » (point 6) ou « toute faute » (point 7) pouvant être retenue. Il n'est d'ailleurs fait référence qu'à « la responsabilité de l'État pour faute » (point 8), la « faute lourde » n'étant nulle part mentionnée. Le Conseil d'État semble donc se satisfaire de la preuve d'une faute simple, confirmant le vaste mouvement jurisprudentiel qui, depuis les années 90, conduit à un abandon progressif de la responsabilité pour faute lourde. Cette nouvelle illustration d'un recours à la faute simple dans le cadre d'une activité administrative que l'on ne saurait qualifier de « facile » à réaliser, confirme que le critère de la difficulté des opérations ne suffit plus à lui seul à expliquer le choix jurisprudentiel en faveur de la faute lourde ou de la faute simple. Comme l'avait relevé le commissaire du gouvernement Seban dans ses conclusions sur l'arrêt CE 30 novembre 2001, *Ministre de l'Économie, des Finances et de l'Industrie c/ M. et Mme Kechichian*, c'est désormais un ensemble de considérations qui conduit le juge à retenir l'une ou l'autre catégorie de fautes. Le recours à la faute simple est d'autant plus digne d'intérêt qu'il montre que les missions de police administrative ne sont pas davantage épargnées que d'autres activités susceptibles d'être réalisées dans des conditions d'urgence (opérations de secours par exemple : CE 20 juin 1997, *Theux*). Pourtant, le Conseil d'État n'a jamais officiellement prononcé l'abandon de l'exigence de la faute lourde en matière de police administrative, même s'il avait déjà pu ponctuellement se satisfaire de la faute simple pour engager la responsabilité de l'administration du fait de certaines polices spéciales comme la police des baignades (CE 25 juin 2008, *Commune de Deshaies*) ou la police des édifices menaçant ruine (CE 27 déc. 2006, *Commune de Baalon*). Les opérations de perquisition constituent donc une nouvelle catégorie de mesures de police administrative relevant d'un régime de responsabilité pour faute simple, étant entendu que l'avis commenté ne permet toujours pas de déduire que la responsabilité pour faute lourde a totalement disparu du domaine de la police administrative.

Néanmoins, et enfin, ce débat sur la qualification de la faute est peut-être vain puisque depuis plusieurs années le juge semble vouloir dépasser la distinction faute lourde / faute simple et se contenter de rechercher la « faute de nature à » engager la responsabilité de l'administration, même s'il semble ressortir de la jurisprudence que cette dernière n'est pas soumise à la même exigence selon l'activité qui est à l'origine du dommage dont est demandée réparation. Aussi n'est-il pas étonnant que l'abandon de la faute lourde dans toute une série de contentieux ne se soit pas pour autant traduit par une explosion du nombre de condamnations des personnes publiques à réparer les dommages causés. On peut parier qu'il en ira de même en matière de perquisitions administratives, et cela d'autant plus que le juge devra là encore prendre en considération les circonstances particulières liées à la situation d'état d'urgence. Ce contexte « exceptionnel » malgré sa durée pèsera donc sans doute dans l'appréciation du juge et le conduira à être plus « clément » à l'égard des forces de police ayant eu à intervenir dans ces conditions. Il est ainsi très peu probable que n'importe quelle maladresse puisse être qualifiée ici de faute « de nature à » engager la responsabilité de l'État.

Mais quelle que soit l'appréciation à laquelle se livreront les juges du fond pour accepter de retenir une faute susceptible d'engager la responsabilité de l'État, la situation de la personne visée par la mesure de perquisition est nettement différente de celle de la victime qui serait un tiers par rapport à celle-ci.

B – Une responsabilité de l'État sans faute à l'égard des tiers

Le point 8 de l'avis précise que les tiers victimes d'un préjudice causé par l'opération de perquisition bénéficieront d'un régime de responsabilité sans faute fondé sur la rupture d'égalité devant les charges publiques. Encore faut-il déterminer avec précision ce que l'on doit entendre ici par la notion de « tiers ».

L'avis définit par défaut les « tiers » susceptibles de bénéficier du régime favorable de la responsabilité sans faute : il ne s'agit ni de la personne visée par la mesure de perquisition, ni des personnes qui lui sont liées et qui étaient présentes dans le lieu perquisitionné, ni de celles qui lui sont liées et ont un rapport avec le lieu en question. Autrement dit, ces personnes ne présentent pas la qualité de tiers et ne pourront obtenir réparation des préjudices causés par l'opération de perquisition que si elles parviennent à démontrer la faute des services de police. La définition de ces personnes n'est d'ailleurs pas totalement claire et pourra sans doute donner lieu à appréciation de la part des juges saisis d'un contentieux.

En revanche, il est aisé de comprendre que les occupants d'un local perquisitionné par erreur ou le propriétaire du lieu occupé par la personne visée soient considérés comme des tiers, ceux-ci ne répondant pas aux conditions permettant de justifier l'édiction d'une mesure de perquisition.

On peut, de la même façon, comprendre que celui dont le comportement a justifié l'intervention des autorités de police soit traité plus sévèrement que celui qui est totalement étranger à la mesure de perquisition. Le traitement plus favorable réservé aux personnes qui n'ont rien à se reprocher apparaît ainsi comme une mesure d'équité, et c'est bien l'équité qui sous-tend le régime de responsabilité sans faute pour rupture d'égalité devant les charges publiques ici retenu.

Si on laisse de côté le régime de responsabilité inclassable de la jurisprudence *Gardedieu* (CE 8 févr. 2007) et le régime de responsabilité sans faute fondé sur la garde, qui ne concerne pour l'heure que les mineurs placés à l'origine d'un dommage, le régime de responsabilité sans faute peut, en droit administratif, reposer sur deux fondements distincts : le risque ou la rupture d'égalité devant les charges publiques.

Le premier s'applique lorsque l'administration a, dans l'intérêt général, fait courir des risques particuliers aux citoyens, par exemple en ayant recours à des choses dangereuses, des méthodes dangereuses, ou en laissant subsister des ouvrages publics dangereux. Si ces risques se réalisent, les victimes pourront voir leurs préjudices intégralement indemnisés.

La responsabilité pour rupture de l'égalité devant les charges publiques vise, quant à elle, les hypothèses dans lesquelles les pouvoirs publics ont décidé, dans l'intérêt général, de « sacrifier » quelques citoyens qui subiront ainsi des préjudices graves et spéciaux pour le bien du plus grand nombre. De tels préjudices peuvent notamment être causés, comme ici, par des décisions administratives légales (CE 30 nov. 1923, *Couitéas*), mais aussi par des lois ou encore la signature de conventions internationales, pour ne citer que les principales applications de ce régime de responsabilité.

Le choix du fondement de la responsabilité sans faute n'était ici pas forcément évident. Dans le contexte de l'état d'urgence, et eu égard aux motifs pouvant justifier une mesure de perquisition, il n'était pas absurde de considérer que l'opération de perquisition fait courir un risque aux citoyens n'ayant rien à se reprocher mais pouvant être impactés.

C'est pourtant le fondement de la rupture d'égalité devant les charges publiques qui a été retenu par le Conseil d'État. Est-ce la préservation des deniers publics qui a conduit celui-ci à un tel choix ? En effet, la responsabilité pour rupture d'égalité devant les charges publiques ne permet que l'indemnisation des préjudices graves et spéciaux subis du fait de l'action de l'administration. Mais eu égard à la définition des « tiers » retenue par le Conseil d'État et au contexte de l'état d'urgence dans lequel l'opération de perquisition est réalisée, on peut penser que les préjudices invoqués seront nécessairement « spéciaux ». Pourrait aller dans ce sens le fait que l'avis n'apporte aucune précision quant à la nature des préjudices susceptibles d'être indemnisés, le point 8 se contenant de faire référence sans restriction aux « dommages directement causés par des perquisitions ordonnées en application de l'article 11 de la loi du 23 avril 1955 ».

En définitive, c'est à un exercice difficile qu'a dû se livrer ici le Conseil d'État. Dans un contexte particulier marqué par une vague d'attentats terroristes en Europe et l'émoi qu'ils ont provoqué auprès de l'opinion publique, la haute juridiction a dû concilier la protection des droits et libertés fondamentaux des personnes susceptibles de souffrir des mesures de perquisition avec la prise en compte des moyens dont ont besoin les pouvoirs publics pour lutter contre les ennemis de ces mêmes droits et libertés.

Police administrative

Thème principal

Police administrative

Mots clés

Référé-liberté, Contrôle juridictionnel

Sujet donné et corrigé établi par

Paul Cassia, Professeur à l'Université Panthéon-Sorbonne (Paris 1)

Second semestre 2017-2018

› *Commentaire d'ordonnance : TA Grenoble, référé, 23 octobre 2017, D. et autre c/ Ville de Grenoble*

Par une requête enregistrée le 3 octobre 2017 et deux mémoires enregistrés le 19 octobre 2017, M. D. et la société Les productions de la Plume, représentés par Me C..., demandent au juge des référés :

– de suspendre l'exécution de l'arrêté du 13 septembre 2017 par lequel le maire de Grenoble a interdit le spectacle de M. D. prévu le 28 octobre 2017 ;

– d'enjoindre au maire de Grenoble de laisser se dérouler le spectacle ; [...]

Sur la demande de suspension d'exécution :

1. Considérant que l'article L. 521-1 du Code de justice administrative permet au juge des référés d'ordonner la suspension de l'exécution d'une décision administrative ou de certains de ses effets lorsque l'urgence le justifie et qu'il est fait état d'un moyen propre à créer, en l'état de l'instruction, un doute sérieux quant à la légalité de la décision ;

En ce qui concerne l'urgence :

2. Considérant qu'eu égard à la date prévue pour le spectacle, la condition d'urgence est remplie, ce que la commune de Grenoble ne conteste d'ailleurs pas ;

En ce qui concerne l'office du juge des référés :

3. Considérant que la commune de Grenoble se prévaut de l'article L. 511-1 du Code de justice administra-

tive aux termes duquel : « *Le juge des référés statue par des mesures qui présentent un caractère provisoire. Il n'est pas saisi du principal et se prononce dans les meilleurs délais* »; que sur ce point, elle fait valoir que le recours excède l'office du juge des référés saisi sur le fondement de l'article L. 521-1 du Code de justice administrative, dans la mesure où, compte tenu de la date prévue pour le spectacle, une mesure de suspension aurait des effets en tous points identiques à une annulation, dès la tenue de la représentation interdite ;

4. Considérant que s'il est vrai que le juge des référés ne peut, sans excéder sa compétence, ordonner une mesure qui aurait des effets en tous points identiques à ceux qui résulteraient de l'exécution par l'autorité administrative d'un jugement annulant une telle décision, ce principe ne peut, sauf à priver de tout effet utile le recours institué par l'article L. 521-1 du Code de justice administrative, interdire au juge des référés, de suspendre l'exécution d'une décision dont la légalité est sérieusement douteuse au motif que les effets de celle-ci se manifesteront uniquement à une date précise et que cette échéance est si rapprochée qu'elle rend concrètement impossible l'intervention préalable d'un jugement au fond avant cette date ; qu'au surplus, une mesure de suspension d'exécution de l'arrêté en litige n'implique pas nécessairement que le spectacle ait lieu dès lors qu'elle ne vise qu'une décision édictée à une date donnée et ne fait pas obstacle à ce qu'une décision identique soit prise ultérieurement en cas d'évolution du contexte d'ordre public ; qu'en conséquence, la commune de Grenoble n'est pas fondée à soutenir que la demande de suspension d'exécution excède, au cas d'espèce, la compétence du juge des référés ;

En ce qui concerne l'existence d'un doute sérieux sur la légalité de l'arrêté attaqué :

5. Considérant, en premier lieu, que si la commune de Grenoble fait largement état des contentieux administratifs et pénaux ayant impliqué M. D. par le passé,

elle ne soutient pas que son spectacle actuel – dont plusieurs représentations avaient déjà été données lorsque l'arrêté a été édicté – contient des propos pénalement répréhensibles ou qui sont, par eux-mêmes de nature à troubler l'ordre public ; qu'elle ne fait pas davantage état de troubles à l'ordre public qui seraient survenus lors des précédentes représentations ;

6. Considérant, en deuxième lieu, que le maire de Grenoble justifie dans son arrêté l'interdiction du spectacle par « *les circonstances locales particulières sur le territoire de Grenoble où des propos polémiques et provocateurs donnent lieu à des manifestations et des débordements entraînant régulièrement des dommages aux biens et aux personnes* » ; que si la commune rappelle dans son mémoire en défense les divers épisodes de violence auxquels a été confrontée la ville dans un passé récent à l'occasion de manifestations, il n'apparaît pas, en l'état du dossier et compte tenu de ce qui a été dit au point précédent, qu'il existe un contexte local particulier faisant craindre de tels débordements à l'occasion de la tenue du spectacle ;

7. Considérant enfin que si la commune de Grenoble fait état de la difficulté spécifique à maintenir l'ordre public du fait de la configuration des lieux dans lesquels le spectacle doit se dérouler, cette considération n'apparaît pas de nature à justifier une mesure d'interdiction eu égard à ce qui a été dit précédemment ; qu'au surplus, cette difficulté particulière n'est pas établie ;

8. Considérant qu'il résulte de ce qui précède qu'il existe un doute sérieux sur la proportionnalité de l'interdiction aux nécessités de l'ordre public ; que les deux conditions posées par l'article L. 521-1 du Code de justice administrative étant remplies, il y a lieu d'ordonner la suspension de l'exécution de l'arrêté du 13 septembre 2017 ;

Sur les conclusions à fin d'injonction :

9. Considérant que l'article L. 911-1 du Code de justice administrative dispose que, lorsque sa décision implique nécessairement qu'une personne morale de droit public prenne une mesure d'exécution dans un sens déterminé, la juridiction, saisie de conclusions en ce sens, prescrit cette mesure ;

10. Considérant que la présente décision, qui suspend l'exécution de l'arrêté interdisant le spectacle de M. D., s'impose au maire de Grenoble et n'implique donc aucune mesure d'exécution ; que les conclusions tendant à ce qu'il soit enjoint au maire de Grenoble de laisser se dérouler le spectacle doivent dès lors être rejetées ; [...]

ORDONNE :

Article 1er : L'exécution de l'arrêté du 13 septembre 2017 est suspendue. [...]

› Préparation

Analyse du sujet

Cette ordonnance ne présente aucune difficulté, et c'est pour cela qu'elle a été proposée en commentaire : elle se borne à appliquer une série de jurisprudences constantes relatives à la notion de police administrative et son contrôle par le juge du référé-suspension. Le corrigé ci-dessous a été élaboré à partir des seuls documents figurant dans les fiches de TD et du contenu du cours magistral.

Plan du corrigé

I/ Les éléments relatifs au doute sérieux quant à la légalité de l'arrêté municipal du 13 septembre 2017

A – La nature de l'arrêté du 13 septembre 2017 : une mesure de police administrative

B – Le doute sérieux quant à la légalité de l'arrêté du 13 septembre 2017 : une mesure de police apparaissant disproportionnée

II/ Les éléments extérieurs au doute sérieux quant à la légalité de l'arrêté municipal du 13 septembre 2017

A – L'urgence à suspendre l'arrêté du 13 septembre 2017

B – Le caractère provisoire de la suspension de l'arrêté du 13 septembre 2017

› Corrigé

Le 19 mai 1933, par sa décision *Benjamin*, le Conseil d'État a annulé comme entachés d'excès de pouvoir des arrêtés de février et mars 1930 par lesquels le maire de Nevers avait interdit les deux conférences – l'une publique, l'autre privée – qu'il était sur le point de tenir dans cette ville.

L'ordonnance rendue le 23 octobre 2017 par le juge du référé-suspension du tribunal administratif de Grenoble a permis la tenue d'un spectacle qui avait été interdit le mois précédent par le maire de Grenoble.

Une règle fondamentale du droit public est restée inchangée de 1933 à 2017 : celle relative au caractère exécutoire des actes administratifs, posée par la décision *Huglo* rendue le 2 juillet 1982 par l'Assemblée du contentieux du Conseil d'État. Elle signifie que l'action administrative s'impose aux administrés avec un privilège d'unilatéralité ; ils ne peuvent s'y opposer qu'en formant un recours administratif et/ou un recours contentieux, mais dans l'attente qu'une réponse y soit apportée, l'acte administratif doit être appliqué.

Cependant, le législateur est intervenu pour remédier aux conséquences parfois définitives du caractère exécutoire des actes administratifs. La loi du 30 juin 2000 a institué deux référés d'urgence, dont l'un, celui mis en œuvre par le tribunal administratif de Grenoble, remodèle l'ancien sursis à exécution dans le sens d'une protection renforcée des administrés, lesquels peuvent obtenir la suspension d'un acte exécutoire pourvu qu'ils parviennent à démontrer que les conditions du bien-fondé du référé-suspension – l'urgence et le doute sérieux – sont cumulativement remplies.

C'est par cette voie du référé-suspension de l'article L. 521-1 du Code de justice administrative que le tribunal administratif avait été saisi par le requérant personne physique et sa société de production. Ceux-ci sont familiers du prétoire du juge administratif, notamment depuis que le juge du référé-liberté du Conseil d'État, par une ordonnance controversée *ministre de l'Intérieur* du 9 janvier 2014, a rejeté une demande de suspension d'un arrêté préfectoral interdisant la tenue, le soir même, d'un spectacle de l'intéressé à Nantes.

En l'occurrence, par un arrêté du 13 septembre 2017 pris sur le fondement de son pouvoir de police administrative générale qu'il tient de l'article L. 2212-2 du Code général des collectivités territoriales, le maire de Grenoble avait interdit le spectacle que l'intéressé avait programmé pour le 28 octobre 2017. Avec sa société de production, il a demandé l'annulation pour excès de pouvoir de cet arrêté. Parallèlement, ils ont saisi le juge des référés d'une demande tendant à sa suspension, la compétence de la juridiction administrative et la recevabilité du référé n'étant pas contestées. Depuis avril 2016, les ordonnances de référé peuvent être rendues par une formation de trois magistrats, mais il semble qu'en l'espèce l'ordonnance du 23 octobre 2017 a été classiquement rendue par un magistrat statuant seul. Ce dernier, après avoir suivi la procédure contradictoire écrite et orale obligatoirement prévue pour cette procédure d'urgence dès lors que la requête est communiquée au défendeur, a donc ordonné la suspension de l'arrêté litigieux, permettant ainsi au spectacle de se dérouler sauf à ce que le maire adopte un nouvel arrêté d'interdiction fondé sur d'autres considérations que le premier.

Pour ordonner la suspension de cet arrêté, le juge des référés a examiné deux séries d'éléments propres au bien-fondé du référé suspension : les uns sont extérieurs au contenu de l'arrêté (I) ; les autres s'y rapportent (II).

I/ Les éléments relatifs au doute sérieux quant à la légalité de l'arrêté municipal du 13 septembre 2017

Le juge du référé-suspension ne prend pas position sur la légalité de l'acte litigieux d'une manière comparable à celle du juge du fond. La condition relative au doute sérieux est remplie lorsque, en l'état des éléments dont il dispose, le juge du référé-suspension estime qu'il est possible que cet acte soit irrégulier. En l'occurrence, saisi d'une demande de suspension d'un acte de police administrative (A), le juge des référés a considéré que l'interdiction qu'il véhiculait pouvait ne pas être proportionnée aux troubles à l'ordre public consécutifs à la tenue du spectacle (B).

A – La nature de l'arrêté du 13 septembre 2017 : une mesure de police administrative

La police administrative est préventive : elle intervient avant la commission d'une infraction (CE 11 mai 1951, *Baud*). Elle peut être établie sur deux types de considérations, toutes deux de nature à préserver l'ordre public sauf à être nécessairement annulée ou suspendue si, en pratique, la mesure litigieuse avait un autre objet (CE 19 févr. 1909, *Abbé Olivier*).

Certaines sont récemment apparues en jurisprudence : il s'agit de l'ordre public dit « immatériel ». Le Conseil d'État les a consacrées avec la décision *Commune de Morsang-sur-Orge* du 27 octobre 1995 qui érige la dignité de la personne humaine au rang des composantes de l'ordre public ; puis dans l'ordonnance *Dieudonné* de 2014 précité, le juge des référés du Conseil d'État a considéré que des propos pénalement répréhensibles susceptibles d'être tenus dans un spectacle étaient de nature à conduire à l'interdiction de celui-ci. En la matière, l'autorité de police administrative est non seulement tenue d'agir, dès lors qu'il y a une menace pour la dignité de la personne humaine et quand bien même qu'il n'en résulterait pas de troubles matériels dans l'espace public, mais doit alors prendre la seule mesure qui s'impose et qui est la plus attentatoire aux libertés individuelles : l'interdiction de l'acte ou du comportement litigieux, quelles que soient les circonstances locales. Au 5e considérant de son ordonnance, le juge des référés du tribunal administratif de Grenoble a toutefois constaté que cet ordre public immatériel n'était pas invoqué par la ville de Grenoble au soutien de l'arrêté litigieux – on se demande alors quel est l'intérêt de ce considérant où il est affirmé, comme pourrait le faire le juge du principal, que le spectacle n'est pas en lui-même attentatoire à la dignité de la personne humaine.

D'autres considérations sont traditionnelles en matière de police administrative, et ce sont celles – évoquées au considérant suivant par le juge des référés –, énoncées à l'article L. 2212-2 du Code général des collectivités territoriales, qui recouvre notamment le bon ordre, la sûreté et la sécurité publiques. Ici, classiquement, la mesure de police administrative vise à éviter la survenance de troubles matériels et extérieurs. C'est à ce titre que le maire de Grenoble avait adopté l'arrêté litigieux. Sa légalité est subordonnée à deux conditions dont la conjonction est nécessaire.

B – Le doute sérieux quant à la légalité de l'arrêté du 13 septembre 2017 : une mesure de police apparaissant disproportionnée

Une mesure de police administrative générale n'est légale – ou, en référé-suspension, n'est pas de nature à susciter un doute sérieux quant à sa légalité – qu'à deux conditions de fond. Ces conditions sont examinées par la juridiction administrative selon la ligne directrice fixée par le commissaire du gouvernement Corneille dans ses conclusions sur l'arrêt *Baldy* du 10 août 1917 : « la liberté est la règle et la restriction de police l'exception ».

La première condition tient à la nécessité de cette mesure. Il faut qu'il existe un risque avéré de trouble à l'ordre public que la mesure en cause aurait pour objet de prévenir, ce risque étant évalué au regard des circonstances locales particulières depuis la jurisprudence *Sté Les films Lutétia* du 18 décembre 1959. Ainsi, dans l'affaire *Ligue des droits de l'homme* du 26 août 2016, les juges du référé-liberté du Conseil d'État ont considéré qu'en l'absence de risque de trouble à l'ordre public résultant du port du « burkini » faute que des baigneuses aient jamais revêtu de telles tenues de baignade dans la commune de Villeneuve-Loubet où elles étaient pourtant temporairement interdites, l'arrêté municipal litigieux devait être suspendu car portant une atteinte grave et manifestement illégale à certaines libertés fondamentales. En l'occurrence, le juge des référés du tribunal administratif de Grenoble a relevé que nul contexte local particulier ne faisait légitimement craindre des débordements, et que le dossier ne montrait pas que la configuration des lieux dans lesquels le spectacle devait se dérouler faisait apparaître une quelconque « difficulté spécifique » au regard de l'ordre public. Le juge des référés aurait pu s'en tenir à ce constat de l'absence de nécessité pour fonder son doute sérieux. Il a choisi d'aller plus loin dans son raisonnement.

À supposer que la mesure de police administrative soit nécessaire, ce qui n'était pas le cas en l'état de l'instruction, il faut alors que l'autorité qui l'a adoptée démontre son caractère proportionné, ainsi que l'exige la jurisprudence administrative depuis l'arrêt *Benjamin* : « s'il incombe au maire de prendre les mesures qu'exige le maintien de l'ordre, il doit concilier l'exercice de ses pouvoirs avec le respect de la liberté de réunion ». Le contrôle de proportionnalité implique qu'une mesure de police ne sera admise par la juridiction administrative que si elle porte aux libertés de la personne une atteinte la plus adéquate aux faits qui l'ont motivée. À cet égard, conformément à la ligne directrice ouverte par les conclusions Corneille précitées, la juridiction administrative considère avec beaucoup de circonspection les interdictions générales et absolues, lesquelles ne sont admises que s'il apparaît qu'aucune autre mesure moins attentatoire aux libertés ne pouvait être organisée. Au huitième considérant de son ordonnance, le juge des référés du tribunal administratif de Grenoble a estimé qu'au vu des informations en sa possession, « il existe un doute sérieux sur la proportionnalité de l'interdiction aux nécessités de l'ordre public ».

La condition relative au doute sérieux posée par l'article L. 521-1 du Code de justice administrative était remplie. Restait alors à examiner deux autres critères préalables à l'octroi de la suspension demandée en référé.

II/ Les éléments extérieurs au doute sérieux quant à la légalité de l'arrêté municipal du 13 septembre 2017

Avant de faire droit à la demande de suspension, le juge des référés a vérifié que la condition d'urgence était remplie (A) et que la mesure qu'il lui était demandé de prendre avait – même théoriquement – une portée provisoire (B).

A – L'urgence à suspendre l'arrêté du 13 septembre 2017

Cette condition du bien-fondé du référé-suspension n'est pas définie par le législateur, qui a laissé à la juridiction administrative le soin d'en préciser les contours.

Elle a été d'autant plus rapidement examinée par le juge des référés grenoblois dans le bref deuxième considérant de l'ordonnance du 23 octobre 2017 que la commune défenderesse ne contestait pas le fait qu'elle soit constituée. Il n'en reste pas moins que le juge des référés était tenu de vérifier chacun des trois volets de cette condition.

Dans son volet concret, l'urgence est appréciée du point de vue du demandeur, au regard des justifications qu'il avance. Ainsi qu'il résulte de la décision *Confédération nationale des radios libres* rendue le 19 janvier 2001 par le Conseil d'État, l'urgence procède de l'examen des incidences de l'acte attaqué sur la situation du demandeur, lequel doit faire état d'une lésion grave et immédiate que cet acte cause à ses intérêts matériels ou moraux, à ceux qu'il entend défendre ou à un intérêt public. En l'occurrence, ainsi que le relève le juge des référés, il est évident qu'un arrêté interdisant au demandeur qu'il organise un spectacle payant lui cause un tel préjudice.

Dans son volet global, l'urgence est appréciée du point de vue du défendeur, depuis une décision *Préfet des Alpes-Maritimes* rendue le 28 février 2001 par le Conseil d'État. Ici, le défendeur peut faire valoir un intérêt à ce que la suspension demandée ne soit pas octroyée, et il appartient même au juge des référés de rechercher, « compte tenu de l'ensemble des circonstances de chaque espèce », si un tel intérêt à poursuivre existe. L'ordonnance du 23 octobre

2017 ne mentionne pas un intérêt de ce type, ce qui signifie qu'implicitement au moins, le juge des référés a fait prévaloir l'urgence à suspendre sur l'urgence à poursuivre l'exécution de l'arrêté litigieux.

Enfin, dans son volet finaliste, l'urgence s'apprécie par rapport aux spécificités de chacune des procédures de référé, depuis une ordonnance *Commune de Pertuis* rendue le 28 février 2003 par le Conseil d'État. En référé-liberté, c'est en fonction du délai de 48 heures imparti au juge pour statuer que l'urgence est évaluée – ce qui explique pourquoi, en l'occurrence, le requérant n'a pas formé (avec succès du moins) un référé-liberté contre l'arrêté municipal du 13 septembre 2017. En référé-suspension, c'est au regard de la nécessité pour le demandeur d'obtenir une mesure provisoire avant le jugement de la requête au fond que l'urgence est appréciée. Or ici, la décision que le juge de l'excès de pouvoir du tribunal administratif de Grenoble devait rendre relativement à la légalité de l'arrêté litigieux aurait, à l'instar du précédent *Benjamin*, été trop tardive pour avoir un effet utile pour les deux demandeurs.

Les conditions du bien-fondé du référé-liberté étant réunies, restait à vérifier si la suspension demandée pouvait être octroyée sans méconnaître le caractère provisoire des mesures octroyées en référé.

B – Le caractère provisoire de la suspension de l'arrêté du 13 septembre 2017

La compétence du juge des référés est limitée par son office de juge de l'évidence et du provisoire. C'est ainsi que les ordonnances sont rendues en l'état de l'instruction et ne préjugent pas de l'issue du recours au principal (pour le référé-suspension) ; de même, un juge des référés n'est pas habilité à prendre des mesures qui relèvent de la compétence du juge du principal, telles l'annulation de l'acte litigieux, l'indemnisation du demandeur ou des mesures qui auraient un effet équivalent.

La commune défenderesse soutenait que la suspension d'une interdiction d'un spectacle à quelques jours de sa tenue aurait un effet équivalent à l'annulation de l'arrêté litigieux, de sorte que le juge du référé-suspension serait incompétent pour faire droit à la requête, quand bien même les conditions tendant au doute sérieux et à l'urgence seraient remplies (lorsque tel est le cas, le juge des référés « peut » et non doit faire droit à la demande de suspension, indique l'article L. 521-1 du Code de justice administrative).

Or, d'une part, dans une décision *Saez* du 5 mars 2001, le Conseil d'État a suspendu une décision d'un maire prise en décembre 2000 et a enjoint au maire de réunir son conseil municipal dans les 48 heures afin de délibérer sur le remplacement des délégués de la commune au conseil d'une communauté d'agglomération : il est donc admis qu'une mesure en référé puisse, en fait avoir une portée définitive. D'autre part, en droit du moins, la suspension de l'arrêté du maire de Grenoble ne fait pas obstacle à ce qu'il adopte un nouvel arrêté d'interdiction, fondé sur d'autres éléments relatifs aux troubles à l'ordre public que celui pris le 13 septembre 2017, voire à ce qu'il saisisse le juge du référé-réexamen de l'article L. 521-4 du Code de justice administrative en faisant valoir une circonstance nouvelle de nature à lever la suspension de cet arrêté.

La suspension de l'exécution de l'arrêté municipal se suffisant à elle-même, il n'y avait pas lieu pour le juge des référés de faire droit à la demande complémentaire d'injonction formée au titre de l'article L. 911-1 du Code de justice administrative.

L'ordonnance du 23 octobre 2017 montre le surcroît d'efficacité que, par la volonté du législateur, la juridiction administrative offre aux justiciables depuis l'affaire *Benjamin* contre les mesures de police administrative générale prises en dehors de circonstances exceptionnelles.

Police administrative

Thème principal

Police administrative

Mots clés

Contrôle juridictionnel, Effet direct, Principe d'égalité

Sujet donné et corrigé établi par

Nathalie Jacquinot, Professeur à l'Université Toulouse 1 Capitole

Premier semestre 2017-2018

› *Commentaire d'arrêt : CE 30 décembre 2016, Association nationale des supporters et autres, n° 395337*

Vu les procédures suivantes :

1° Sous le n° 395337, par une requête, enregistrée le 16 décembre 2015 au secrétariat du contentieux du Conseil d'État, l'association nationale des supporters demande au Conseil d'État :

1°) d'annuler pour excès de pouvoir l'arrêté du 11 décembre 2015 du ministre de l'intérieur portant interdiction de déplacement des supporters de clubs de football lors de la 19e journée de championnat de Ligue 1 et 2 et du 8e de finale de la coupe de la Ligue ; [...]

2° Sous le n° 395338, par une requête, enregistrée le 16 décembre 2015 au secrétariat du contentieux du Conseil d'État, l'association Lutte pour un football populaire demande au Conseil d'État :

1°) d'annuler pour excès de pouvoir l'arrêté du 11 décembre 2015 du ministre de l'intérieur portant interdiction de déplacement des supporters de clubs de football lors de la 19e journée de championnat de Ligue 1 et 2 et du 8e de finale de la coupe de la Ligue ; [...]

3° Sous le n° 395348, par une requête, enregistrée le 16 décembre 2015 au secrétariat du contentieux du

Conseil d'État, l'association de défense et d'assistance juridique des intérêts des supporters demande au Conseil d'État :

1°) d'annuler pour excès de pouvoir l'arrêté du 11 décembre 2015 du ministre de l'intérieur portant interdiction de déplacement des supporters de clubs de football lors de la 19e journée de championnat de Ligue 1 et 2 et du 8e de finale de la coupe de la Ligue ; [...]

1. Considérant que, par arrêté du 11 décembre 2015, le ministre de l'intérieur a interdit le déplacement des supporters des clubs de l'Olympique de Marseille, du Montpellier Hérault SC, du Paris Saint-Germain, du Stade rennais FC, du FC Nantes et du FC Metz, à l'occasion des matches joués par ces clubs, les 16, 18, 19 et 20 décembre, dans le cadre des dix-neuvième journées du championnat de Ligue 1 et de Ligue 2 et du huitième de finale de la coupe de la Ligue ; que par trois requêtes distinctes, l'association nationale des supporters, sous le n° 395337, l'association Lutte pour un football populaire, sous le n° 395338 et l'association de défense et d'assistance juridique des intérêts des supporters, sous le n° 395348, demandent l'annulation pour excès de pouvoir de cet arrêté ; qu'il y a lieu de joindre ces trois requêtes, dirigées contre le même acte du ministre de l'intérieur, pour statuer par une seule décision ;

2. Considérant qu'aux termes de l'article L. 332-16-1 du Code du sport : « Le ministre de l'intérieur peut, par arrêté, interdire le déplacement individuel ou collectif de personnes se prévalant de la qualité de supporter d'une équipe ou se comportant comme tel sur les lieux d'une manifestation sportive et dont la présence est susceptible d'occasionner des troubles graves pour l'ordre public./ L'arrêté énonce la durée, limitée dans le temps, de la mesure, les circonstances précises de fait qui la motivent ainsi que les communes de point de départ et de destination auxquelles elle s'applique. [...] » [...]

3. Considérant, en premier lieu, que l'article 3 de la convention européenne sur la violence de spectateurs et les débordements de spectateurs lors de manifestations sportives et notamment de matches de football du 19 août 1985 prévoit que « 2. Les Parties s'engagent à encourager l'organisation responsable et le bon comportement des clubs de supporters et la nomination en leur sein d'agents chargés de faciliter le contrôle et l'information des spectateurs à l'occasion des matches et d'accompagner les groupes de supporters se rendant à des matches joués à l'extérieur. / 3. Les Parties encouragent la coordination, dans la mesure où cela est juridiquement possible, de l'organisation des déplacements à partir du lieu d'origine avec la collaboration des clubs, des supporters organisés et des agences de voyage, afin d'empêcher le départ des fauteurs potentiels de troubles pour assister aux matches » ; que ces stipulations, qui ont pour objet exclusif de régir les relations entre États et requièrent l'intervention d'actes complémentaires pour produire des effets à l'égard des particuliers, sont dépourvues d'effet direct ; que, par suite, les associations requérantes ne peuvent utilement s'en prévaloir ;

4. Considérant, en deuxième lieu, que dans les jours qui ont suivi les attentats commis à Paris le 13 novembre 2015, et la déclaration de l'état d'urgence sur le territoire métropolitain, par les décrets n° 2015-1475, 2015-1476 et 2015-1478 du 14 novembre 2015, des déplacements de supporters ont été interdits lors des rencontres de Ligue 1 et de Ligue 2, en raison du niveau particulièrement élevé de la menace terroriste et de la mobilisation, dans ce contexte, des forces de l'ordre sur l'ensemble du territoire national, lesquelles ne pouvaient être détournées de leur mission prioritaire pour répondre à des débordements liés au comportement de supporters dans le cadre de rencontres sportives ; qu'il ressort des pièces du dossier qu'à la date de l'arrêté attaqué du 11 décembre 2015, un mois après les attentats du 13 novembre 2015 et dans le cadre de l'état d'urgence, les forces de l'ordre demeuraient particuliè-

rement mobilisées pour lutter contre la menace terroriste et parer au péril imminent ayant conduit à la déclaration de l'état d'urgence ; que, dans ce contexte très particulier, et compte tenu des incidents provoqués par certains supporters des clubs qui devaient se déplacer ou recevoir à l'occasion des rencontres concernées, le ministre de l'intérieur n'a pas commis d'erreur d'appréciation en estimant que le déplacement des supporters des clubs de l'Olympique de Marseille, du Montpellier Hérault SC, du Paris Saint-Germain, du Stade Rennais FC, du FC Nantes et du FC Metz, entre les départements dans lesquels se trouvent les villes où siègent ces clubs et les villes de Bourg-en Bresse, Nice, Caen, Guingamp, Lorient, Tours, et Bordeaux, lieux des rencontres des 19e journées de championnat de Ligue 1 et 2 et du 8e de finale de la coupe de la Ligue était susceptible d'occasionner des troubles graves pour l'ordre public ;

5. Considérant, en troisième lieu, que les incidents entre supporters étaient susceptibles de se produire tant au sein et aux abords des stades, que dans les lieux alentours et sur l'ensemble du trajet effectué par les clubs voyageurs ; que la mobilisation exceptionnelle des forces de l'ordre pour lutter contre le terrorisme, restreignait, au milieu du mois de décembre 2015, les possibilités de déployer des effectifs permettant d'assurer la sécurisation des rencontres à risque, notamment dans les grandes agglomérations ; que des mesures individuelles d'interdiction de pénétrer ou de se rendre aux abords des lieux dans lesquels devaient se dérouler les manifestations sportives, prises sur le fondement de l'article L. 332-16 du Code du sport, n'auraient pas été à même de prévenir l'ensemble des débordements susceptibles de se produire, notamment en marge des rencontres ; que, dans ces conditions, la mesure ordonnée par le ministre de l'intérieur, était adaptée, nécessaire et proportionnée à sa finalité ; [...]

7. Considérant, en cinquième lieu, que le ministre de l'intérieur a pu, sans méconnaître le principe d'égalité,

circonscrire l'interdiction de déplacement vers les lieux des rencontres sportives aux seuls supporters provenant des départements des villes sièges des clubs visiteurs dès lors que la majorité des supporters des clubs concernés résident dans ces départements ; [...]

› Préparation

Analyse du sujet

L'arrêt à commenter portait principalement sur la police administrative, thème étudié tant en cours qu'en travaux dirigés et, en ne faisant qu'appliquer des règles jurisprudentielles bien établies, il ne présentait donc pour les étudiants aucune difficulté particulière, si ce n'est sa longueur. Il convenait toutefois de ne pas se focaliser sur ce seul thème et, par conséquent, de ne surtout pas oublier de commenter également les deux autres points abordés par cet arrêt, que sont l'effet direct des traités et le principe d'égalité, lesquels ont été vus dans d'autres parties du cours. Le seul écueil pouvait ainsi tenir à l'élaboration d'un plan permettant de traiter de façon claire ces différents aspects. Le corrigé proposé ici tient compte quant à lui uniquement des éléments vus durant le semestre.

Plan du corrigé

I/ Une mise en œuvre classique du triple test

A – La vérification préalable du risque de troubles à l'ordre public

B – La reconnaissance du caractère adapté, nécessaire et proportionné de la mesure contestée

II/ Une mise à l'écart sans surprise des autres arguments invoqués par les requérants

A – L'affirmation logique de l'absence d'effet direct de la convention européenne sur la violence de spectateurs et les débordements de spectateurs lors de manifestations sportives et notamment de matches de football

B – L'affirmation laconique de l'absence de violation du principe d'égalité

› Corrigé

Si les mesures de police administratives se caractérisent par une grande diversité, elles n'en sont pas moins toujours soumises, sauf exception, à un contrôle approfondi opéré par le juge administratif, qui est traditionnellement chargé d'opérer une conciliation entre ce qu'exige le maintien de l'ordre public et la protection de l'exercice des libertés. C'est ce que vient confirmer cet arrêt du Conseil d'État du 30 décembre 2016, Association nationale des supporters et autres, qui illustre une fois de plus l'utilisation du triple test à propos cette fois-ci d'une mesure de police interdisant le déplacement de supporters de clubs de football.

En l'espèce, le ministre de l'intérieur a pris le 11 décembre 2015, sur le fondement de l'article L. 332-16-1 du Code du sport, un arrêté interdisant le déplacement des supporters des clubs de l'Olympique de Marseille, du Montpellier Hérault SC, du Paris Saint-Germain, du Stade rennais FC, du FC Nantes et du FC Metz, à l'occasion des matches joués par ces clubs, les 16, 18, 19 et 20 décembre, dans le cadre des dix-neuvième journées du championnat de Ligue 1 et de Ligue 2 et du huitième de finale de la coupe de la Ligue. Par trois requêtes distinctes enregistrées le 16 décembre 2015 au secrétariat du contentieux du Conseil d'État, l'association nationale des supporters, l'association Lutte pour un football populaire et l'association de défense et d'assistance juridique des intérêts des supporters ont demandé au Conseil d'État, compétent en premier et dernier ressort, l'annulation pour excès de pouvoir de cet arrêté. Le Conseil d'État a joint ces trois requêtes et les a rejetées dans un arrêt rendu le 30 décembre 2016.

L'arrêté contesté était bien sûr attentatoire à la liberté d'aller et venir, bien que le Conseil d'État n'y fasse d'ailleurs pas expressément référence dans son arrêt, et la question était donc de savoir dans quelle mesure, c'est-à-dire à quelles conditions, une autorité de police peut-elle prendre un acte qui porte atteinte à une liberté. Ce premier point, qui constitue l'essentiel de la motivation de l'arrêt, est l'occasion pour le juge de contrôler cette mesure de police au regard de son dorénavant classique triple test (I). Deux autres arguments étaient toutefois également invoqués par les associations requérantes. Elles entendaient, d'une part, se prévaloir de la convention européenne sur la violence de spectateurs et les débordements de spectateurs lors de manifestations sportives et notamment de matches de football du 19 août 1985, ce qui impliquait pour le juge de savoir si cette convention possède ou non un effet direct. Elles estimaient, d'autre part, que cet arrêté violait le principe d'égalité. Là aussi, concernant ces deux derniers points, le Conseil d'État fait une simple application des règles issues de sa jurisprudence antérieure et c'est sans surprise que ces deux arguments sont écartés, au terme d'une motivation toutefois bien moins développée que la précédente (II).

I/ Une mise en œuvre classique du triple test

L'arrêt à commenter du Conseil d'État constitue une application tout à fait classique du triple test utilisé aujourd'hui par le juge en matière de contrôle des mesures de police administrative et montre bien la façon dont le juge opère son contrôle. Il appartient ainsi au juge de commencer par vérifier qu'il y a bien un risque de troubles à l'ordre public, sans quoi l'exercice du pouvoir de police ne sera pas justifié (A) puis ensuite seulement de rechercher si la mesure de police est ou non adaptée, nécessaire et proportionnée.

A – La vérification préalable du risque de troubles à l'ordre public

Le juge administratif, lorsqu'il est confronté à l'examen d'une mesure de police administrative, doit toujours commencer par vérifier qu'elle a bien été prise en vue du but prévu par le texte qui reconnaît à une autorité administrative le pouvoir de prendre ce type de mesures de police, et donc s'assurer de la présence d'un risque réel de troubles à l'ordre public. C'est exactement ce que fait ici le Conseil d'État en déclarant dans son considérant 4 qu'il existait bien des risques de « troubles graves pour l'ordre public » à même de justifier l'intervention de l'autorité de police. Toute mesure de police administrative générale doit ainsi avoir pour objet de prévenir les atteintes à l'ordre public, ce qui n'est pas nécessairement le cas des mesures de police administrative spéciale qui peuvent avoir d'autres buts tels que par exemple la préservation du gibier s'agissant de la police de la chasse. En l'occurrence, même si le Conseil d'État ne le souligne pas, il s'agissait d'une mesure de police spéciale prise par le ministre de l'intérieur, les ministres ne détenant pas de pouvoir de police administrative générale. L'article L. 332-16-1 du Code du sport qui fonde le pouvoir de police du ministre prévoit ainsi qu'une mesure d'interdiction de déplacement de supporters d'une équipe peut être prise lorsque leur présence « est susceptible d'occasionner des troubles graves pour l'ordre public ». Il convient de souligner que ce texte exige la présence de troubles graves et non de simples troubles, ce qui explique que le Conseil d'État a lui-même précisé, avant de pousser plus loin son contrôle, que l'on était bien en présence de risques de troubles graves. Deux éléments sont invoqués par le Conseil d'État à l'appui de cette affirmation. Tout d'abord, bien sûr, le fait que les supporters des clubs en question ont déjà provoqué précédemment des incidents. Ensuite, le contexte dans lequel doivent intervenir les matchs que le juge qualifie de « contexte très particulier ». De fait, il relève que l'état d'urgence a été déclaré sur le territoire métropolitain par des décrets du 14 novembre 2015 en raison de l'existence d'une menace terroriste très importante et que cette menace mobilise les forces de l'ordre « lesquelles ne pouvaient être détournées de leur mission prioritaire pour répondre à des débordements liés au comportement de supporters dans le cadre de rencontres sportives ».

L'on peut enfin souligner que le Conseil d'État n'a pas pris le soin de détailler les différents éléments qui composent l'ordre public ni même de préciser quelle composante était en jeu en l'occurrence, ce qui est d'ailleurs assez habituel dans sa jurisprudence. Il était toutefois évident qu'il s'agissait ici de la sécurité publique, qui constitue la composante la plus fréquemment en jeu lorsqu'est invoqué l'ordre public. Il s'agit de l'une des composantes dites traditionnelles de l'ordre public, au côté de la tranquillité publique et de la salubrité publique, qui ont été dégagées à partir de l'article 97 de la loi du 5 avril 1884, repris aujourd'hui dans l'article L. 2212-2 du Code général des collectivités territoriales. Si cet ordre public est traditionnellement conçu comme un ordre matériel et extérieur, selon les termes du doyen Hauriou, il convient de préciser qu'à côté de ces composantes coexistent deux autres éléments apparus plus récemment que sont la moralité publique (CE, sect., 18 déc. 1959, *Soc. les films Lutétia*) et la dignité de la personne humaine (CE, ass., 27 oct. 1995, *Commune de Morsang-sur-Orge* et CE, ass., 27 oct. 1995, *Ville d'Aix en Provence*).

B – La reconnaissance du caractère adapté, nécessaire et proportionné de la mesure contestée

Une fois admise l'existence de risques de troubles graves à l'ordre public, le Conseil d'État recherche ensuite si la mesure de police prise par le ministre de l'intérieur était bien « adaptée, nécessaire et proportionnée à sa finalité ». L'on reconnaît aisément à travers cette formulation employée par le juge le recours au désormais fameux triple test qui s'est imposé ces dernières années. En effet, le Conseil d'État a depuis peu adopté à la suite du Conseil constitutionnel cette nouvelle formulation, qualifiée de triple test et inspirée du droit allemand (CE, ass., 26 oct. 2011, *Association pour la promotion de l'image et autre*), qui s'applique aux mesures de police depuis les ordonnances Dieudonné de 2014. L'on peut toutefois souligner que ce triple test ne change rien à l'intensité du contrôle exercé sur les mesures de police et que bien avant cette date le Conseil d'État exerçait déjà un contrôle très approfondi des mesures de polices, souvent qualifié de contrôle d'adéquation, dans le prolongement en particulier l'arrêt *Benjamin* du 19 mai 1933. Il faut en effet rappeler que traditionnellement, en matière de mesure de police, la liberté est la règle tandis que la restriction de police doit rester l'exception, selon la célèbre expression du commissaire du gouvernement Corneille, (concl. sur CE 10 août 1917, *Baldy*).

Pour aboutir à l'affirmation que la mesure de police contestée était bien « adaptée, nécessaire et proportionnée », le Conseil d'État se fonde ici sur deux éléments. En premier lieu, il souligne que « la mobilisation exceptionnelle des forces de l'ordre pour lutter contre le terrorisme, restreignait, au milieu du mois de décembre 2015, les possibilités de déployer des effectifs permettant d'assurer la sécurisation des rencontres à risque, notamment dans les grandes agglomérations ». Même s'il convient normalement pour le juge de s'assurer exactement de l'impossibilité de disposer de forces de police suffisantes pour sécuriser un événement donné, l'argument avancé ici paraît difficilement contestable dès lors qu'avait été décrété peu auparavant l'état d'urgence après des attentats de très grande ampleur. En second lieu, le juge administratif souligne fort justement que des incidents peuvent également se produire en marge des manifestations sportives, qu'il s'agisse des lieux alentours ou même de l'ensemble du trajet. Il en déduit logiquement que « des mesures individuelles d'interdiction de pénétrer ou de se rendre aux abords des lieux dans lesquels devaient se dérouler les manifestations sportives [...] n'auraient pas été à même de prévenir l'ensemble des débordements susceptibles de se produire », autrement dit qu'il n'était pas possible d'adopter une autre mesure de police moins contraignante.

Si l'essentiel de l'arrêt commenté repose sur la mise en œuvre du triple test deux autres arguments, mettant en jeu des règles jurisprudentielles totalement différentes, devaient également être examinés par le juge pour pouvoir conclure ou non au rejet de la requête.

II/ Une mise à l'écart sans surprise des autres arguments invoqués par les requérants

Au terme d'une motivation bien plus succincte le Conseil d'État a examiné dans cet arrêt deux autres arguments invoqués par les associations requérantes, qui seront tous deux rejetés. Le Conseil d'État estime, en effet, que les associations requérantes ne pouvaient pas utilement se prévaloir de la convention européenne sur la violence de spectateurs et les débordements de spectateurs lors de manifestations sportives et notamment de matches de football, faute d'effet direct de cette dernière (A). Il écarte de même toute violation du principe d'égalité (B).

A – L'affirmation logique de l'absence d'effet direct de la convention européenne sur la violence de spectateurs et les débordements de spectateurs lors de manifestations sportives et notamment de matches de football

Le Conseil d'État estime dans cet arrêt que les trois associations requérantes ne pouvaient pas se prévaloir à l'encontre de l'arrêté dont elles demandaient l'annulation de la convention européenne sur la violence de spectateurs et les débordements de spectateurs lors de manifestations sportives et notamment de matches de football du 19 août 1985. En effet, si le Conseil d'État reconnaît depuis longtemps que longtemps que les actes administratifs doivent respecter les traités internationaux (CE, ass., 30 mai 1952, *Dame Kirkwood*) encore faut-il, comme vient le rappeler à nouveau cet arrêt, que ces derniers possèdent un effet direct. Cette notion d'effet direct se comprend au sens où les stipulations d'un traité créent au profit des particuliers des droits dont ils peuvent directement se prévaloir. C'est à cette condition que, conformément à l'article 55 de la Constitution selon lequel « les traités ou accords régulièrement ratifiés ou approuvés ont, dès leur publication, une autorité supérieure à celle des lois, sous réserve, pour chaque accord ou traité, de son application par l'autre partie », les stipulations d'un traité pourront être utilement invoquées, que ce soit pour écarter l'application d'une loi ou d'un acte administratif ou encore, comme c'est le cas ici, demander l'annulation d'un acte administratif.

Sur ce point, l'arrêt commenté n'innove absolument pas et reprend tout simplement les critères de l'effet direct tels qu'ils ont été précisés en 2012 par son arrêt *Gisti* (CE, ass., 11 avr. 2012, *Gisti et autre*). Deux critères ont été énoncés en 2012, à savoir que la stipulation en question ne doit pas avoir pour objet exclusif de régir les relations entre États et ne doit pas non plus requérir l'intervention d'un acte complémentaire quel qu'il soit pour produire des effets au profit des particuliers. Ces deux critères sont ici expressément repris dans le considérant 3 par le Conseil d'État, qui affirme que les stipulations invoquées « ont pour objet exclusif de régir les relations entre États et requièrent l'intervention d'actes complémentaires pour produire des effets à l'égard des particuliers », pour en déduire leur absence d'effet direct. Le Conseil d'État ne détaille cependant pas son raisonnement et il convient de lire le contenu des stipulations en question pour comprendre la solution retenue par le juge. L'on peut ainsi relever que les stipulations invoquées par les requérants prévoient que « Les Parties s'engagent à encourager » ou « encouragent », ce qui suppose inévitablement que les États prennent des actes en ce sens et c'est donc fort logiquement que tout effet direct est écarté par le Conseil d'État. Faute de toute difficulté concernant l'absence évidente d'effet direct, le Conseil d'État a sans doute jugé inutile de réitérer l'ensemble des règles posées par son arrêt *Gisti* en matière d'effet direct : il ne rappelle ainsi ni que l'effet direct d'une stipulation s'apprécie « eu égard à l'intention exprimée des parties et à l'économie générale du traité invoqué, ainsi qu'à son contenu et à ses termes », ni que l'absence d'effet direct « ne saurait être déduite de la seule circonstance que la stipulation désigne les États parties comme sujets de l'obligation qu'elle définit ».

B – L'affirmation laconique de l'absence de violation du principe d'égalité

L'arrêté contesté est enfin également examiné au regard du principe d'égalité, le Conseil d'État se contentant ici d'indiquer que « le ministre de l'intérieur a pu, sans méconnaître le principe d'égalité, circonscrire l'interdiction de déplacement vers les lieux des rencontres sportives aux seuls supporters provenant des départements des villes sièges des clubs visiteurs dès lors que la majorité des supporters des clubs concernés résident dans ces départements ».

Le considérant du Conseil d'État est ici particulièrement concis. Il convient en effet de rappeler que le principe d'égalité, qui connaît de multiples déclinaisons, est non seulement un principe général du droit, dont le respect s'impose donc aux autorités administratives, mais aussi un principe protégé par différentes dispositions du bloc de constitutionnalité et, en particulier par l'article 1er de la Constitution, qui garantit le principe d'égalité devant la loi, et par l'article 6 de la Déclaration de 1789. Surtout le Conseil d'État ne juge pas utile de rappeler les hypothèses dans lesquelles il est possible de déroger valablement au principe d'égalité mais il est vrai que celles-ci sont parfaitement connues depuis son célèbre arrêt *Denoyez et Chorques* du 10 mai 1974.

Le principe d'égalité n'est pas en effet un principe absolu, que ce soit pour le juge administratif ou le juge constitutionnel (Cons. const. 12 juill. 1979, nº 79-107 DC, Loi relative à certains ouvrages reliant les voies nationales ou départementales, dite Ponts à péage). S'il implique que les personnes qui se trouvent dans une même situation soient traitées de la même manière, une différence de traitement est admise par le juge administratif dans trois cas de figure : tout d'abord lorsqu'une discrimination est la conséquence nécessaire d'une loi, ensuite lorsqu'elle résulte d'une nécessité d'intérêt général et enfin lorsqu'il existe des différences de situation entre les personnes concernées ce qui le cas de figure le plus fréquent. En l'espèce c'est d'ailleurs bien dans cette dernière hypothèse que l'on se situe. L'arrêté du ministre de l'intérieur a en effet interdit uniquement le déplacement des supporters des clubs de l'Olympique de Marseille, du Montpellier Hérault SC, du Paris Saint-Germain, du Stade Rennais FC, du FC Nantes et du FC Metz, entre les départements dans lesquels se trouvent les villes où siègent ces clubs et les villes de Bourg-en Bresse, Nice, Caen, Guingamp, Lorient, Tours, et Bordeaux, lieux des rencontres des 19e journées de championnat de Ligue 1 et 2 et du 8e de finale de la coupe de la Ligue. À juste titre, le Conseil d'État relève que « la majorité des supporters des clubs concernés résident dans ces départements », ce qui revient donc à reconnaître implicitement l'existence d'une différence de situation. Le rejet à son tour de ce dernier argument invoqué par les associations requérantes conduit ainsi à considérer comme légal l'arrêté contesté.

Les fonctions de l'administration

› *Cas pratique*

Thème principal

Police administrative

Mots clés

Contrôle juridictionnel, Police générale et spéciale, Délégation

Une de vos proches connaissances travaillant au sein du service des affaires juridique de la commune de Trifouilly-en-Sologne fait appel à vous afin d'obtenir une expertise juridique extérieure susceptible de l'éclairer sur un certain nombre de questions sensibles affectant l'actualité de sa ville.

Pour éviter d'orienter à l'avance vos réponses, il décide de vous présenter les faits de manière neutre et objective, tout en assortissant son exposé de questions, qui appellent à ses yeux des réponses précises. Saurez-vous l'éclairer de vos lumières ?

Le nouveau maire de la petite commune de Trifouilly-en-Sologne, très soucieux du bien-être de ses contribuables, souhaite préserver par des mesures volontaristes la qualité de vie au sein de sa ville. Il décide, pour parvenir à ses fins, de mettre en œuvre les prérogatives qu'il détient à l'échelon communal en qualité d'autorité de police administrative.

Souhaitant rationaliser au mieux l'action des agents municipaux, le maire a tout d'abord décidé de confier par contrat à une société de droit privé, la société Racket-Money, la gestion du stationnement sur la voie publique, en prévoyant, en complément des personnels de la société, la mise à disposition de celle-ci d'agents publics chargés de la constatation des infractions au stationnement payant. Une convention, conclue pour une durée de 30 ans, est ainsi signée par le maire au nom de la commune, mais des contesta-

Sujet donné et corrigé établi par

Florent Blanco,
Professeur à l'Université d'Orléans

Premier semestre 2016-2017

tions interviennent rapidement à propos de celle-ci. Sur déféré du Préfet, le Tribunal administratif d'Orléans a d'ailleurs été saisi.

Très sensible à la lutte contre les nuisances sonores, dans une commune comportant depuis quelques années un nombre croissant de retraités, le nouveau maire décide par ailleurs d'interdire par arrêté les aboiements de chien sur le territoire communal les samedis, dimanches et jours fériés, ainsi que les jours de semaine avant 9 h et après 18 h Cet arrêté, en date du 24 avril 2017, a été contesté dans les délais par plusieurs habitants de la ville, par ailleurs propriétaires de chiens, mais le maire demeure convaincu de la parfaite légalité de sa mesure. Décidé à poursuivre dans cette voie, Il prépare par ailleurs un autre arrêté destiné à réglementer l'usage des engins bruyants certains jours de la semaine. Ce texte, en préparation, aura en particulier pour effet de prohiber l'utilisation des tondeuses à gazon le dimanche, sauf entre 10 h et 12 h.

Également très sensible aux questions de santé publique, le nouveau maire a en outre décidé de réglementer par arrêté l'implantation des antennes de téléphonie mobile sur le territoire communal, dans le but de protéger les habitants contre les effets a priori nuisibles des ondes émises par celles-ci. Bien conscient que l'état actuel des connaissances scientifiques ne permet pas d'établir avec certitude la nocivité de telles antennes, il met toutefois en avant le principe de précaution pour justifier une mesure destinée d'abord et avant tout à protéger les habitants les plus fragiles (enfants et personnes âgées). Le maire a ainsi adopté au début de l'année 2017, au titre de ses pouvoirs de police générale, un arrêté interdisant l'installation des antennes de téléphonie mobile dans un rayon de 150 mètres autour de la crèche municipale, de la maison de retraite de la commune et des deux établissements scolaires de la ville. Les sociétés Bouygues Telecom et Orange France ont contesté dans les délais cet arrêté en date du 20 février 2017 devant le tribunal administratif d'Orléans, devant lequel l'affaire est en cours d'instruction. Convaincu du bien-fondé de sa mesure, malgré le recours pendant devant le tribunal administratif, le maire décide d'ailleurs de l'étendre à la commune voisine Trou-sur-Loire par un second arrêté en date du 11 avril 2017.

Convaincu également de la nécessité de mieux juguler le flux des promeneurs désireux de profiter du vaste espace boisé situé sur le territoire de la commune, le maire souhaite aussi conditionner par arrêté l'accès à la forêt solognote à la souscription d'une déclaration préalable en mairie. Il poursuit en outre l'ambition de réglementer par un autre arrêté l'utilisation par les promeneurs des sentiers serpentant à travers les bois communaux, en réservant exclusivement, dans le but de préserver la sécurité publique, l'un des itinéraires aux personnes traversant les bois à cheval ou à vélo. Soucieux de sécuriser au mieux le processus de décision, il a toutefois sollicité l'avis de son service des affaires juridiques afin de s'assurer de la légalité de telles mesures.

Le maire de la commune de Trifouilly-en-Sologne est enfin fermement décidé à régler le problème présenté par un vieux bâtiment délabré, qui abritait autrefois une ancienne usine à briques. Ce bâtiment, situé à proximité de commerces et de maisons d'habitation, donne en effet depuis quelques mois des signes d'usure et de délabrement particulièrement inquiétants. Monsieur Ducros, dont l'épicerie de quartier jouxte le site de l'ancienne usine à briques, a d'ailleurs expressément demandé il y a plusieurs mois au maire d'adopter un arrêté de péril. Devant ce qu'il considère comme une manifestation intolérable d'inertie, il menace d'ailleurs de mettre en jeu la responsabilité de la commune devant le tribunal administratif, dans le cas où aucune mesure ne serait adoptée à brève échéance. Le maire demande à son service des affaires juridiques s'il y a lieu de s'en inquiéter. Il envisage par ailleurs, au titre de ses prérogatives en matière de police administrative générale, d'interdire dans un premier temps l'accès au bâtiment, où, selon ses propres mots, « viennent squatter quelques sauvageons » et, dans un second temps, d'en ordonner purement et simplement la démolition.

Questions :

1. Que pensez-vous de la convention passée entre la commune et la société *Racket-Money* ? Celle-ci vous semble-t-elle valide ? (*3 points*)

2. Que pensez-vous de l'arrêté du 24 avril 2017 destiné à interdire les aboiements de chiens dans la commune ? Le maire a-t-il raison d'afficher sa confiance, malgré l'exercice par plusieurs propriétaires de chiens de la ville d'un recours contre son arrêté ? (*3 points*)

3. Que faut-il penser par ailleurs de l'arrêté en préparation destiné à réglementer l'utilisation d'engins bruyants, en particulier les tondeuses à gazon, certains jours de la semaine ? (*2 points*)

4. Dans le cadre de ses pouvoirs de police générale, le maire pouvait-il, comme il l'a fait, réglementer par arrêté, pour des raisons de santé publique et à titre de précaution, l'implantation des antennes de téléphonie mobile sur le territoire communal ? Quel pourrait être selon vous le sort des recours introduits par les sociétés Bouygues Telecom et Orange France devant le tribunal administratif ? Le maire était-il enfin fondé, en tout état de cause, à étendre lui-même la mesure en question à la commune voisine de *Trou-sur-Loire* ? (*5 points*)

5. Quelle appréciation peut-on porter sur le projet d'arrêté conditionnant les promenades en forêt à la souscription d'une déclaration préalable en mairie ? Qu'en est-il par ailleurs de l'arrêté en préparation visant à réglementer l'utilisation des chemins traversant les bois communaux ? (*4 points*)

6. Le maire doit-il s'inquiéter d'une éventuelle action en responsabilité engagée par *Monsieur Ducros* ? Que pensez-vous par ailleurs des deux mesures qu'il envisage d'adopter successivement au titre de ses pouvoirs de police générale, afin de régler les problèmes posés par le site de l'ancienne usine à briques ? (*3 points*)

› Préparation

Analyse du sujet

Les étudiants orléanais se voyaient proposer, à l'occasion de la seconde session d'examen 2016/2017, un cas pratique dit « fermé », portant sur des questions de police administrative abordées dans le cadre du programme du premier semestre de Licence 2e année. Le traitement du sujet, guidé par des questions, devait donc conduire les étudiants à éclairer par des réponses précises les interrogations formulées à la suite de l'énoncé, à l'aide des éléments juridiques et factuels tirés de celui-ci et des connaissances acquises durant le semestre.

Un tel sujet, mettant en pratique certains éléments du cours, teste ainsi la capacité de l'étudiant à mener un véritable raisonnement juridique, afin d'aboutir à une réponse concrète aux questions posées.

Le présent corrigé, établi à partir de connaissances attendues en deuxième année de licence, a été construit en prenant en compte ces diverses attentes.

› Corrigé

1. Que pensez-vous de la convention passée entre la commune et la société *Racket-Money* ? Celle-ci vous semble-t-elle valide ? (*3 points*)

Si la police administrative est souvent assimilée à une *activité de service public*, elle apparaît toutefois comme une activité de service public particulière, en ce sens qu'elle ne peut, en particulier, être déléguée par contrat. Une jurisprudence constante exclut ainsi de longue date la dévolution par convention d'activités de police administrative générale assurées par les communes à des personnes privées (CE, ass., 17 juin 1932, *Ville de Castelnaudary*; CE, sect., 23 mai 1958, *Consorts Amoudruz*).

Nous sommes en l'espèce en présence d'un contrat passé pour une durée de 30 ans, ayant confié à la société *Racket-Money*, société de droit privé, la gestion du stationnement sur la voie publique, en prévoyant également la mise à disposition de cette société d'agents publics chargés de la constatation des infractions au stationnement payant. Toute la question est donc ici de savoir si cette convention, par son objet et son contenu, a ou non pour effet de déléguer des prérogatives de police à la société *Racket-Money*.

Dans une hypothèse similaire, le Conseil d'État a déjà considéré qu'un maire ne pouvait conclure avec une société privée un contrat permettant à ladite société d'exercer certaines activités de surveillance de l'ordre public sur le territoire de la commune, en lui confiant la gestion du stationnement payant sur la voie publique, tout en mettant à sa disposition des agents municipaux chargés de la constatation des infractions au stationnement payant (une telle convention confiant à ladite société des prérogatives de police de stationnement sur la voie publique, ne pouvant légalement être déléguées) : CE 1er avr. 1994, *Commune de Menton*.

On peut donc considérer en l'espèce que la convention passée entre la commune de *Trifouilly-en-Sologne* et la société *Racket-Money* touche aux prérogatives de police, lesquelles ne peuvent être déléguées par contrat. La convention en question est donc illégale par son objet et son contenu (elle pourra ainsi être annulée par le juge du contrat – saisi en l'espèce par le Préfet, dans le cadre d'un déféré préfectoral – en raison de l'illicéité de son contenu).

2. Que pensez-vous de l'arrêté du 24 avril 2017 destiné à interdire les aboiements de chiens dans la commune ? Le maire a-t-il raison d'afficher sa confiance, malgré l'exercice par plusieurs propriétaires de chiens de la ville d'un recours contre son arrêté ? (*3 points*)

Au titre de la préservation de la tranquillité publique, qui constitue l'une des composantes traditionnelles de l'ordre public (art. L. 2212-2 du CGCT), un maire peut parfaitement adopter des mesures de police destinées à lutter contre les nuisances sonores. Tel est, semble-t-il, le cas en l'espèce : l'arrêté municipal a bien été adopté en vue de la préservation de la tranquillité publique sur le territoire communal.

Dans le même temps, les interdictions générales et absolues décidées dans le cadre des pouvoirs de police sont le plus souvent considérées comme illégales (par ex., CE 19 févr. 1909, *Abbé Olivier* ; CE, sect., 4 mai 1984, *Préfet de Police contre Guez*).

Tel est sans aucun doute le cas ici, s'agissant d'une interdiction démesurément excessive et contraignante (qui plus est très difficile à faire respecter par les particuliers). Dans une hypothèse analogue, le Conseil d'État a d'ailleurs considéré comme illégale une réglementation de police tendant à empêcher les aboiements de chiens dans une commune (CE 5 févr. 1960, *Commune de Mougins*).

Il n'est donc pas surprenant ici que plusieurs propriétaires de chiens de la ville aient formé un recours contre cet arrêté, qui sera très probablement annulé par le juge administratif (dans le cadre du contrôle de proportionnalité exercé sur les mesures de police : CE 19 mai 1933, *Benjamin*).

3. Que faut-il penser par ailleurs de l'arrêté en préparation destiné à réglementer l'utilisation d'engins bruyants, en particulier les tondeuses à gazon, certains jours de la semaine ? (*2 points*)

L'autorité de police peut parfaitement adopter des mesures de police destinées à lutter contre le bruit (v. *supra*).

La question est donc de savoir si, à la différence de l'arrêté prohibant les aboiements de chiens, une telle mesure apparaît comme proportionnée au but poursuivi (la préservation de la tranquillité publique au sein de la commune).

À la différence de l'hypothèse précédente, une telle mesure n'apparaît pas ici excessive. Seul le dimanche est en effet affecté par l'interdiction, avec au surplus une tranche horaire aménagée pour permettre aux habitants de passer malgré tout la tondeuse ce jour-là. L'arrêté en préparation peut en outre se justifier par des circonstances locales (en particulier, la présence importante de retraités parmi les habitants de la commune).

On peut donc considérer que cette mesure en préparation ne serait pas illégale. La jurisprudence a au surplus déjà admis la légalité de tels arrêtés de police visant à réglementer l'usage des tondeuses à gazon, afin de préserver la quiétude des habitants (CE 2 juill. 1997, *Bricq*).

4. Dans le cadre de ses pouvoirs de police générale, le maire pouvait-il, comme il l'a fait, réglementer par arrêté, pour des raisons de santé publique et à titre de précaution, l'implantation des antennes de téléphonie mobile sur le territoire communal ? Quel pourrait être selon vous le sort des recours introduits par les sociétés Bouygues Telecom et Orange France devant le tribunal administratif ? Le maire était-il enfin fondé, en tout état de cause, à étendre lui-même la mesure en question à la commune voisine de *Trou-sur-Loire* ? (*5 points*)

Le maire a adopté ici, en qualité d'autorité de police administrative générale, une mesure guidée par le respect du principe de précaution, qui a pour objet la réglementation de l'implantation des antennes de téléphonie mobile sur le territoire de la commune.

Une première réserve peut ici être formulée à propos de la justification même de cette réglementation de police : si les préoccupations de santé publique peuvent parfaitement être prises en considération par les autorités de police administrative générale (au titre de la préservation de la sécurité ou de la salubrité publique), on peut en revanche difficilement admettre qu'une mesure de police soit exclusivement guidée par le respect du principe de précaution (fondement qui, à la différence de la notion voisine de prévention, peut difficilement justifier à lui seul aujourd'hui l'adoption d'un arrêté de police, s'agissant alors de la prévention d'un risque dont la réalisation est elle-même incertaine).

Un autre obstacle, encore plus dirimant, peut en outre ici être relevé. Nous sommes en effet dans une hypothèse de concurrence entre autorité de police générale et autorité de police spéciale. Or, dans un tel cas, et alors que les textes servant de fondement à la police spéciale confèrent au surplus à cette dernière une compétence exclusive, la jurisprudence exclut généralement l'intervention de l'autorité de police générale, ce qui fera obstacle à la prise de toute mesure (par ex., CE 20 juill. 1935, *Société Établissements Satan* : impossibilité pour un maire de mettre en œuvre ses pouvoirs de police générale pour intervenir dans les gares et les réseaux ferrés, qui sont régis par la police spéciale des chemins de fer).

Or, il existe dans cette hypothèse une police spéciale des communications électroniques, organisée et confiée par le législateur à l'État. Tenant compte de cette situation, le Conseil d'État a ainsi déjà jugé qu'un maire ne pouvait, au titre de ses pouvoirs de police générale, réglementer l'implantation des antennes de téléphonie mobile sur le territoire de sa commune, dans le but de protéger les habitants contre les effets potentiellement et supposément nuisibles des ondes émises par ces antennes, à partir du moment où les textes organisent au niveau national une police spéciale poursuivant ce même objectif : CE, ass., 26 oct. 2011, *Commune de Saint-Denis*.

Selon toute vraisemblance, les sociétés requérantes, qui ont saisi le tribunal administratif, obtiendront donc l'annulation de la mesure de police du maire.

Le maire ne pouvait par ailleurs, en tout état de cause, étendre une telle mesure sur le territoire de la commune voisine, dès lors que sa compétence de police se limite au territoire de sa commune.

Or, toute mesure doit, pour être légale, émaner d'une autorité compétente pour l'adopter : elle sera annulée dans le cas contraire par le juge administratif pour incompétence (par ex., CE 2 déc. 1932, *Ville de Melun* : annulation d'une interdiction préfectorale de courses de taureaux dans la ville de Melun, alors que seul le maire, et non le Préfet, pouvait en l'espèce adopter une telle mesure). S'il est contesté dans les délais, le second arrêté du 11 avril 2017 étendant ladite réglementation à la commune voisine *Trou-sur-Loire* sera donc annulé pour ce motif.

5. Quelle appréciation peut-on porter sur le projet d'arrêté conditionnant les promenades en forêt à la souscription d'une déclaration préalable en mairie ? Qu'en est-il par ailleurs de l'arrêté en préparation visant à réglementer l'utilisation des chemins traversant les bois communaux ? (*4 points*)

On peut en l'espèce porter des appréciations sensiblement différentes sur ces deux projets d'arrêté. Le premier projet d'arrêté comporte une mesure à l'évidence illégale, que l'autorité de la police administrative générale ne saurait adopter. Cette dernière ne peut en effet limiter en amont l'exercice d'une liberté par un dispositif de déclaration préalable ou d'autorisation préalable, que seul le législateur peut instaurer. En dehors des hypothèses relevant des polices administratives spéciales, de tels systèmes de déclaration préalable ou d'autorisation administrative préalable instaurés par l'autorité administrative sont ainsi considérés comme illégaux et excédant les pouvoirs de police du maire (par ex., CE, ass., 22 juin 1951, *Daudignac* : annulation d'un arrêté du maire de Montauban subordonnant l'exercice de l'activité des « photographes-filmeurs » à la délivrance d'une autorisation préalable assortie de différentes conditions). Il s'agit en l'espèce d'une réglementation se rattachant aux pouvoirs de police générale du maire, qui conditionne les promenades en forêt à la souscription d'une déclaration préalable en mairie, dans le but de « mieux juguler le flux des promeneurs désireux de profiter du vaste espace boisé situé sur le territoire de la commune ». Le projet d'arrêté est donc à l'origine d'un dispositif de déclaration administrative préalable. Dans une hypothèse similaire, le Conseil d'État a d'ailleurs déjà eu l'occasion d'annuler un règlement municipal obligeant des touristes à souscrire une déclaration en mairie avant de faire une promenade en montagne (CE 13 mai 1927, *Carrier*). Un tel système de déclaration préalable, qui ne puise son fondement dans aucune loi, ne pourrait en l'espèce être instauré par l'autorité de police administrative générale.

Le second projet d'arrêté semble en revanche davantage défendable. Pour des raisons tenant à la préservation de la sécurité publique, le maire pourrait en effet, en qualité d'autorité de police administrative générale, réglementer l'utilisation des chemins traversant les bois communaux, surtout s'il est avéré (ce que l'énoncé ne précise pas) que l'étroitesse des chemins et les conditions de circulation causent un risque réel pour la sécurité des promeneurs à pied. Dans une hypothèse similaire, le Conseil d'État a d'ailleurs admis la légalité d'un arrêté municipal réglementant la circulation sur les chemins vicinaux reliant la commune au cirque de Gavarnie pendant la période estivale, en réservant certains chemins aux personnes à pied et d'autres aux personnes faisant le trajet sur des montures (CE, sect., 22 févr. 1963, *Commune de Gavarnie*). Si elle est suffisamment justifiée par des motifs tenant à la préservation de la sécurité publique, cette mesure de police pourrait ainsi apparaître comme nécessaire et proportionnée au but poursuivi.

6. Le maire doit-il s'inquiéter d'une éventuelle action en responsabilité engagée par *Monsieur Ducros* ? Que pensez-vous par ailleurs des deux mesures qu'il envisage d'adopter successivement au titre de ses pouvoirs de police générale, afin de régler les problèmes posés par le site de l'ancienne usine à briques ? (*3 points*)

Le maire de la commune de *Trifouilly-en-Sologne* ne doit pas prendre ici à la légère les velléités contentieuses de *Monsieur Ducros*. La jurisprudence a en effet depuis longtemps consacré l'obligation pour l'autorité de police d'adopter les mesures indispensables et destinées à faire cesser un péril grave ou imminent résultant d'une situation troublant dangereusement l'ordre public (CE 23 oct. 1959, *Sieur Doublet*). Le refus de l'autorité administrative compétente de prendre les mesures de police appropriées peut dans ce cas apparaître comme illégal et susceptible d'engager la responsabilité de la personne publique concernée. Applicable aux mesures réglementaires, cette solution l'est en outre tout autant aux mesures individuelles de police. Tel est le cas par exemple, comme en l'espèce, pour le refus d'un maire d'adopter, à la demande d'un administré, un arrêté de péril d'un immeuble menaçant ruine (CE 1er juin 1973, *Delle Ambrigot*). Le juge administratif, éventuellement saisi, pourrait donc reconnaître ici la carence fautive du maire dans l'exercice de ses pouvoirs de police (responsabilité désormais engagée pour faute simple en cas de carence du maire dans l'exercice de ses pouvoirs de police des édifices menaçant ruine : CE 27 sept. 2006, *Commune de Baalon*).

Le maire de la commune de *Trifouilly-en-Sologne* pourrait-il par ailleurs, au titre de ses pouvoirs de police générale, interdire dans un premier temps l'accès au bâtiment, puis, dans un second temps, ordonner sa démolition ?

Se pose ici la question de l'articulation entre police générale et police spéciale, lorsque, comme en l'espèce, une même autorité peut intervenir dans le cadre de compétences relevant de l'une et de l'autre. Ici, le maire, autorité de police générale au niveau communal, détient également des compétences au titre de la police spéciale des édifices menaçant ruine. Cette dernière, qui obéit à une procédure très réglementée (art. L. 511-1 et suivants du Code de la construction et de l'habitation), offre au maire des pouvoirs étendus, dont il ne saurait disposer en tant qu'autorité de police générale. Celui-ci peut en particulier, en respectant les procédures prévues par les textes et sous le contrôle du juge administratif, ordonner la démolition d'un immeuble menaçant ruine (mesure qui ne peut que se rattacher, à titre exclusif, à la police spéciale des édifices menaçant ruine).

En l'espèce, le maire pourrait ainsi seulement adopter, dans le cadre de ses pouvoirs de police générale, une mesure d'interdiction d'accès au bâtiment dangereux, qui se justifierait ici au regard des risques pensant sur la sécurité des personnes de passage et des squatteurs. Il ne pourrait en revanche, en tant qu'autorité de police générale, ordonner la démolition de l'immeuble, mesure qu'il ne pourrait prescrire qu'en actionnant ses pouvoirs de police spéciale au titre de la police des édifices menaçant ruine.

Police générale et police spéciale apparaissent ainsi comme complémentaires dans une telle hypothèse : cantonnée à ce qui est strictement nécessaire pour la défense de l'ordre public, la police générale est impuissante à régler certaines situations, pour lesquelles la police spéciale peut prendre le relais, en permettant à l'autorité investie de telles compétences d'aller plus loin.

La responsabilité administrative

› *Cas pratique*

Chaque cas est noté sur 4 points.

Conformément au programme présenté aux électeurs à l'occasion des élections municipales de 2014, le maire de la ville de X. a décidé, en mars 2016, la construction d'une élégante passerelle en bois permettant de relier à pied ou en vélo le parcours sportif construit lors du mandat précédent au centre-ville piétonnier, ceci par-dessus une route nationale. La passerelle a été inaugurée en septembre 2016. Si le projet a d'abord été bien accueilli, notamment pour des raisons de sécurité (la passerelle évite aux habitants, comme ils devaient le faire jusque-là, d'emprunter à pied les bas-côtés de la route nationale pour aller du centre-ville au parcours sportif), il a ensuite généré une série de mécontentements. Le cabinet d'avocats dans lequel vous exercez est ainsi sollicité par tous ceux qui, à un titre ou à un autre, ont aujourd'hui à se plaindre de la réalisation de la passerelle.

Cas n° 1 : Mme M.

Mme M. est la première à vous demander conseil. Le 17 décembre dernier, elle revenait en courant de son jogging lorsqu'elle a perdu l'équilibre sur la passerelle, rendue extrêmement glissante par la pluie abondante tombée durant la nuit précédente. Dans sa chute, elle s'est brisée le poignet. Elle admet qu'un panneau placé aux abords de la passerelle indique qu'il ne faut pas l'emprunter en courant, mais elle souligne que l'information n'est guère précise et semble d'abord viser à

Thème principal

Responsabilité

Mots clés

Sources internationales, Faute, Préjudice

Sujet donné et corrigé établi par

Sylvain Niquèje, Professeur à l'Université de Bordeaux

Second semestre 2017-2018

éviter que les utilisateurs de la passerelle, effectivement étroite, ne se percutent. D'après elle, il y a par ailleurs longtemps que, connaissant ce risque, la municipalité aurait dû installer sur les premières lattes de bois un dispositif antidérapant, mis en place depuis la fin du mois de mars. Elle vous demande si une action devant le juge administratif lui permettrait d'obtenir réparation du préjudice qu'elle a subi.

Cas nº 2 : M. P.

C'est ensuite au tour de M. P. de solliciter votre aide. Il vous explique qu'il circulait à vélo sur la route nationale lorsque, au moment où il est passé sous la passerelle, un écrou s'en est détaché. La chute de cet écrou juste devant lui l'a déstabilisé et a finalement provoqué sa chute quelques mètres plus loin. S'il est sorti physiquement indemne de cet accident qui s'est produit le 23 janvier 2017, M. P. n'en a pas moins ressenti, à cette occasion, une frayeur monumentale. Le cadre de son vélo s'est par ailleurs complètement tordu, rendant ce dernier définitivement inutilisable. M. P. vous demande à son tour s'il peut espérer obtenir de la commune, devant le juge administratif, la réparation des préjudices liés à l'accident.

Cas nº 3 : M. S.

Un ancien fonctionnaire de la commune, M. S., a lui aussi poussé les portes de votre cabinet. Il a été révoqué le 17 mars 2017 à la suite de l'accident de M. P.

En effet, M. le maire a considéré que, chargé de veiller au bon état des installations se trouvant sur le parcours de santé, incluant la passerelle, il aurait dû s'apercevoir des défauts techniques de celle-ci. Or cette décision est clairement illégale dès lors qu'il résulte d'un arrêté municipal de 2015 que M. S. n'était pas en charge de la sécurité de ces installations, mais de celle des aires de jeux qui se trouvent en centre-ville. M. S. a d'ores et déjà saisi le tribunal administratif d'une demande d'annulation de la révocation dont il a fait l'objet, mais il voudrait des précisions sur le montant des dommages et intérêts qu'il peut espérer obtenir.

Sa question porte en particulier sur le préjudice financier lié à la révocation. En effet, s'il était resté en fonction au sein de la commune, il aurait continué à percevoir son traitement de base (plus élevé que le salaire qu'il a touché depuis lors, pendant six mois, en tant qu'ouvrier dans le bâtiment) mais aussi, selon lui, les primes liées à la qualité du service qu'il aurait rendu. Il souligne d'ailleurs que jusqu'à sa révocation, il avait toujours été très bien noté par ses supérieurs, qui louaient chaque année son implication et sa rigueur. Il vous demande donc des précisions sur le montant des dommages et intérêts (sans le chiffrer) qu'il peut espérer percevoir au titre de son préjudice financier.

Cas n° 4 : M. V.

C'est ensuite un commerçant de la commune, M. V., qui s'adresse à vous. Sa boulangerie est située en bordure de la route nationale, à 200 mètres environ de la passerelle. Jusqu'en 2016, beaucoup de ceux qui, le samedi et le dimanche matin, allaient faire un peu d'exercice sur le parcours sportif, profitaient de leur retour, qui les amenait nécessairement à passer devant la boulangerie, pour y acheter du pain. Depuis 2016, cette clientèle s'est détournée du magasin de M. V., ce qui n'émeut guère les autres commerçants de la ville, dont aucun n'a eu à subir de tels désagréments. Il est précisément résulté de l'installation de la passerelle une baisse du chiffre d'affaires réalisé par M. V. le week-end d'environ 20 %. M. V. vous demande s'il vous semble possible, sur quel fondement et avec quelles chances de succès, d'engager la responsabilité de la commune au titre des conséquences dommageables, pour lui, de la décision de construire une passerelle prise en mars 2016.

Cas n° 5 : l'association

Enfin, une association locale dont l'objet est la défense du patrimoine naturel communal vient vous solliciter. En effet, elle entend contester la décision prise par la commune le 25 avril 2018 d'abattre quelques arbres situés aux abords de la passerelle. Les racines de ces arbres risquent en effet, à terme, de fragiliser la structure de la passerelle et, en conséquence, de menacer la sécurité des utilisateurs de celle-ci. Il s'agit précisément pour l'association de préserver l'un de ces arbres, un chêne de 5 mètres de circonférence qui figure à l'inventaire national des arbres dits « remarquables ».

L'association, qui a déjà demandé à la commune de revenir sur sa décision, s'est vue opposer un argument tiré de la loi du 28 octobre 2017 dont l'article 4, relatif à la sécurisation des installations piétonnières, prévoit : « *Les collectivités territoriales sont tenues de prendre toute mesure nécessaire à la sécurisation des installations piétonnières.* » Or le Parlement a ratifié en février 2017 un traité international réunissant 43 pays, traité qui a été régulièrement publié au Journal officiel de la République française le 15 mars 2017 et dont l'article 27 est rédigé en ces termes : « *Les États partis au présent traité s'engagent à tout mettre en œuvre pour éviter la disparition des plantes et des arbres qui, même lorsqu'ils ne relèvent pas d'une espèce menacée, sont exceptionnels par leur âge, leurs dimensions ou leurs formes. Ils s'interdisent, au nom de l'intérêt patrimonial que revêtent ces plantes et ces arbres pour l'ensemble de la population, de prendre toute mesure qui pourrait en affecter l'existence.* »

L'association vous demande si et comment ce traité pourrait permettre, devant le juge administratif, d'obtenir l'annulation de la décision qu'ils entendent contester.

› *Préparation*

Analyse du sujet

Le traitement de ce cas pratique n'appelle pas de remarque particulière du point de vue de la méthode. Il implique comme toujours une constante rigueur et une particulière attention aux qualifications juridiques indispensables à la résolution des différentes questions. Le présent cas pratique porte, pour l'essentiel, sur la partie du cours relative à la responsabilité administrative.

› *Corrigé*

Cas n° 1 : Mme M.

Alors qu'elle revenait de son jogging en courant, Mme M. a glissé en abordant la passerelle qui relie le parcours sportif et le centre-ville de X. Elle s'est brisée le poignet et se demande si une action devant le juge administratif lui permettrait d'obtenir réparation du préjudice qu'elle a subi.

Dès lors qu'il s'agit d'obtenir la réparation d'un dommage directement lié à un bien appartenant à la commune de X., personne publique, c'est une action en responsabilité contre celle-ci que doit envisager Mme M, devant le tribunal administratif compétent.

Sous peine d'irrecevabilité de son recours, Mme M. devra se présenter devant le juge munie d'une décision préalable de la commune, c'est-à-dire d'une décision de refus de consentir à l'indemniser à compter de laquelle elle disposera d'un délai de deux mois pour saisir le tribunal administratif compétent.

Toujours sur le terrain de la recevabilité, Mme M. devra chiffrer le préjudice qu'elle estime avoir subi, et donc au préalable démontrer la réalité de ce dernier. En l'occurrence, elle a subi un préjudice personnel et certain, à savoir un préjudice corporel puisqu'elle s'est cassé le poignet. Mme M. pourra encore, le cas échéant, demander à être indemnisée au titre de la douleur ressentie (*pretium doloris*) ou de la gêne qu'occasionne cette blessure dans sa vie quotidienne (troubles dans les conditions d'existence).

Le cadre juridique de l'action de Mme M. dépend de plusieurs qualifications. Il dépend d'abord de la qualification juridique de la passerelle sur laquelle Mme M. a trébuché. En l'occurrence, la passerelle est un bien immeuble résultant d'un aménagement. Propriété de la commune, elle est affectée à l'usage direct du public, en l'occurrence à l'usage de ceux et celles qui entendent rejoindre à pied ou à vélo le parcours sportif depuis le centre-ville de la ville de X, ou inversement. Elle a donc la qualité d'ouvrage public. Quant à Mme M., qui empruntait la passerelle au moment de son accident, elle a la qualité d'usager de cet ouvrage public.

Les victimes ayant la qualité d'usager d'un ouvrage public bénéficient d'un régime de responsabilité pour faute avec présomption de faute. Mme M. n'a donc pas à démontrer la faute éventuellement commise par la commune. Cependant, cette dernière cherchera à être exonérée de sa responsabilité en démontrant qu'elle a normalement entretenu l'ouvrage. La commune pourra tirer argument de ce qu'un panneau placé aux abords de la passerelle interdisait de l'emprunter en courant. Néanmoins, l'absence de précision du panneau, qui aurait pu mentionner le caractère glissant de la passerelle, comme l'absence de dispositif antidérapant alors même que le risque de chute était connu au moment des faits, militent pour l'engagement de la responsabilité de la commune.

Aussi Mme M. a de bonnes chances d'obtenir devant le juge administratif que soit engagée la responsabilité de la commune. Néanmoins, il est possible que la commune bénéficie d'une exonération partielle de sa responsabilité en invoquant la faute de la victime, dès lors que Mme M. n'a pas déféré à l'interdiction d'emprunter la passerelle en courant et, ce faisant, peut être regardée comme ayant eu un comportement imprudent.

Cas n° 2 : M. P.

Alors qu'il circulait à vélo sur la route nationale, M. P. a été déséquilibré par la chute d'un écrou de la passerelle reliant le parcours sportif au centre-ville de la commune de X. Il souhaite savoir s'il peut espérer obtenir du juge administratif la condamnation de la commune à la réparation des préjudices liés à l'accident. Là encore, c'est une action en responsabilité visant la commune qui est envisagée, action devant le tribunal administratif dont la recevabilité exige de M. P. qu'il respecte la règle de la décision préalable ainsi que le délai de recours de deux mois à compter du rejet éventuel par la commune de sa demande d'indemnisation.

Dans le cadre de son recours, M. P. devra d'abord démontrer l'existence puis chiffrer les préjudices qu'il estime avoir subi. En l'occurrence, aucun préjudice corporel ne peut être invoqué dès lors que M. P. est sorti physiquement indemne de l'accident. Par contre, M. P. peut demander la réparation de deux préjudices, dont le caractère personnel, direct et certain ne fait pas de doute. Le premier est le préjudice matériel, son vélo n'étant plus utilisable. Le second est le préjudice moral lié à la frayeur éprouvée à l'occasion de l'accident. L'invocation d'un éventuel préjudice d'anxiété, dont la jurisprudence a reconnu l'existence dans le cas des victimes de l'exposition aux poussières d'amiante ou de contamination par le virus de l'hépatite C, ne semble pas pertinente.

À nouveau, le cadre juridique de l'action de M. P. dépend de plusieurs qualifications juridiques, dont celle de la passerelle qui, à travers l'écrou qui s'en est détachée, est à l'origine de sa chute. Pour les raisons précédemment évoquées, celle-ci a la qualité d'ouvrage public. Par contre, M. P., qui ne circulait pas sur la passerelle mais en contrebas, sur la route nationale, ne peut être considéré comme un usager de la passerelle. Il a la qualité de tiers par rapport à celle-ci.

Lorsqu'ils subissent un préjudice lié à un accident lui-même lié à un ouvrage public, les tiers par rapport à cet ouvrage bénéficient d'un régime de responsabilité sans faute fondé sur le risque.

Il en résulte que M. P. devrait obtenir gain de cause devant le juge administratif, et voir celui-ci condamner la commune de X., propriétaire de l'ouvrage, à la réparation des préjudices résultant de son accident.

Cas n° 3 : M. S.

M. S. est un ancien fonctionnaire de la commune de X. qui a été révoqué à la suite de l'accident de M. P., le maire de la commune ayant estimé qu'il avait failli à sa mission de veiller au bon état de diverses installations, dont la passerelle. Or cette décision est illégale et M. S. veut obtenir des précisions sur le montant des dommages et intérêts que la commune pourrait être condamnée à lui verser en réparation des préjudices liés à cette illégalité.

La question de M. S. porte précisément sur la réparation du préjudice financier subi en raison de sa révocation. Elle interroge les conditions dans lesquelles un fonctionnaire illégalement évincé (ce qui est acquis, en l'espèce, dès lors que M. S. n'était pas en charge de la sécurité de ces installations, mais en charge de celle des aires de jeux qui se trouvent en centre-ville) peut voir réparer le préjudice financier lié à la perte de son emploi.

Ces conditions ont été précisées par le Conseil d'État (CE 6 déc. 2013, *Commune d'Ajaccio*). La haute juridiction a d'abord rappelé le principe de la réparation intégrale des préjudices. Dans le cas du préjudice financier subi par les fonctionnaires en raison de l'illégalité de leur éviction, le Conseil d'État estime que le montant de la réparation doit être évalué non seulement en fonction du traitement indiciaire dont l'agent a été privé, mais encore (ce qui marque une évolution par rapport à la jurisprudence antérieure consécutive à l'arrêt *Deberles* – CE 7 avr. 1933, *Deberles*) en fonction des primes et indemnités dont il aurait bénéficié s'il n'avait pas été évincé, à l'exception de celles qui, eu égard à leur nature, à leur objet et aux conditions dans lesquelles elles sont versées, sont seulement destinées à compenser certains frais, charges ou contraintes. S'agissant des primes et indemnités, ne doivent cependant être prises en compte que celles que l'agent avait une chance sérieuse de bénéficier.

En l'espèce, le préjudice financier subi par M. S. sera donc évalué en fonction, d'une part, du traitement de base dont il aurait dû continuer à bénéficier, d'autre part, des primes liées à la qualité du service qu'il avait des chances sérieuses de percevoir. Or jusque-là, il avait toujours été très bien noté par ses supérieurs, qui louaient chaque année son implication et sa rigueur. Néanmoins, le principe de la réparation intégrale du préjudice implique que la victime ne soit ni appauvrie, ni enrichie. Aussi le montant des dommages et intérêts ayant vocation à réparer le préjudice financier de M. S. sera évalué en tenant compte de celui des rémunérations qu'il s'est procuré par son travail pendant la période de son éviction. Il sera donc minoré du salaire que M. S. a touché, pendant six mois, en tant qu'ouvrier dans le secteur du bâtiment.

Cas n° 4

Depuis 2016 et la construction de la passerelle, M. V., dont la boulangerie est située en bordure de la route nationale qu'enjambe la passerelle, accuse une perte de chiffre d'affaires le week-end d'environ 20 %. Il lie cette perte au fait que, depuis l'installation de la passerelle, les joggeurs du weekend, qui n'avaient jusque-là pas d'autre choix que d'emprunter la route nationale, ne viennent plus acheter leur pain dans son établissement. Il souhaite savoir s'il pourrait, à ce titre, engager la responsabilité de la commune.

Ce faisant, M. V. entend engager la responsabilité de la commune de X. devant le juge administratif, en raison des conséquences dommageables (qui prennent la forme d'un préjudice commercial) de la décision prise par la commune de construire la passerelle reliant le parcours sportif au centre-ville de la commune. Cette décision a un caractère impersonnel, il s'agit d'un acte administratif unilatéral réglementaire. Rien ne permet de douter de sa légalité. Il est précisé, en particulier, qu'elle répond à des considérations de sécurité parfaitement légitimes.

Aussi, M. V. ne peut pas espérer obtenir gain de cause sur le terrain de la responsabilité pour faute. Il ne peut envisager qu'un recours s'inscrivant dans le cadre de la responsabilité pour rupture de l'égalité devant les charges publiques, en l'occurrence du fait d'un acte administratif réglementaire légal (CE 22 févr. 1963, *Commune de Gavarnie*).

Outre le respect des conditions de recevabilité de son recours (décision préalable, chiffrage du préjudice) et la preuve du lien de causalité entre l'acte administratif et le préjudice commercial subi, que l'on peut estimer établi dans la mesure où la baisse du chiffre d'affaires de la boulangerie est concomitante à l'ouverture de la passerelle, M. V. devra démontrer, pour obtenir du tribunal administratif compétent qu'il condamne la commune de X., le caractère anormal et spécial de son préjudice.

Le caractère spécial du préjudice renvoie au nombre de victimes. Son identification vise à mettre en évidence la rupture d'égalité que constitue le fait, pour un administré ou du moins un nombre limité d'administrés, par opposition à la grande majorité de ceux-ci, de porter tout le poids de l'intérêt général que peut revêtir un acte administratif légal. En l'espèce, cette condition apparaît satisfaite.

En effet, il est précisé qu'aucun des autres commerçants de la ville n'a eu à subir les désagréments que rencontre M. V.

Le caractère anormal du préjudice renvoie pour l'essentiel à la gravité de celui-ci. Son identification vise à mettre en évidence le fait pour la victime d'être amené à supporter des désagréments dont l'intensité dépasse la charge dont on peut attendre qu'elle incombe normalement à un administré en raison d'une décision administrative. En l'espèce, l'anormalité du préjudice subi par M. V. n'est pas évidente. La baisse du chiffre d'affaires n'est que de 20 % sur la seule activité du weekend, ce qui doit représenter une baisse assez réduite si l'on envisage l'activité hebdomadaire générée par la boulangerie.

En conséquence, les chances de M. V. d'obtenir du juge qu'il condamne la commune de X. à la réparation du préjudice commercial qui résulte pour lui de la décision de construire la passerelle apparaissent réduites.

Cas n° 5

Une association locale de défense du patrimoine naturel communal entend obtenir, devant le juge administratif, l'annulation de la décision prise par la commune le 25 avril 2018 d'abattre quelques arbres situés aux abords de la passerelle. Elle souhaite en particulier préserver l'existence d'un chêne de 5 mètres de circonférence qui figure à l'inventaire national des arbres dits « remarquables ». Elle pense mobiliser les stipulations d'un traité dont l'article 27 interdit aux États parties de prendre toute mesure qui pourrait affecter l'existence des plantes et des arbres exceptionnels par leur âge, leurs dimensions ou leurs formes.

Pour obtenir gain de cause, l'association devra former un recours pour excès de pouvoir dans le cadre duquel elle demandera au tribunal administratif compétent l'annulation de la décision prise par la commune le 25 avril 2018. Les conditions de recevabilité de ce recours sont remplies : la décision a le caractère d'un acte administratif réglementaire faisant grief, elle a été prise depuis moins de deux mois et, compte tenu de son objet social (la défense du patrimoine naturel communal), l'association dispose bien d'un intérêt à agir pour en demander l'annulation.

En l'occurrence, cette décision a été prise sur le fondement et conformément à une disposition législative qui impose aux collectivités territoriales « de prendre toute mesure nécessaire à la sécurisation des installations piétonnières » (art. 4 de la loi du 28 octobre 2017), sans réserver l'hypothèse dans laquelle cette sécurisation impliquerait la destruction de végétaux remarquables. L'association peut envisager de solliciter l'annulation de la décision prise par la commune en invoquant, par la voie de l'exception, l'inconventionalité de l'article 4 de la loi du 28 octobre 2017 (CE, ass., 20 oct. 1989, *Nicolo*).

Pour ce faire, le traité mobilisé doit avoir été intégré dans l'ordre juridique interne conformément aux prescriptions de l'article 55 de la Constitution. C'est le cas dès lors qu'il a été ratifié par le Parlement et publié au Journal officiel de la République française, ce que le juge administratif accepte de contrôler (pour la ratification, CE, ass., 18 déc. 1998, *SARL du Parc d'activités de Blotzheim*). À défaut de précision, on postule que la condition de réciprocité, elle aussi posée par l'article 55 de la Constitution, est satisfaite.

Par ailleurs, pour pouvoir être invoquée par l'association, la stipulation concernée doit être d'effet direct, c'est-à-dire pouvoir être regardée comme créant des droits dont les particuliers peuvent directement se prévaloir (CE, ass., 11 avr. 2012, *Gisti et Fapil*). Le juge considère que cette exigence est satisfaite lorsque, eu égard à l'intention exprimée des parties et à l'économie générale du traité, ainsi qu'à son contenu et à ses termes, la stipulation n'a pas pour objet exclusif de régir les relations entre États et ne requiert l'intervention d'aucun acte complémentaire pour produire des effets à l'égard des particuliers. Cela semble le cas en l'espèce. L'article 27 du traité ne vise pas tant à régir les relations entre États qu'à leur interdire de porter atteinte à certaines ressources naturelles, ceci « au nom de l'intérêt patrimonial » qu'elles revêtent « pour l'ensemble de la population ». Les populations des États parties sont ainsi les bénéficiaires d'une exigence qui peut d'autant plus être regardée comme produisant des effets à l'endroit des particuliers que la formulation, celle d'un interdit explicite, n'implique pas l'adoption d'acte complémentaire.

La stipulation du traité étant invocable, il est alors possible d'examiner la conformité ou la contrariété à son égard de l'article 4 de la loi du 28 octobre 2017. Or celui-ci peut être considéré comme contraire à l'article 27 du traité en tant qu'il fait obligation aux collectivités de prendre toute mesure de sécurité sans réserver la nécessité de tenir compte de l'interdiction formulée dans le traité, ouvrant ainsi la possibilité d'en méconnaître les impératifs.

Dans le cadre du recours pour excès de pouvoir de l'association locale de défense du patrimoine naturel communal, la loi du 28 octobre 2017 pourrait ainsi être écartée par le juge au titre de sa contrariété avec l'article 27 du traité, ce qui priverait la décision de la commune de son fondement légal et en entraînerait l'annulation.

La responsabilité administrative

› *Cas pratique*

Thème principal

Responsabilité administrative

Mots clés

Service public, Police administrative

M. et Mme X sont des adeptes du cyclotourisme. Chaque été, ils effectuent de longs périples à vélo et campent au fur et à mesure de leurs étapes. Cela leur a valu quelques mésaventures sur lesquelles, en dépit du temps écoulé, ils souhaitent connaître votre opinion de juriste.

Il y a deux ans, alors qu'il pleuvait, M. X a fait une très mauvaise chute en glissant sur une plaque d'huile sur une petite route communale. Par chance, il n'a pas été blessé mais il a dû pousser son vélo abîmé jusqu'à un village distant de plusieurs kilomètres pour qu'il y soit réparé. Le réparateur a indiqué à M. X qu'il n'était malheureusement pas la première victime de cette plaque d'huile qui souillait la chaussée depuis plus de 6 mois. Désireux de poursuivre leur périple, les époux X ont repris la route dès qu'ils ont pu mais en se reprochant de ne pas entreprendre des démarches pour se faire rembourser les frais provoqués par cette mésaventure.

Quelques jours plus tard, lors du même périple, ils ont eu la déception de constater qu'ils ne pourraient pas, comme ils l'espéraient, profiter des services d'un bac pour piéton et cyclistes jusqu'alors exploité sur un fleuve. Trop coûteux, le département qui l'exploitait en avait décidé la suppression. Pestant contre cette décision qui les privait d'une agréable pause, les époux X ont été contraints de faire un détour de plusieurs kilomètres jusqu'au pont suivant sur le fleuve.

Sujet donné et corrigé établi par

Bertrand Seiller, Professeur à l'Université Paris 2 Panthéon-Sorbonne

Second semestre 2017-2018

L'an passé, ils estiment avoir été victimes d'une tarification aberrante lors d'une étape dans un camping municipal. Alors qu'habituellement ils bénéficient d'un tarif préférentiel en tant que randonneurs, le prix qui leur fut demandé pour planter leur tente une nuit fut le même que celui exigé des propriétaires de camping-cars ou de caravanes et donc 4 fois plus élevé. En effet, le tarif fixé par le conseil municipal ne prévoyait pas un tarif spécifique pour les randonneurs à pied ou à vélo. N'ayant pas d'autre solution pour bivouaquer, ils ont acquitté le prix exigé mais en furent très mécontents.

Quelques jours plus tard, alors qu'ils traversaient une petite cité moyenâgeuse en pédalant tranquillement dans une rue piétonne, ils ont été arrêtés par des agents de la police nationale qui leur ont dressé un procès-verbal d'infraction au motif que la rue était interdite à tout véhicule même non motorisé. Les époux X ont eu beau faire remarquer que la rue était large et déserte car assez éloignée des quartiers touristiques, qu'ils roulaient au pas et qu'y interdire la circulation à tout véhicule même non motorisé revenait à y interdire également aux enfants d'y faire de la trottinette, aux riverains d'arrêter leur voiture devant chez eux pour y déposer ou prendre des objets lourds ou encombrants, bref, que cette interdiction était par trop radicale, rien n'y a fait. Ils ont dû s'acquitter de la contravention et donc, une fois encore, d'une somme qu'ils estiment indue.

Les époux X ne sont pas procéduriers et n'entendent pas engager des actions pour faire reconnaître leurs droits éventuels. Mais, assez sensibles à ce qu'ils estiment être des aberrations ou des injustices, ils aimeraient savoir ce qu'ils auraient pu faire et, le cas échéant, ce qu'ils pourraient faire si, par malheur, ils rencontraient à nouveau de telles situations.

› *Préparation*

Analyse du sujet

Il s'agit d'un cas pratique dans lequel les faits sont donnés sans indication des questions juridiques qu'ils soulèvent. Les étudiants doivent donc procéder eux-mêmes à l'analyse de ces faits pour en dégager les problèmes à résoudre. Cela suppose une bonne maîtrise du cours qui, seule, permet de qualifier juridiquement les situations et donc de correctement poser les termes de la résolution du cas pratique. Cette difficulté supplémentaire par rapport à un cas pratique assorti de questions précises requiert des réflexes et une étude systématique de la situation des individus évoqués dans les faits.
Dans la mesure où des éléments de contentieux administratif ont été donnés durant le cours magistral et les séances de travaux dirigés, les étudiants ne devaient pas limiter leur analyse au fond mais étaient aussi invités à évoquer, au moins sommairement et dans la mesure où cela leur semblait nécessaire au regard de leurs conclusions, les questions de compétence juridictionnelle et, le cas échéant, de recevabilité des recours. Ils ne devaient pas pour autant y consacrer l'essentiel de leur devoir.

Plan du corrigé

I/ L'accident sur la route
II/ La fermeture du bac
III/ Le tarif du camping
IV/ Le procès-verbal

› *Corrigé*

I/ L'accident sur la route (5 points)

L'accident n'a certes pas blessé M. X mais a endommagé son vélo et provoqué des frais de réparation (sans compter la gêne occasionnée au cours de son périple). Il a donc subi un préjudice dont il peut demander la réparation. Cet accident a été provoqué par la présence d'une flaque d'huile sur la route. Le lien de causalité est ainsi évidemment établi sans contestation possible. Il est indiqué qu'il s'agissait d'une route communale ; la responsabilité éventuelle de l'accident doit donc être imputée à la commune en cause.

Si M. X entendait exercer une action en responsabilité contre la commune pour lui demander la réparation du préjudice qu'il a subi, il devrait au préalable s'adresser à celle-ci à ce sujet. Ce n'est qu'en cas de refus (explicite ou implicite) ou de décision ne lui donnant que partiellement satisfaction qu'il pourrait saisir la juridiction administrative d'une action en responsabilité.

Le juge administratif serait, en effet, compétent en l'espèce puisqu'il s'agit de rechercher la responsabilité de la puissance publique (incarnée ici par la commune) en raison d'un dommage de travaux publics (l'entretien des routes relève de cette catégorie puisqu'il s'agit de travaux effectués pour le compte d'une personne publique dans un but d'utilité générale). Le principe issu de l'article 4 de la loi du 28 pluviôse an VIII (aujourd'hui abrogé) donne en ce cas compétence à la juridiction administrative (plus précisément, à un tribunal administratif en 1er ressort).

Le délai n'est pas expiré pour engager une telle action puisque les dettes des personnes publiques se prescrivent par 4 ans et que l'accident a eu lieu il y a 2 ans. Il conviendrait toutefois, si M. X engageait cette action, qu'il veille à exercer son recours juridictionnel éventuel dans les deux mois de la réponse explicite ou implicite de la commune (la dispense de délai de recours contre les décisions implicites en matière de plein contentieux ayant été supprimée ; v. art. R. 421-3 CJA).

L'action en justice éventuellement intentée serait cependant dispensée de ministère d'avocat puisqu'elle serait dirigée contre une collectivité locale (v. art. R. 431-3, 5° CJA).

Au fond, M. X obtiendrait probablement l'indemnisation demandée puisque les circonstances de l'accident relèvent d'une hypothèse de responsabilité pour faute présumée, aménagée en cas d'accident subi par l'usager d'un ouvrage public. M. X était, en effet, usager de l'ouvrage public que constitue la route lorsqu'il a été victime de son accident. Ce dernier a été provoqué par la présence d'une plaque d'huile sur la chaussée qui l'a rendue glissante par temps de pluie.

La faute présumée en une telle hypothèse est un défaut d'entretien normal de l'ouvrage public (CE 26 sept. 2001, *Département du Bas-Rhin*) : la commune aurait dû procéder au nettoyage de la route. Dans la mesure où le réparateur du vélo a indiqué que cette flaque d'huile souillait la chaussée depuis plus de 6 mois, l'abstention de la commune constitue sans nul doute un défaut d'entretien normal de la voie. La commune ne parviendrait donc probablement pas à faire écarter la présomption de faute pesant sur elle et M. X obtiendrait ainsi l'indemnisation sollicitée.

II/ La fermeture du bac (5 points)

La fermeture du bac que les époux X comptaient utiliser pour traverser un fleuve ne saurait être présentée comme leur ayant causé un préjudice, même s'ils ont été contraints de faire un détour de plusieurs kilomètres jusqu'au pont suivant pour atteindre l'autre rive. Ce n'est donc pas une action en responsabilité contre le département qu'ils auraient pu engager. S'ils s'y risquaient, ils se heurteraient probablement aux faits que le juge administratif refuse d'indemniser les modifications apportées à la circulation générale et que le bac est souvent présenté comme « la continuité de la route » : le fermer revient à fermer une route à la circulation, ce dont nul n'est fondé à se plaindre devant un juge.

Si les époux X avaient entendu contester la fermeture du bac, ils auraient pu le faire en se présentant comme des usagers de celui-ci (en l'occurrence des candidats usagers puisqu'ils n'ont pu l'emprunter). Le service assuré par un bac constitue un service public puisqu'il s'agit d'une activité d'intérêt général gérée par une personne publique (le département, collectivité décentralisée).

Sans qu'il soit besoin de s'interroger sur la nature de ce service public (administratif ou industriel et commercial ?), il convient de rappeler que les services publics sont assujettis à des principes (les « lois du service public ») parmi lesquels figurent l'exigence de continuité et celle de mutabilité.

Les époux X pourraient certes faire valoir que la fermeture du service porte manifestement atteinte à la continuité du service public en cause. Mais cette continuité ne vaut qu'autant que le service public est assuré. Or celui-ci peut, au contraire, être supprimé en vertu du principe de mutabilité. En effet, ce principe permet à la personne publique maître du service de l'organiser à sa guise et, le cas échéant, d'en décider la suppression. Cette dernière n'est impossible que lorsque l'organisation du service public est une obligation pour la personne publique en cause, ce qui n'est pas le cas pour un bac sur un fleuve.

Il résulte de ce qui précède que les époux X n'auraient eu aucune chance d'obtenir l'annulation de la décision de fermeture du service s'ils l'avaient contestée. Au surplus, il aurait fallu qu'ils exercent une telle action dans les deux mois de la publication de cette décision et rien n'indique qu'ils étaient encore dans ce délai au moment où ils ont constaté la disparition du bac. Certes, leur intérêt à agir aurait été probablement reconnu mais leur recours était dépourvu de chances de succès comme cela a été indiqué et d'ailleurs parfaitement inutile puisque non susceptible de leur permettre de traverser le fleuve par bateau comme ils l'espéraient…

III/ Le tarif du camping (5 points)

Les époux X étant mécontents d'avoir dû acquitter le tarif valant pour tous les usagers du camping municipal, et donc le même que celui exigé des propriétaires de camping-cars ou de caravanes alors qu'ils n'avaient que des vélos et leur tente, auraient-ils dû contester la légalité de ce tarif ? La réponse est assurément négative.

Bien qu'il ne soit donné aucune indication précise sur l'organisation de ce camping, il constitue sans nul doute un service public : il est en effet géré par une commune – car il est indiqué qu'il s'agit d'un « camping municipal » et évoqué le « tarif fixé par le conseil municipal » – et répond à un intérêt général, ne serait-ce que parce qu'il permet l'accueil des touristes et concourt à l'hébergement des personnes de passage dans la commune.

Il n'est pas nécessaire de rechercher s'il s'agit d'un service public administratif ou industriel et commercial (ce que d'ailleurs la faiblesse des informations données empêcherait d'établir avec certitude) pour résoudre le problème soulevé par les époux X.

Il est néanmoins possible d'indiquer, à toutes fins utiles, que si le camping était considéré comme un service public administratif (parce que, par exemple, l'origine de ses ressources – recettes propres insuffisantes complétées par une subvention communale – ou ses modalités de fonctionnement – emploi d'agents communaux etc. – le distinguent des établissements similaires gérés par des personnes privées, v. CE, ass., 16 nov. 1956, *Unions syndicale des industries aéronautiques*), les époux X auraient dû contester le prix acquitté par eux devant le juge administratif (un tribunal administratif) et soulever l'exception d'illégalité du tarif fixé par le conseil municipal. Il s'agit d'un acte réglementaire, susceptible d'être contesté par voie d'exception à toute époque. Inversement, si le camping était considéré comme industriel et commercial (parce que ressemblant par son objet, par l'origine de ses ressources et par ses modalités de fonctionnement aux activités similaires du secteur privé), la contestation aurait dû être portée devant la juridiction judiciaire (tribunal d'instance) en raison du bloc de compétence judiciaire en matière de relations entre de tels services publics et leurs usagers (T. confl. 25 juin 1954, *Dame Galland*). Le juge judiciaire n'a pas compétence, en principe (mais voir T. confl. 17 oct. 2011, *SCEA du Chéneau*) pour se prononcer lui-même sur la question incidente de légalité de l'acte réglementaire constitué par le tarif fixé par le conseil municipal et aurait dû renvoyer cette question au juge administratif (un tribunal administratif). Néanmoins, comme cela va être montré ci-après, il est fort possible qu'il aurait considéré la question comme non sérieuse et l'aurait rejetée de ce fait sans la renvoyer au juge administratif.

En effet, tous les services publics, qu'ils soient administratifs ou industriels et commerciaux, sont assujettis au respect du principe d'égalité. Or si, dans sa conception française, le principe d'égalité permet d'aménager des traitements différenciés (notamment en ce qui concerne les tarifs) entre des catégories distinctes d'usagers se trouvant dans des situations différentes au regard de l'objet du service (CE, sect., 18 déc. 2002, *Mme Duvignères*), il n'existe aucun droit à une telle différenciation au profit des usagers (CE, ass., 28 mars 1997, *Soc. Baxter*).

Concrètement, si, effectivement, les randonneurs à pied ou à vélo se trouvent, vis-à-vis des installations du camping, dans une situation différente de celle des propriétaires de camping-cars ou de caravanes, et si, de ce fait, il était parfaitement possible, pour le conseil municipal, de prévoir des tarifs différents pour ces deux catégories d'usagers, il n'était pas tenu de le faire. Les époux X ne pouvaient donc espérer obtenir le constat de l'illégalité du tarif et un quelconque remboursement.

IV/ Le procès-verbal (5 points)

Les époux X ont été verbalisés pour avoir circulé à vélo dans une zone piétonne interdite à la circulation de tout véhicule même non motorisé. S'ils entendaient contester l'amende qui leur a été infligée, ils devaient le faire devant le juge judiciaire répressif (tribunal de police), lequel bénéficie d'une plénitude de juridiction lui permettant d'apprécier lui-même, le cas échéant, la légalité des décisions administratives dont dépend l'issue du procès (art. 111-5 C. pén.).

En l'occurrence, le débat devrait porter non sur la réalité de l'infraction commise (indubitable) mais sur la légalité de l'acte administratif dont la violation a été sanctionnée. Il s'agit d'une décision du maire, autorité de police municipale qui, à ce titre, est compétent pour réglementer les conditions de circulation à l'intérieur de l'agglomération. Cette décision est plus précisément un acte réglementaire puisqu'il s'agit d'un acte de portée générale et impersonnelle.

La légalité d'une décision prise par une autorité de police est soumise aux conditions de légalité externe et interne classiques mais se caractérise par l'obligation d'être strictement justifiée par les circonstances, compte tenu de l'atteinte aux libertés impliquée par une telle mesure. Le juge administratif (et le juge pénal, s'il doit se prononcer sur la question) exige ainsi que la mesure de police soit « adaptée, nécessaire et proportionnée » (CE, ass., 26 oct. 2011, *Assoc. pour la promotion de l'image*), formulation contemporaine de l'exigence d'adaptation anciennement consacrée (CE, ass., 19 mai 1933, *Benjamin*).

En l'espèce, les époux X ont fait état, en vain, d'un certain nombre d'éléments qui permettent de penser que l'interdiction, dont la violation leur a été reprochée, était excessivement restrictive de la liberté de circulation. Autant, en effet, il est parfaitement légal, pour l'autorité de police de rendre piétonnes certaines rues, particulièrement dans un secteur d'urbanisation ancienne (rues étroites) et touristique (beaucoup de piétons) car la circulation des véhicules à moteur peut y être dangereuse pour l'une des composantes de l'ordre public (la sécurité publique), autant le doute peut naître lorsque cette interdiction est étendue à une rue dont la configuration (large) et la fréquentation (peu de touristes) ne fait craindre aucun risque particulier. Or tel semble être le cas de la rue dans laquelle les époux X ont été verbalisés.

Qui plus est, en admettant même que l'interdiction de la circulation des véhicules à moteur puisse être considérée comme adaptée, nécessaire et proportionnée dans la rue en cause, les époux X pourraient encore prétendre à l'illégalité de l'interdiction en ce qu'elle concerne tous les types de véhicules et donc notamment des véhicules peu dangereux comme les vélos ou les trottinettes. En d'autres termes, l'interdiction de circulation semble pouvoir être considérée comme non adaptée, non nécessaire et non proportionnée au moins en ce qu'elle inclut les véhicules non motorisés.

Il semble ainsi que les époux X auraient pu contester le procès-verbal qui leur a été dressé.

La responsabilité administrative

Thème principal

Responsabilité administrative

Mots clés

Faute, Responsabilité sans faute, Police administrative

Sujet donné et corrigé établi par

Arnaud Sée, Professeur à l'Université Paris Nanterre

Second semestre 2017-2018

› *Cas pratique*

1. La journée du lundi 9 avril n'aura pas été de tout repos à l'Université de Sansterre. Quelques individus extérieurs à l'établissement ont, selon la présidence, pénétré les locaux alors qu'ils n'y étaient pas autorisés pour rejoindre un groupe d'étudiants grévistes. Le président de l'université, Pierre Pasolini, a décidé de demander au préfet l'intervention des forces de l'ordre, comme l'y autorise la loi. Le président de l'université est en effet l'autorité de police compétente pour garantir le maintien de l'ordre dans les bâtiments universitaires (art. L. 712-2 du Code de l'éducation).

Ce qui devait arriver arriva. Étudiants et CRS se sont affrontés dans des heurts inutiles aux termes desquels plusieurs étudiants ne s'en sont pas sortis indemnes.

Bernardeau Bertauloutchie a vu son amie Carla se faire molester brutalement par deux agents des forces de l'ordre – les matricules 211 et 212, il s'en souvient encore –, alors qu'elle était au téléphone avec ses parents pour les rassurer et leur dire qu'elle était à l'abri. Elle a trois cotes et une jambe cassée. Les trois étudiants ont en outre aperçu l'agent 212 ramasser le téléphone et le portefeuille de Carla, pour les ranger dans sa combinaison. Carla n'a pas pu de ce fait pas assister aux partiels, et devra suivre une rééducation impérative pendant la session de rattrapage. Elle s'en inquiète, d'autant plus que ses moyennes du premier semestre étaient excellentes.

Un groupe de six d'étudiants, autoproclamé « la Bastille de Sansterre », a décidé de se retrancher sur le toit de l'immeuble du bâtiment « ReVolt » (récemment rebaptisé en hommage à un groupe de musique contemporaine). Les 180 CRS, sur ordre impératif du préfet, ont violemment chargé. Kris Marqueur, un étudiant en audiovisuel, et Larry Clarque, délégué Sud Rail venu là « pour voir », sont tombés du toit en raison de la vétusté des barrières de sécurité en amiante. En tout état de cause, l'accès au toit aurait dû être verrouillé, mais le cadenas avait cédé au mois de mai il y a cinquante ans et n'a jamais été remplacé depuis.

Pour couronner le tout, le chien de la Bastille de Sansterre, recueilli au début des événements, a été écrasé par un car de CRS.

Les étudiants s'interrogent sur le(s) responsabilité(s) administrative(s) engagée(s).

2. Ralf Lorraine, éleveur de moutons voisin de l'Université et autorisé par la présidence à occuper le domaine public universitaire afin d'y faire paître ses bêtes, est furieux, mais pour d'autres raisons.

La très récente loi du 12 avril 2018 (*) interdit en effet le recours à certains procédés agricoles, et notamment l'alimentation des moutons à base de farine animale. Ce texte risque d'entraîner une perte de ressources pour les tous les éleveurs français, dont fait partie Ralf. Il s'en étonne, alors même que la Cour de justice de l'Union européenne a jugé des dispositions espagnoles similaires incompatibles avec le droit de l'Union (CJUE, 12 décembre 2017, Espagne c. Commission (*), et que cette loi semble contraire à la liberté d'entreprendre garantie par la Constitution. Ralf se demande s'il peut être indemnisé de son préjudice.

En outre, alors qu'il était en train de discuter dans la rue avec d'autres amis d'origine asiatique comme lui, des policiers ont effectué un contrôle d'identité de tous les individus du groupe, à l'exception de Marko Bellokio, danois. Le groupe a croisé les forces de l'ordre à trois reprises dans la journée et à chaque fois, les mêmes personnes ont fait l'objet d'un contrôle. Le troisième contrôle fut celui de trop : le groupe, très énervé, et rejoint par une vingtaine d'autres individus, s'est rebellé contre les policiers. Il s'en est suivi des affrontements au cours desquels plusieurs véhicules sont endommagés.

Ralf relativise quand même un peu. Son sort n'est pas pire que celui d'Arno des Pléchains, agent au service juridique de l'université, dont la santé se dégrade d'année en année depuis dix ans. Ses médecins lui ont indiqué que la forte présence d'amiante dans le bâtiment est sans doute à l'origine de ses difficultés. Ils craignent en outre que son environnement de travail favorise le développement d'un cancer, ce qui a plongé Arno dans un état de panique depuis six mois.

Là encore, vous vous interrogerez sur le(s) responsabilité(s) administrative(s) engagées.

(*) Ce texte est purement fictif.

(*) Cet arrêt l'est tout autant.

› Préparation

Analyse du sujet

Le sujet du cas pratique porte essentiellement sur le droit de la responsabilité administrative.
D'une manière générale, il impliquait d'isoler clairement les préjudices subis afin d'envisager les différentes hypothèses de responsabilité. On rappellera, à ce titre, que l'absence de préjudice empêche tout engagement de responsabilité ; c'était le cas, en l'espèce, du décès du chien errant.
Le premier exercice impliquait évidemment d'examiner en premier lieu si les fautes des différents agents étaient rattachables au service, ce qui était le cas en l'espèce.
Le second exercice évoquait quant à lui des questions d'actualité, notamment celle de la responsabilité de la puissance publique du fait d'une loi inconstitutionnelle, ainsi que la question de la responsabilité de la puissance publique du fait de contrôle de police au faciès.
Enfin, et comme toujours dans un cas pratique, la copie est évaluée en fonction de la qualité des discussions juridiques et raisonnement produit. Certaines questions n'appelaient en effet pas de réponse certaine au regard des imprécisions du droit positif ou de l'énoncé.

› Corrigé

Premier exercice

A – L'indemnisation des préjudices subis par Carla

Carla s'est fait molester brutalement par deux agents des forces de l'ordre à l'occasion de l'intervention de ces derniers. Elle a trois cotes et une jambe cassée, ce qui l'empêche de passer ses examens. En outre, un agent s'est approprié certains objets personnels de Carla. Se pose la question de savoir si la responsabilité de la puissance publique est engagée en l'espèce.

1 • Les préjudices subis par Carla et le lien de causalité

Carla a subi un préjudice corporel certain. Elle a en outre perdu une chance de réussir ses examens. Cette chance était sérieuse, compte tenu des bons résultats de l'étudiante (CE, sect., 21 déc. 2007, *Centre hospitalier de Vienne*). La perte de chance sera indemnisée à hauteur de la chance perdue, et non en fonction de l'avantage qu'aurait produit cette chance si elle s'était réalisée.

Les préjudices subis par Carla sont la conséquence directe de fautes commises par la puissance publique dans l'exercice de sa mission de police administrative : les préjudices corporels résultent de l'action des CRS, tout comme le vol d'objets personnels.

2 • Les faits générateurs

Ces fautes sont des fautes de service. Concernant celle qui a conduit Carla subir des préjudices corporels, elle a été commise dans l'exercice de la mission d'évacuation et se rattache sans aucun doute au service. Concernant le vol d'objets personnels de Carla, la faute apparait certes comme personnelle, en raison de sa particulière gravité et de son caractère intentionnel ; mais cette faute se rattache quand même au service, car elle a été commise à l'occasion du service et grâce aux moyens de ce dernier (CE 2 mars 2007, *Banque française commerciale de l'océan Indien*). Carla pourra donc poursuivre la puissance publique pour l'indemnisation de ce préjudice, à charge pour cette dernière de se retourner éventuellement contre l'agent (CE 28 juill. 1951, *Laruelle*).

L'engagement de la responsabilité de la puissance publique du fait des missions de police administrative est subordonné à la démonstration d'une faute, dont la gravité exigée dépend de la difficulté de l'opération (CE, ass., 20 oct. 1972, *Ville de Paris c/ Marabout*). Reste que le juge exige de moins en moins la démonstration d'une faute lourde, y compris pour l'exercice d'activités délicates comme la mise en œuvre de l'État d'urgence (CE, ass., avis, 6 juill. 2016, *Napol*) ou les activités de renseignement (TA Nîmes, 12 juill. 2016, *Épx X*). Il est possible de considérer qu'en l'espèce, le juge n'exigera pas la démonstration d'une faute lourde. En tout état de cause, celle-ci pourrait être démontrée, car Carla a subi un préjudice alors qu'elle n'était pas visée par l'opération de police.

Se pose enfin la question de savoir si la puissance publique peut s'exonérer par la faute de la victime. Si aucune réponse ne peut être apportée au regard des faits énoncés dans le sujet, une discussion pouvait s'engager sur le point de savoir si Carla n'avait pas accepté un risque en restant présente sur les lieux de l'opération policière.

B – L'indemnisation des préjudices subis par Larry Clarque et Kris Marqueur

Suite à la charge des CRS, deux étudiants, qui ont pu accéder au toit d'un bâtiment de l'université, en tombent, en raison notamment de la vétusté des barrières en amiante. Aucune précision n'est donnée quant au préjudice subi par ces derniers, mais il est possible de présumer le préjudice corporel de l'étudiant de du délégué Sud Rail.

Ces préjudices résultent de la vétusté des barrières de sécurité ainsi que de l'absence de cadenas protégeant l'accès au toit.

Les victimes ont ici subi un dommage résultant du défaut d'entretien de l'ouvrage public. Ce fait générateur engage la responsabilité de la personne publique sans faute à l'égard des tiers (M. Clarque en l'espèce), et la responsabilité pour faute présumée à l'égard des usagers comme M. Marqueur (CE 22 oct. 1971, *Ville de Fréjus*). Dans ce dernier cas, il appartiendra à la puissance publique de démontrer l'entretien normal de l'ouvrage, ce qui semble délicat en l'espèce.

Se pose alors la question de l'exonération de la puissance publique, du fait de la faute des victimes, qui se sont rendues dans un endroit non autorisé. Les victimes se sont en effet placées dans une situation illégitime. Or, cette dernière exonère totalement la puissance publique (CE, sect., 20 juin 1980, *Cne d'Aix les Thermes*). La responsabilité de la puissance publique ne devrait donc pas être engagée sur ce point.

C – Le décès du chien

Le chien de la Bastille de Sansterre a été écrasé par un car de CRS. Ce chien a été recueilli au début des événements. Il n'a manifestement aucun propriétaire. Par conséquent, aucune personne juridique n'a ici subi de préjudice, et aucune action en responsabilité ne peut être engagée.

Second exercice

A – Le préjudice résultant de la loi du 12 avril 2018

Ralf, éleveur de moutons sur le campus, se voit interdire par la loi, comme tous les éleveurs de France, l'alimentation des moutons à base de farine animale. Il en subit un préjudice matériel (financier). Se pose la question de savoir si l'éleveur peut engager la responsabilité de la puissance publique du fait de la loi du 12 avril 2018.

La responsabilité du fait des lois est en principe une responsabilité sans faute (CE 14 janv. 1938, *SA des produits laitiers La Fleurette*) dont l'engagement est subordonné à la réunion de conditions rigoureuses. Le préjudice doit être spécial, et le législateur ne doit pas avoir exclu l'indemnisation. En l'espèce, le fait que tous les éleveurs français soient concernés exclut la condition de spécialité, et donc l'engagement de la responsabilité sans faute du fait des lois.

Ceci étant, la loi du 12 avril semble ici inconventionnelle, ainsi que l'a jugé la CJUE, et plus encore inconstitutionnelle. Or, l'État engage depuis 2007 sa responsabilité (ni sans faute, ni pour faute) du fait des lois inconventionnelles (CE, ass., 8 févr. 2007, *Gardedieu*), ce qui pourrait être le cas en l'espèce. En outre, certaines juridictions du fond admettent progressivement l'engagement de la responsabilité de la puissance publique du fait d'une loi inconstitutionnelle (TA Paris, 7 févr. 2017, *Société Paris Clichy*). Mais le juge exige que l'inconstitutionnalité ait été constatée par la juridiction constitutionnelle au préalable, ce qui n'est pas le cas en l'espèce.

B – Le contrôle de police

Un groupe de personnes d'origine asiatique a fait l'objet d'un contrôle de police à trois reprises dans la même journée. Ce contrôle semble discriminatoire : il est « réalisé selon des critères tirés de caractéristiques physiques associées à une origine, réelle ou supposée, sans aucune justification objective préalable ». Les contrôles au faciès discriminatoires engagent la responsabilité de l'État pour faute lourde. (Civ. 1re, 9 nov. 2016, n° 15-24.407, 4 espèces.). Le préjudice indemnisable est le préjudice moral subi par les victimes. La faute de la puissance publique est présumée : la personne contrôlée doit apporter au juge des éléments laissant présumer l'existence d'une discrimination, et il appartient à la puissance publique de démontrer l'existence d'éléments objectifs permettant de justifier la différence de traitement. Il est à noter que ce contentieux est administratif si la mission de police en cause était administrative, alors que le juge judiciaire sera compétent pour engager la responsabilité de la puissance publique du fait des services de police judiciaire (Civ. 2e, 23 nov. 1956, *Trésor public c. Giry*).

Ces contrôles ont dégénéré, et, rejoint par d'autres individus, le groupe a endommagé plusieurs véhicules. Sur ce point, l'État est responsable sans faute des préjudices causés par les attroupements et rassemblements (art. L. 2216-3 CGCT), du fait d'actes de violence constitutifs de crimes ou délits commis à force ouverte. Le préjudice indemnisable est ici le dommage matériel (dégradation des véhicules) causé par l'attroupement. Les conditions d'engagement d'une telle responsabilité semblent remplies en l'espèce.

C – Les préjudices subis par Arno des Pleschains

Arno des Pléchains, agent au service juridique de l'université, voit sa santé se dégrader d'année en année depuis dix ans en raison de la forte présence d'amiante dans le bâtiment. Cette exposition à l'amiante risque de conduire Arno à développer un cancer, ce qui plonge ce dernier dans un état d'anxiété.

Les préjudices subis ici par Arno sont multiples. Ce dernier a évidemment subi un préjudice corporel (dégradation de sa santé), qui résulte directement de la présence d'amiante dans le bâtiment. Il subit en outre un préjudice d'anxiété, lié au risque de développer une maladie grave, qui est depuis peu indemnisé par la juridiction administrative (CE 9 nov. 2016, *Bindjouli*). Ce préjudice est depuis peu présumé (CE 3 mars 2017, *Min. Défense c. M. A.*, concernant l'indemnisation du préjudice lié à la présence d'amiante).

Pour le reste, l'État est responsable du fait de sa carence dans la prévention des risques liés à l'amiante. La faute est présumée, et la charge de la preuve par conséquent renversée : il appartient au ministre d'établir que les autorités publiques ont prévenu, de manière adéquate, les risques courus par les travailleurs exposés à des produits contenant de l'amiante (CE, ass., 3 mars 2004, *Botella*).

La responsabilité administrative

Thème principal

Responsabilité administrative

Mots clés

Faute, Présomption de faute, Faute personnelle

Sujet donné et corrigé établi par

Delphine Costa, Professeure à l'Université d'Aix-Marseille

Second semestre 2017-2018

› *Dissertation*

La responsabilité administrative pour faute est-elle à l'avantage ou au détriment des victimes ?

› Préparation

Analyse du sujet

La question posée oriente l'analyse du sujet vers la nécessité d'opérer une comparaison entre les avantages et les inconvénients qui résultent, pour les victimes d'une faute imputable à une personne publique, du régime juridique et juridictionnel qui leur est applicable en matière de responsabilité. Mais avant d'opérer une telle comparaison, il est impératif de cerner les notions en présence. La responsabilité administrative mérite d'être définie, comme la faute elle-même ainsi que la notion de victime. Comparer les avantages et les inconvénients impose aussi de se demander sur quel plan se place la victime pour une telle comparaison : sur le plan juridictionnel pour savoir devant quelle juridiction l'action est engagée ou bien encore sur le plan juridique du point de vue de la gravité de la faute, de la preuve de la faute ou du mécanisme d'imputation ? Le sujet est donc assez vaste et peut être traité de plusieurs façons différentes. C'est la raison pour laquelle l'introduction doit être particulièrement soignée de sorte à établir une problématique qui réponde précisément aux questions soulevées par le sujet tel qu'elles sont envisagées par chacun(e).

Plan du corrigé

Le corrigé proposé tente de traiter la plupart des aspects de la question posée, de façon à répondre le plus complètement possible au point de savoir si la responsabilité administrative pour faute est à l'avantage ou au détriment des victimes. Après une introduction qui cerne les notions en présence et qui insiste sur certains inconvénients de la responsabilité administrative pour faute au regard du régime de responsabilité sans faute, pour risque ou pour rupture d'égalité devant les charges publiques, ce sont les avantages de ce régime de responsabilité qui seront mis en exergue, qu'ils résultent des mécanismes d'imputabilité à une personne publique d'une faute commise par un de ses services ou de ses agents ou du régime de la preuve d'une faute simple ou d'une présomption de faute.

I/ Une imputabilité de la faute à l'avantage des victimes

A – La faute imputable au service

B – La réparation garantie à la victime

II/ Une preuve de la faute en faveur des victimes

A – La preuve facilitée

B – La preuve renversée

› Corrigé

Sans doute la victime la plus célèbre d'une faute commise par une personne publique est-elle la jeune Agnès Blanco, renversée par un wagonnet de la manufacture des tabacs de Bordeaux, qui donna lieu à l'arrêt non moins célèbre du Tribunal des conflits du 8 février 1873, *Blanco*. Ce dernier admet que « la responsabilité, qui peut incomber à l'État, pour les dommages causés aux particuliers par le fait des personnes qu'il emploie dans le service public » non seulement « ne peut être régie par les principes qui sont établis dans le Code civil, pour les rapports de particulier à particulier », mais qu'en outre elle « n'est ni générale, ni absolue » et « qu'elle a ses règles spéciales qui varient suivant les besoins du service et la nécessité de concilier les droits de l'État avec les droits privés ». Aux origines du droit administratif moderne, le fait de la personne publique est donc admis comme pouvant engager la responsabilité de cette dernière : les victimes de l'administration peuvent donc être indemnisées des préjudices qu'elles subissent du fait de l'administration, ce qui constitue un avantage indéniable. Mais encore faut-il donner quelques précisions supplémentaires s'agissant des notions en présence.

La responsabilité est un principe juridique selon lequel une personne doit assumer les conséquences de ses actes : elle peut être civile, pénale, politique. La responsabilité civile impose à une personne de réparer les dommages qu'elle cause à autrui : prévue dans le Code civil depuis 1804, elle est engagée devant les juridictions judiciaires si elle met en cause deux personnes privées ; en revanche, depuis l'arrêt *Blanco* de 1873, si elle met en cause une personne publique, la responsabilité civile doit être engagée devant les juridictions administratives.

Le mécanisme de la responsabilité civile impose la réunion de trois éléments : un dommage dont souffre une victime, un fait générateur de ce dommage et un lien de causalité entre les deux. Une personne publique est impliquée dans ce mécanisme dès lors que le fait générateur lui est imputable. Or le fait générateur peut être ou non fautif : s'il est constitutif d'une faute, c'est un régime de responsabilité pour faute qui est appliqué ; s'il résulte d'un risque ou d'une rupture d'égalité devant les charges publiques, c'est un régime de responsabilité sans faute qui l'est. En droit administratif, la responsabilité sans faute est apparue dès 1895 sur le fondement du risque (CE 21 juin 1895, *Cames*) et dès 1923 sur le fondement de la rupture d'égalité (CE 30 nov. 1923, *Couitéas*).

Une victime est une personne qui souffre des conséquences d'un événement qui lui est extérieur : le préjudice qu'elle subit peut être matériel ou moral. Pour une telle victime d'un dommage imputable à une personne publique, la mise en cause de cette dernière est facilitée dès lors que le fait générateur est non fautif : dans le cas d'une responsabilité sans faute, la victime doit, en effet, rapporter la preuve de son dommage anormal et spécial et du lien de causalité entre ce dernier et le fait imputable à la personne publique. Au contraire, dans l'hypothèse d'une responsabilité pour faute, la victime doit, en outre, démontrer le caractère fautif de ce fait générateur, ce qui peut s'avérer difficile car une faute s'analyse en un « manquement à une obligation préexistante », comme l'exposait le doyen civiliste Planiol. Dans cette mesure, le régime de la responsabilité administrative pour faute agit au détriment des victimes de l'administration, par rapport aux cas de responsabilité administrative sans faute. Il en est de même dès lors que le régime de la responsabilité pour faute est comparé aux mécanismes de fonds d'indemnisation, lesquels permettent à une victime, dans certaines situations (actes de terrorisme, accidents médicaux, amiante…) d'obtenir une réparation des préjudices subis sans mettre directement en cause la responsabilité de l'auteur des dommages.

Mais à s'en tenir au seul régime juridique de la responsabilité administrative pour faute, l'évolution de ce dernier tend à assurer des avantages aux victimes de fautes administratives. De manière générale, la responsabilité administrative est devenue, en pratique, « générale et absolue », loin du prédicat de 1873, puisque quasiment toutes les activités administratives peuvent engager la responsabilité des personnes qui en ont la charge, personnes publiques (à l'exception, pour l'État, des opérations militaires, CE 23 juill. 2010, *Sté Touax Rom*) ou privées, dès lors qu'elles disposent de prérogatives de puissance publique (CE 13 oct. 1978, *ADASEA du Rhône* ; T. confl. 6 nov. 1978, *Bernardi*).

De manière particulière, le premier avantage consiste, pour les victimes, à pouvoir intenter une action devant les juridictions administratives en mettant en cause une personne publique, dès lors que lui est imputable aussi bien une faute de service qu'une faute d'un agent public : le droit administratif de la responsabilité garantit, en effet, une réparation aux victimes des fautes commises dans l'administration. Par ailleurs, la jurisprudence administrative a pris en considération les victimes puisqu'elle a admis de plus en plus facilement qu'une simple faute puisse engager la responsabilité d'une personne publique, voire même qu'une telle faute puisse être présumée en présence de conséquences dommageables anormales, ce qui constitue indéniablement un second avantage pour les victimes de fautes administratives.

Ainsi, non seulement l'imputabilité de la faute administrative se fait à l'avantage des victimes (I), mais, en sus, la preuve de la faute se réalise en faveur de ces dernières (II).

I/ Une imputabilité de la faute à l'avantage des victimes

Il est fortement avantageux pour les victimes de fautes administratives de pouvoir intenter une action devant les juridictions administratives, que la faute soit anonyme ou qu'elle ait été commise par un agent public, dans la mesure où l'imputabilité de la faute s'opère en direction de la personne publique. Ce bénéfice est renforcé par le fait que l'imputabilité est dissociée de la réparation, de sorte que la personne publique doit garantir la réparation du dommage à la victime de ses agents, à charge pour elle de se retourner, le cas échéant, à l'encontre de ces derniers. Ainsi, puisque la faute est imputable au service (A), la réparation est garantie à la victime (B).

A – La faute imputable au service

Il est une distinction traditionnelle en droit administratif de la responsabilité pour faute, entre la faute de service et la faute personnelle, qui résulte de la décision du Tribunal des conflits du 30 juillet 1873, *Pelletier*. Non moins classique est la référence aux conclusions prononcées par E. Lafferrière sur l'arrêt de ce même Tribunal du 5 mai 1877, *Laumonnier-Carriol*, où la faute de service « révèle un administrateur […] plus ou moins sujet à erreur » et la faute personnelle « révèle […] l'homme avec ses faiblesses, ses passions, ses imprudences ».

En effet, la faute de service désigne non seulement la faute anonyme qui a nécessairement été commise dans un service public

– parfois qualifiée de faute « du » service – et la faute commise par un agent public, mais non détachable de ses fonctions. La faute de l'agent non détachable des fonctions peut être commise à l'occasion de leur exercice ou en dehors, si elle l'a été avec les moyens du service et n'est donc pas dépourvue de tout lien avec ce dernier (CE 26 oct. 1973, *Sadoudi*), sauf faute intentionnelle (CE 23 juin 1954, *Dame Veuve Litzer*). Le critère de distinction entre faute de service et faute personnelle n'est pas aisé à manier, car une faute personnelle peut être commise dans le service (CE 21 avr. 1937, *Dlle Quesnel*) et une faute de service en dehors des fonctions. Cela est d'autant plus malaisé que la notion d'infraction pénale est indépendante de celle de faute personnelle, notamment lorsqu'elle n'est pas intentionnelle (CE 14 janv. 1935, *Thépaz c. Mirabel*).

Une telle distinction semble donc désavantageuse pour les victimes de fautes administratives, non seulement car elle est d'un maniement délicat, mais aussi parce qu'en toute logique, la victime devrait agir devant les juridictions administratives dès lors qu'est en cause une faute de service et devant les juridictions judiciaires face à une faute personnelle. De tels inconvénients ont été contournés grâce aux possibilités offertes par la jurisprudence administrative d'engagement de la responsabilité de la personne publique en cas de cumul d'une faute de service et d'une faute personnelle, voire en cas de concours de ces dernières.

D'une part, à partir d'une décision du 3 février 1911, *Anguet*, le Conseil d'État a admis que la victime d'une faute anonyme de service (fermeture anticipée d'un bureau de poste) et d'une faute personnelle (brutalité d'un agent) pouvait intenter une seule action juridictionnelle devant l'un ou l'autre des deux ordres de juridiction, la logique pécuniaire voulant qu'elle agisse plutôt devant les juridictions administratives à l'encontre de la personne publique, dont la solvabilité est garantie, que devant les juridictions judiciaires, la solvabilité de l'agent étant moins certaine.

D'autre part, à l'occasion d'une décision du 26 juillet 1918, *Époux Lemonnier*, rendue aux conclusions L. Blum, les mêmes faits furent qualifiés de faute de service et de faute personnelle, ce qui permit, d'abord, d'engager la responsabilité de la seule personne publique (la commune, en l'espèce) pour ces deux fautes, devant les juridictions administratives et, ensuite, à la jurisprudence d'admettre largement qu'une faute commise par un agent mais non dépourvue de tout lien avec le service (CE 18 nov. 1949, *Dlle Mimeur*) puisse être imputable à ce dernier.

En somme, la victime d'une faute administrative peut imputer cette dernière à la personne publique, du moment qu'elle n'est pas dépourvue de tout lien avec le service, et, par suite, intenter une action en réparation des préjudices qu'elle a subis devant les juridictions administratives. Ce bénéfice résulte ainsi du fait que la personne publique doit garantir la réparation à la victime des fautes qu'elle a abritées, à charge pour elle de mettre en mouvement la répartition finale des responsabilités entre elle-même et son agent.

B – La réparation garantie à la victime

L'avantage pour les victimes de fautes administratives résulte de ce que la personne publique qui les indemnise n'est pas nécessairement la responsable ou la seule responsable des préjudices subis. Ainsi, lorsque la victime choisit d'agir devant les juridictions administratives contre une personne publique pour obtenir l'indemnisation d'un dommage causé par une faute de service, par un cumul d'une faute de service et d'une faute personnelle, voire par une telle faute seulement, elle est certaine d'être indemnisée, puisque la personne publique est nécessairement solvable. Pourtant, ce n'est pas toujours la personne publique qui est responsable, entièrement ou partiellement, du dommage ainsi réparé.

Incontestablement, un tel système bénéficie aux victimes de l'administration. Certes, il existe des mécanismes encore plus favorables aux victimes : ainsi, quand le législateur prévoit une substitution de responsabilité où, par exemple, l'État répond des dommages causés par les accidents scolaires (originellement, loi du 5 avril 1937; aujourd'hui, art. L. 911-4 du Code de l'éducation). Mais il n'en reste pas moins que les possibilités offertes par la jurisprudence en matière de droit commun de la responsabilité administrative pour faute présentent des avantages non négligeables pour les victimes.

Depuis un arrêt d'assemblée du 28 juillet 1951, *Laruelle*, la personne publique condamnée par les juridictions administratives à indemniser une victime d'une faute administrative, entendue comme recouvrant les hypothèses de faute de service et de faute personnelle (pour une interprétation particulièrement large, v. CE

2 mars 2007, *Banque française commerciale de l'océan Indien*), peut se retourner contre son agent auteur de la faute personnelle par le biais d'une action récursoire afin que soit réglée définitivement la répartition de la charge finale des différentes responsabilités.

De surcroît, une possibilité inverse existe, dès lors que la victime a intenté une action devant les juridictions judiciaires contre l'agent public, lequel peut se retourner, également par une action récursoire, contre la personne publique au nom de laquelle il aurait agi afin de voir répartir la charge finale de la responsabilité entre elle et lui (CE, ass., 28 juill. 1951, *Delville*). Une illustration topique résulte de l'arrêt *Papon* (CE, ass., 12 avr. 2002) où le Conseil d'État a opéré un partage de responsabilité entre l'État et son agent du fait de la déportation de juifs sous l'occupation par un fonctionnaire préfectoral, estimant que, pour moitié, ce dernier avait obéi aux ordres et, pour moitié, il avait agi de son propre chef, établissant ainsi un cumul de fautes de service et personnelle.

Dans ces conditions, le régime de droit commun de la responsabilité administrative pour faute semble mû par la volonté du juge administratif d'assurer à la victime, quelles que soient les circonstances, une indemnisation de ses préjudices, quitte à ce qu'une seconde action soit ensuite intentée entre les auteurs ou coauteurs des dommages ainsi réparés. Les mécanismes d'imputabilité à la personne publique des fautes administratives et de réparation intégrale sont ainsi très favorables aux victimes de l'administration. C'est encore le cas du régime de la preuve des fautes administratives.

II/ Une preuve de la faute en faveur des victimes

Dans la responsabilité administrative pour faute, la victime qui en demande réparation à la personne publique à laquelle elle impute son dommage doit rapporter la preuve de la réalité et de l'étendue de ce dernier, mais aussi celle du lien de causalité entre le dommage et le fait qui en est à l'origine ainsi que la preuve du caractère fautif d'un tel fait imputable à la personne publique. Or il est souvent délicat pour la victime de prouver la faute de la personne publique. L'évolution jurisprudentielle a été, néanmoins, favorable aux victimes en facilitant le régime de la preuve, en abandonnant la faute lourde au profit de la faute simple (A), voire en renversant la charge de la preuve par le biais du mécanisme de la présomption de faute (B).

A – La preuve facilitée

Jusque dans les années 1960, la faute administrative pouvait atteindre plusieurs niveaux de gravité : selon les cas, la jurisprudence exigeait une « faute d'une gravité exceptionnelle » ou bien une « faute manifeste et d'une particulière gravité » ou encore une faute sans autre qualificatif. Depuis lors, seuls deux niveaux coexistent, facilitant l'établissement de leur preuve : la faute lourde et la faute simple. En outre, la première a tendance à disparaître au profit de la seconde, ce qui représente un indubitable avantage pour les victimes, dans tous les pans de l'action administrative.

Tout d'abord, une évolution jurisprudentielle a eu lieu en matière médicale, où traditionnellement, pour les actes médicaux et chirurgicaux (CE 28 déc. 1971, *Centre hospitalier de Reims*), le juge administratif exigeait une faute lourde alors que pour les soins courants (CE 26 juin 1959, *Rouzet*) ou l'organisation du service (CE 7 avr. 1967, *Centre hospitalier régional d'Orléans*), suffisait une faute simple. Dans un arrêt d'assemblée du 10 avril 1992, *Époux V...*, le Conseil d'État a admis qu'une succession d'erreurs pouvait constituer une faute médicale simple de nature à engager la responsabilité de l'hôpital (personne publique) en cause. Il en va pareillement dès lors qu'un dommage est causé par un service d'aide médicale d'urgence (CE, sect., 20 juin 1997, *Theux*).

Ensuite, en matière d'activité de police administrative, où avait prévalu l'irresponsabilité administrative jusqu'au début du XXe siècle (CE 10 févr. 1905, *Tomaso Grecco*), le Conseil d'État distingua les activités matérielles, pour lesquelles il imposait une faute lourde, des activités juridiques, pour lesquelles il se satisfaisait d'une faute simple (CE 23 mai 1958, *Consorts Amoudruz*). Mais, de plus en plus fréquemment, le juge administratif outrepasse cette distinction et reconnaît que l'autorité de police engage sa responsabilité pour faute simple : ainsi, pour l'État, qui n'a pu empêcher le départ d'une mineure pour la Syrie (CE 26 avr. 2017).

De la même façon, le juge administratif admet la faute simple pour les activités pénitentiaires (dommages causés aux détenus : CE

23 mai 2003, *Mme Chabba*) ou pour les activités de sauvetage en mer (CE, sect., 13 mars 1998, *Améon*) ou encore pour les activités de lutte contre les incendies (CE 29 avr. 1998, *Commune de Hannapes*). Toutefois, en matière d'activité juridictionnelle, la faute lourde demeure nécessaire (CE 29 déc. 1978, *Darmont*), sauf dépassement du délai raisonnable (CE, ass., 28 juin 2002, *garde des Sceaux c. Magiera*).

Puis, en matière d'activités de contrôle, derechef, la jurisprudence se montre sensible au sort des victimes en facilitant la preuve d'une simple faute, qu'il s'agisse du contrôle sur les centres de transfusion sanguine (CE, ass., 9 avr. 1993, *D..., G..., B...*) ou du contrôle technique des navires (CE, sect., 13 mars 1998, *Améon*), mais pas, en revanche, du contrôle administratif qu'exerce, au nom de l'État, le préfet sur les actes des collectivités territoriales, où l'exigence de faute lourde est maintenue (CE 21 juin 2000, *Commune de Roquebrune-Cap-Martin*).

Enfin, en matière fiscale, les victimes se sont également trouvées avantagées, dès lors que les activités ne présentant pas de difficulté particulière autorisaient la preuve d'une faute simple (CE, sect., 27 juill. 1990, *Bourgeois*) et plus encore depuis que toute activité fiscale engage la responsabilité de la personne publique pour une telle faute (CE, sect., 21 mars 2011, *Krupa*).

En somme, la faute lourde est en nette régression au profit de la faute simple, pour le plus grand bénéfice des victimes de fautes administratives. Du reste, la faute lourde peut constituer un progrès dès lors qu'elle relaie un régime d'irresponsabilité (en matière de fonction publique, CE, 29 mai 1903, *Le Berre* ; en matière de police administrative, CE 10 févr. 1905, *Tomaso Grecco*, préc.). Inversement, la faute simple précède quelquefois la faute présumée, qui représente un avantage encore plus ample pour les victimes.

B – La preuve renversée

D'ordinaire, il revient à la victime d'une faute administrative qui en demande réparation de rapporter la preuve de celle-ci, car elle est demanderesse à l'action juridictionnelle. Pourtant, plusieurs hypothèses témoignent de l'admission, par le juge administratif, de présomptions de faute. Un tel mécanisme a pour conséquence de dispenser la victime de prouver une faute au profit de la preuve d'un autre fait, moins malaisée à rapporter, qui fait présumer l'existence de la faute ; par suite, c'est à la personne publique de prouver l'absence de faute si elle veut pouvoir désengager sa responsabilité.

Les premiers cas concernent la situation des victimes qui seraient les usagers d'un ouvrage public ou d'une activité de service public. Ainsi, en matière de dommages accidentels de travaux publics, les usagers des travaux et ouvrages publics bénéficient d'une présomption de faute, la personne publique devant rapporter la preuve qu'il n'y a pas eu défaut d'entretien normal (CE 24 janv. 1990, *Université des sciences et techniques de Lille-I*). De la même façon, une faute du département est présumée en cas de divulgation de renseignements permettant à la mère biologique d'identifier un enfant né sous X, puis adopté (CE 17 oct. 2012, *Mlle Sophie B...*).

Les seconds cas témoignent d'une évolution de la jurisprudence administrative dans un sens encore plus favorable aux victimes : dès lors qu'une victime subit des conséquences dommageables anormales d'une activité administrative, cela révèle une faute dans l'organisation ou le fonctionnement du service. Notamment, en matière médicale, quand un patient pâtit de dommages anormaux, sans commune mesure avec son état initial, alors de tels dommages révèlent nécessairement une faute, sans laquelle ils n'auraient pu avoir lieu (en matière de vaccination : CE, ass., 7 mars 1958, *Dejous* et CE 9 mars 2007, *Mme Nadine Schwartz* ; en matière de soins courants : CE 23 févr. 1962, *Meier* ; en matière d'actes médicaux : CE 1er mars 1989, *Époux Peyres*). Dans d'autres champs de l'action administrative, le juge admet également que des dommages anormaux révèlent une faute, qu'il s'agisse d'un malade psychiatrique laissé sans surveillance qui tue une personne (CE 12 oct. 1983, *Rolland*), d'un enfant qui se noie dans une piscine municipale (CE 7 déc. 1984, *Addichane*) ou d'un pupille de l'État en placement familial qui commet des méfaits (CE, sect., 19 oct. 1990, *Ingremeau*).

Dans les secondes hypothèses, la probabilité que la personne publique rapporte la preuve contraire est beaucoup plus faible que dans les premières, bien que le juge administratif continue de se situer sur le terrain de la responsabilité pour faute. De fait, de tels mécanismes présomptifs s'avèrent très avantageux pour les victimes.

En conclusion, la responsabilité administrative pour faute présente des avantages incontestables pour les victimes de fautes imputables aux personnes publiques, que ces bénéfices résultent des mécanismes de réparation ou de preuve. Certes, un tel régime présente des limites, notamment en ce qu'il admet des causes étrangères au profit de la personne publique, laquelle peut arguer de la faute de la victime, du fait du tiers ou de la force majeure pour s'exonérer de sa responsabilité, mais il n'en reste pas moins que la jurisprudence administrative – voire la législation (v. loi du 4 mars 2002 *relative aux droits des patients et à la qualité du système de santé* qui pose le principe de la responsabilité médicale pour faute) – porte une attention toujours croissante au sort des victimes.

La juridiction administrative

Thème principal

Contrôle juridictionnel

Mots clés

Police administrative, Responsabilité administrative

Sujet donné et corrigé établi par

Romain Rambaud, Professeur à l'Université Grenoble Alpes

Second semestre 2017-2018

› *Cas pratique : loi SILT et fête des tuiles*

Pour résoudre le cas pratique ci-dessous, utiliser les annexes en fin de sujet.

La situation semblait s'être apaisée depuis quelques semaines. Hélas, les attentats de Carcassonne et de Trèbes, ainsi que le sacrifice du colonel Beltrame, ont ravivé les souvenirs douloureux des attentats de Paris et de Nice. Nulle période de « consensus républicain », cependant, à la suite de ce malheureux événement : alors que certains partis politiques ont appelé au rétablissement de l'état d'urgence, le président de la République a considéré que la récente loi SILT (loi n° 2017-1510 du 30 octobre 2017 *renforçant la sécurité intérieure et la lutte contre le terrorisme*) permet au droit commun de la sécurité intérieure d'être suffisamment armé pour faire face à la menace.

À Grenoble, le danger est particulièrement important en raison de l'organisation de la fête des tuiles qui aura lieu, comme chaque année, au début du mois de juin. La fête des tuiles est une manifestation collective commémorant la fameuse journée des tuiles de Grenoble du 7 juin 1788 au cours de laquelle des insurgés ont affronté la troupe du Roi venue exécuter l'ordre d'exiler les Parlementaires, cette journée ayant marqué, selon la tradition et l'imaginaire grenoblois, le début de la révolution française. Éric Piolle avait dans sa campagne électorale promis d'organiser une grande fête populaire autour de cet événement. La promesse a été tenue, même si la fête des tuiles s'apparente davantage à une grande kermesse qu'à une commémoration historique. Cette année, elle aura lieu le 9 juin 2018. Un certain nombre de mesures ont donc été adoptées pour faire face à la menace.

Tout d'abord, le mercredi 25 avril, le préfet de l'Isère a adopté un arrêté général sur le fondement de l'article L. 226-1 du Code de la sécurité intérieure (CSI), décidant de mettre en place un périmètre de protection au sein duquel l'accès et la circulation des personnes sont réglementés. Il est ainsi prévu que l'accès au cours Jean-Jaurès, où se déroule la fête des tuiles, sera filtré, le 9 juin 2018 de 6 heures à 24 heures, par des agents de sécurité privée, sous la direction d'officiers de police judiciaire, qui pourront procéder à des palpations de sécurité aux personnes qui souhaiteraient entrer dans le périmètre. L'association *Grenoble le changement*, association politique de lutte contre Éric Piolle et de soutien à l'ancien maire Alain Carignon, et certains de ses membres habitant précisément sur le cours Jean-Jaurès, souhaitent remettre en cause cet arrêté.

Cette association et ces personnes peuvent-elles attaquer cet arrêté (3 points) ? Quelle procédure peuvent-elles utiliser, notamment si elles souhaitent remettre en cause cette décision en urgence (3 points) ? Sur le fond, elles souhaiteraient faire reconnaître que la décision du préfet est contraire à la Constitution : qu'en pensez-vous (3 points) ? Par ailleurs, elles souhaiteraient faire reconnaître l'illégalité de l'arrêté préfectoral sur d'autres fondements : qu'en pensez-vous (3 points) ?

Les commerçants du cours Jean Jaurès sont également très en colère contre la décision de mettre en place le périmètre de protection : ils estiment en effet que celle-ci va avoir pour effet de dissuader de nombreuses personnes de se rendre à la fête des tuiles ce qui va fortement nuire au chiffre d'affaires qu'ils auraient réalisé ce jour-là en temps normal.

Ils souhaiteraient engager la responsabilité de l'État en réparation du préjudice qu'ils subiront, selon eux, le 9 juin 2018. Doivent-ils intenter des actions individuelles ou peuvent-ils selon vous agir ensemble en réparation (2 points) ? Sur le fond, quel fondement de responsabilité administrative pourraient-ils utiliser et ont-ils selon vous une chance de succès (2 points) ?

Enfin, le jeudi 26 avril, le préfet décide d'adopter des arrêtés complémentaires. Considérant que l'installation du périmètre de protection ne suffit pas à assurer la protection de la zone, il décide de réquisitionner le 9 juin 2018 plusieurs logements situés au dernier étage des immeubles du cours Jean Jaurès afin d'y poster des snipers.

Les propriétaires entendent contester ces réquisitions : quel juge doivent-ils saisir, juge judiciaire ou juge administratif (2,5 points) ? Sur le fond, la décision vous semble-t-elle légale (1,5 point) ?

Annexes

Loi n° 2017-1510 du 30 octobre 2017 renforçant la sécurité intérieure et la lutte contre le terrorisme, article 1

I. – Le titre II du livre II du Code de la sécurité intérieure est complété par un chapitre VI ainsi rédigé :

« Chapitre VI

« Périmètres de protection

« Art. L. 226-1.-Afin d'assurer la sécurité d'un lieu ou d'un événement exposé à un risque d'actes de terrorisme à raison de sa nature et de l'ampleur de sa fréquentation, le représentant de l'État dans le département ou, à Paris, le préfet de police peut instituer par arrêté motivé un périmètre de protection au sein duquel l'accès et la circulation des personnes sont réglementés.

« L'arrêté est transmis sans délai au procureur de la République et communiqué au maire de la commune concernée.

« L'arrêté définit ce périmètre, limité aux lieux exposés à la menace et à leurs abords, ainsi que ses points d'accès. Son étendue et sa durée sont adaptées et proportionnées aux nécessités que font apparaître les circonstances. L'arrêté prévoit les règles d'accès et de circulation des personnes dans le périmètre, en les adaptant aux impératifs de leur vie privée, professionnelle et familiale, ainsi que les vérifications, parmi celles mentionnées aux quatrième et sixième alinéas et à l'exclusion de toute autre, auxquelles elles peuvent être soumises pour y accéder ou y circuler, et les catégories d'agents habilités à procéder à ces vérifications.

« L'arrêté peut autoriser les agents mentionnés aux 2° à 4° de l'article 16 du Code de procédure pénale et, sous la responsabilité de ces agents, ceux mentionnés à l'article 20 et aux 1°, 1° bis et 1° ter de l'article 21 du même code à procéder, au sein du périmètre de protection, avec le consentement des personnes faisant l'objet de ces vérifications, à des palpations de sécurité ainsi qu'à l'inspection visuelle et à la fouille des bagages. La palpation de sécurité est effectuée par une personne de même sexe que la personne qui en fait l'objet. Pour la mise en œuvre de ces opérations, ces agents peuvent être assistés par des agents exerçant l'activité mentionnée au 1° de l'article L. 611-1 du présent code, placés sous l'autorité d'un officier de police judiciaire.

« Les personnes qui refusent de se soumettre, pour accéder ou circuler à l'intérieur de ce périmètre, aux palpations de sécurité, à l'inspection visuelle ou à la fouille de leurs bagages ou à la visite de leur véhicule s'en voient interdire l'accès ou sont reconduites d'office à l'extérieur du périmètre par les agents mentionnés au sixième alinéa du présent article.

Décision n° 2017-695 QPC du 29 mars 2018, M. Rouchdi B. et autre

Sur le fond :

– En ce qui concerne l'article L. 226-1 du Code de la sécurité intérieure [...] :

25. L'article L. 226-1 du Code de la sécurité intérieure permet au représentant de l'État dans le département ou au préfet de police, à Paris, d'instituer un périmètre de protection au sein duquel l'accès et la circulation des personnes sont réglementés à des fins de sécurisation d'un lieu ou d'un événement exposé à un risque terroriste. L'accès et la circulation dans ce périmètre peuvent être conditionnés à la nécessité pour les personnes de se soumettre à des palpations de sécurité, à l'inspection visuelle ou à la fouille de leurs bagages et à la visite de leur véhicule.

– S'agissant du grief tiré de la méconnaissance des exigences résultant de l'article 12 de la Déclaration de 1789 :

26. Selon l'article 12 de la Déclaration de 1789 : « La garantie des droits de l'Homme et du Citoyen nécessite une force publique : cette force est donc instituée pour l'avantage de tous, et non pour l'utilité particulière de ceux auxquels elle est confiée ». Il en résulte l'interdiction de déléguer à des personnes privées des compétences de police administrative générale inhérentes à l'exercice de la « force publique » nécessaire à la garantie des droits.

27. Les dispositions contestées confèrent aux agents de la force publique la possibilité de se faire assister, pour la mise en œuvre des palpations de sécurité et des inspections et fouilles de bagages, par des agents agréés exerçant une activité privée de sécurité. Ce faisant, le législateur a permis d'associer des personnes privées à l'exercice de missions de surveillance générale de la voie publique. Il résulte des dispositions contestées que ces personnes ne peuvent toutefois qu'assister les agents de police judiciaire et sont placées « sous l'autorité d'un officier de police judiciaire ». Il appartient aux autorités publiques de prendre les dispositions afin de s'assurer que soit continûment garantie l'effectivité du contrôle exercé sur ces personnes par les officiers de police judiciaire. Sous cette réserve, ces dispositions ne méconnaissent pas les exigences découlant de l'article 12 de la Déclaration de 1789.

– S'agissant des griefs tirés de la méconnaissance de la liberté d'aller et de venir, du droit au respect de la vie privée et du principe d'égalité devant la loi :

28. En vertu de l'article 34 de la Constitution, la loi fixe les règles concernant les garanties fondamentales accordées aux citoyens pour l'exercice des libertés publiques. Dans le cadre de cette mission, il appartient au législateur d'assurer la conciliation entre, d'une part, la prévention des atteintes à l'ordre public et, d'autre part, le respect des droits et libertés reconnus à tous ceux qui résident sur le territoire de la République. Parmi ces droits et libertés figurent la liberté d'aller et de venir, composante de la liberté personnelle protégée par les articles 2 et 4 de la Déclaration de 1789, et le droit au respect de la vie privée protégé par l'article 2 de cette déclaration [...]

31. En premier lieu, un périmètre de protection ne peut être institué par le préfet, par arrêté motivé, qu'aux fins d'assurer la sécurité d'un lieu ou d'un événement exposé à un risque d'actes de terrorisme à raison de sa nature et de l'ampleur de sa fréquentation. En outre, ce périmètre doit être limité aux lieux exposés à la menace et à leurs abords. Enfin, son étendue et sa durée doivent être adaptées et proportionnées aux nécessités que font apparaître les circonstances. En adoptant les dispositions contestées, le législateur a ainsi poursuivi l'objectif de lutte contre le terrorisme, qui participe de l'objectif de valeur constitutionnelle de prévention des atteintes à l'ordre public. Il a également défini avec précision les conditions de mise en place d'un périmètre de protection et a limité le champ d'application d'un tel dispositif.

32. En deuxième lieu, les règles d'accès et de circulation au sein du périmètre, définies par l'arrêté préfectoral, doivent être adaptées aux impératifs de la vie privée, professionnelle et familiale des personnes. Cet arrêté détermine également les mesures de vérification, limitativement définies par les dispositions contestées, auxquelles les personnes peuvent être

soumises pour y accéder ou y circuler. Ces mesures correspondent à des palpations de sécurité, des inspections visuelles et fouilles de bagages et des visites de véhicules. Elles ne peuvent être opérées que par des autorités de police judiciaire ou, en leur présence et sous leur contrôle effectif, par des agents de police municipale ou des agents agréés exerçant une activité privée de sécurité, avec le consentement des personnes faisant l'objet de ces vérifications [...]

35. Il résulte de ce qui précède que, sous les réserves énoncées aux paragraphes 33 et 34, en adoptant les dispositions contestées, le législateur, qui a à la fois strictement borné le champ d'application de la mesure qu'il a instaurée et apporté les garanties nécessaires, a assuré une conciliation qui n'est pas manifestement déséquilibrée entre, d'une part, l'objectif de valeur constitutionnelle de prévention des atteintes à l'ordre public et, d'autre part, la liberté d'aller et de venir et le droit au respect de la vie privée [...]

36. Il résulte de tout ce qui précède que, sous les réserves énoncées aux paragraphes 27, [...], les dispositions de l'article L. 226-1, qui ne méconnaissent ni le droit à un recours juridictionnel effectif, ni aucun autre droit ou liberté que la Constitution garantit et qui ne sont pas entachés d'incompétence négative, doivent être déclarés conformes à la Constitution.

Code de la défense

Article L. 2211-3 : L'exercice du droit de requérir, défini au présent titre, appartient, suivant la nature ou l'objet des réquisitions, aux ministres compétents, compte tenu des dispositions du livre Ier, relatif à la direction de la défense, de la partie 1 du présent code.

Article L. 2213-4 : La réquisition est individuelle ou collective ; elle est directe ou exécutée par l'intermédiaire du maire. Elle est formulée par écrit. L'ordre est signé par une autorité régulièrement qualifiée ; il mentionne la nature et la quantité des prestations requises et précise s'il s'agit d'une réquisition de propriété, d'usage ou de services.

› *Préparation*

Plan du corrigé

I/ L'absence d'illégalité du périmètre de protection
A – La recevabilité inégale des requêtes envisagées
B – La procédure d'urgence à envisager : le référé-suspension
C – La constitutionnalité du périmètre de protection
D – L'absence d'autres fondements d'illégalité
II/ L'absence d'engagement de la responsabilité de l'administration
A – Les actions individuelles et non collectives en engagement de responsabilité
B – Une responsabilité qui ne pourra pas être engagée
III/ La contestation des arrêtés préfectoraux portant réquisition
A – La saisine du juge administratif en l'absence de voie de fait
B – L'annulation des arrêtés de réquisition pour incompétence

› *Corrigé*

Tout d'abord, l'instauration d'un périmètre de protection autour de la fête des tuiles à Grenoble est contestée (I). Ensuite, une question de responsabilité est soulevée par les commerçants, qu'il faut trancher (II). Enfin, ce sont des arrêtés préfectoraux portant réquisition qui sont remis en question (III).

I/ L'absence d'illégalité du périmètre de protection

Après avoir examiné la recevabilité des requêtes (A) puis la procédure d'urgence à envisager (B), la question de la légalité du périmètre de protection sera appréciée à l'aune de la Constitution (C) et d'autres fondements (D).

A – La recevabilité inégale des requêtes envisagées

L'association *Grenoble le changement*, association politique de lutte contre Éric Piolle et de soutien à l'ancien maire Alain Carignon, et certains de ses membres habitant précisément sur le cours Jean-Jaurès, souhaitent remettre en cause cet arrêté. Il faut donc distinguer ici l'irrecevabilité de l'action de l'association, personne morale, qui n'a pas d'intérêt à agir (1), et la recevabilité de l'action des membres de cette association qui ont intérêt à agir mais en leur qualité de personnes physiques qui habitent sur le cours Jean-Jaurès (2).

1 • L'irrecevabilité de l'action de l'association *Grenoble le changement*

Concernant la recevabilité de l'association *Grenoble le changement*, elle doit s'apprécier au regard des critères posés par la jurisprudence sur l'intérêt à agir des personnes morales. Pour contester une décision administrative les personnes morales doivent avoir un intérêt suffisamment direct et certain vis-à-vis de cette décision, lequel s'apprécie au regard de l'objet de l'association (CE, *ACENAS*, 2017) et de son périmètre géographique (CE, *Syndicats des patrons-coiffeurs de Limoges*, 1906). En l'espèce, cette association est une association politique de lutte contre Éric Piolle et de soutien à l'ancien maire Alain Carignon. Si elle aurait à ce titre intérêt à agir contre les décisions du maire de Grenoble, elle n'a pas d'intérêt direct à agir contre un acte adopté par le préfet, quand bien même celui-ci serait rendu nécessaire par l'organisation d'un événement municipal. En outre la décision du préfet n'a aucun objet politique mais a été adoptée en raison d'impératifs de sécurité publique. Par conséquent l'association n'a pas d'intérêt à agir.

2 • La recevabilité de l'action des habitants du cours Jean Jaurès

Concernant la recevabilité d'une action engagée par les membres de cette association, elle est recevable si ces personnes agissent en leur qualité de personnes physiques qui habitent sur le cours Jean-Jaurès et non en leur qualité de membres de l'association. Leur intérêt est suffisamment direct et certain (CE, *Abisset*, 1958 ; CE, *Damasio*, 1971). En effet, le périmètre de protection implique que des palpations sont possibles à l'entrée du périmètre, l'accès de celui-ci étant filtré. Dans la mesure où le périmètre de protection se situe sur le cours Jean-Jaurès, cela signifie que ses habitants pourront faire l'objet de palpations de sécurité en se rendant chez elles. Leur intérêt à agir est donc direct et certain à titre personnel.

B – La procédure d'urgence à envisager : le référé-suspension

Cette année, la fête des tuiles aura lieu le 9 juin 2018, et le mercredi 25 avril, le préfet de l'Isère a adopté un arrêté général sur le fondement de l'article L. 226-1 du Code de la sécurité intérieure (CSI). La date de l'examen était le 26 avril, date à laquelle il faut dès lors se positionner en l'espèce.

1 • La tentative possible du référé-suspension

En vertu de l'article L. 521-1 CJA, « Quand une décision administrative, même de rejet, fait l'objet d'une requête en annulation ou en réformation, le juge des référés, saisi d'une demande en ce sens, peut ordonner la suspension de l'exécution de cette décision, ou de certains de ses effets, lorsque l'urgence le justifie et qu'il est fait état d'un moyen propre à créer, en l'état de l'instruction, un doute sérieux quant à la légalité de la décision ». Le référé-suspension doit donc être accessoire à un recours en excès de pouvoir lorsqu'il est formé contre un acte administratif et deux conditions sont nécessaires : il doit exister une urgence et un doute sérieux sur la légalité de la décision. Concernant l'urgence, il s'agit de démontrer que « l'exécution de celui-ci porte atteinte, de manière suffisamment grave et immédiate, à un intérêt public, à la situation du requérant ou aux intérêts qu'il entend défendre (CE, *Confédération nationale des radios-libres*, 2001) ». D'après le site internet du Conseil d'État, le juge des référés se prononce dans un délai variant de 48 heures à un mois ou plus en fonction de l'urgence : il s'agit donc d'un juge des référés de l'urgence (y compris jusqu'à un mois ou plus) et non de l'extrême urgence. En l'espèce, la fête des tuiles aura lieu le 9 juin 2018 alors que nous sommes le 26 avril, c'est-à-dire que l'événement aura lieu dans un mois et demi. Par voie de conséquence l'urgence semble pouvoir être constituée. En revanche il faut également démontrer un doute sérieux, ce qui dépend de l'appréciation de la légalité au fond. La procédure d'urgence à envisager est donc le référé-suspension même si le succès n'est pas garanti car il dépend de la démonstration d'un doute sérieux sur la légalité de l'acte, qui en l'espèce ne sera pas aisée à faire.

2 • L'impossibilité d'utiliser le référé-liberté

En revanche, il est possible d'exclure l'utilisation du référé-liberté, prévu par l'article L. 521-2 CJA en vertu duquel « Saisi d'une demande en ce sens justifiée par l'urgence, le juge des référés peut ordonner toutes mesures nécessaires à la sauvegarde d'une liberté fondamentale à laquelle une personne morale de droit public ou un organisme de droit privé chargé de la gestion d'un service public aurait porté, dans l'exercice d'un de ses pouvoirs, une atteinte grave et manifestement illégale. Le juge des référés se prononce dans un délai de quarante-huit heures ». En effet, en l'espèce, le caractère d'illégalité manifeste ne semble pas pouvoir être démontré. Par ailleurs, le critère de l'urgence au sens du référé-liberté n'est pas rempli. D'après la jurisprudence, l'urgence est constituée s'il existe une nécessité qu'une mesure intervienne dans les 48 heures (CE, *Commune de Pertuis*, 2003), et si ce critère est aujourd'hui apprécié avec plus de souplesse, le juge du référé-liberté reste le juge d'une « urgence particulière », impliquant d'intervenir « dans les délais les plus brefs et au regard de critères d'évidence » (CE, *Commune de Dannemarie*, 2017). En l'espèce, dans la mesure où l'événement aura lieu dans un mois et demi, l'engagement d'un référé-liberté serait largement prématuré. Il faut donc préférer un référé-suspension.

C – La constitutionnalité du périmètre de protection

Le juge administratif est habilité à examiner la constitutionnalité des actes administratifs (CE, *Dehaene*, 1950 ; CE, *Amicale des annamites de Paris*, 1956 ; CE, *Syndicat des ingénieurs-conseils*, 1959 ; CE, *Société Eky*, 1960) sauf l'hypothèse où l'inconstitutionnalité ne trouve pas son origine dans l'acte administratif, mais directement dans la loi dont cet acte administratif fait application (CE, *Arrighi*, 1936). Dans ce cas, la loi fait « écran » car le juge constitutionnel est seul habilité à juger de la constitutionnalité de la loi (CE, *Deprez et Baillard*, 2005). Dès lors, si l'inconstitutionnalité se trouve non dans l'acte mais dans la loi, le juge ne peut connaître du grief soulevé.

Toutefois, depuis la révision constitutionnelle de 2008 entrée en vigueur sur ce point en 2010, les requérants peuvent former devant le juge administratif une question prioritaire de constitutionnalité. Celle-ci est prévue par l'article 61-1 de la Constitution, en vertu duquel « Lorsque, à l'occasion d'une instance en cours devant une juridiction, il est soutenu qu'une disposition législative porte atteinte aux droits et libertés que la Constitution garantit, le Conseil constitutionnel peut être saisi de cette question sur renvoi du Conseil d'État ou de la Cour de cassation qui se prononce dans un délai déterminé ». Le juge administratif de premier degré exerce le premier contrôle de recevabilité de la QPC, transmet la question au Conseil d'État qui lui-même la renvoie au Conseil constitutionnel. Il existe toutefois des conditions de recevabilité prévues par la loi organique de 2009 : la question doit concerner des droits et libertés au sens de l'article 61-1, la disposition contestée doit être applicable au litige, elle ne doit pas déjà avoir été déclarée conforme à la Constitution, sauf changements de circonstances de droit ou de fait, et elle doit présenter un caractère sérieux.

En l'espèce, le préfet a fait application de l'article L. 226-1 du Code de la sécurité intérieure (CSI), en vertu duquel en vue « d'assurer la sécurité d'un lieu ou d'un événement exposé à un risque d'actes de terrorisme à raison de sa nature et de l'ampleur de sa fréquentation, le représentant de l'État dans le département ou, à Paris, le préfet de police peut instituer par arrêté motivé un périmètre de protection au sein duquel l'accès et la circulation des personnes sont réglementés ». Ce dispositif prévoit la possibilité d'instituer des palpations de sécurité et des contrôles à l'entrée de la zone, ainsi que de faire appel à des agents de sécurité privée pour assister les agents de l'État dès lors qu'ils sont soumis à l'autorité d'un agent de police judiciaire. Une éventuelle inconstitutionnalité de la décision du préfet trouverait donc son origine dans la loi directement, en l'espèce la loi n° 2017-1510 du 30 octobre 2017 renforçant la sécurité intérieure et la lutte contre le terrorisme, de sorte que la seule solution est de soulever une QPC contre cette loi. Cependant, elle ne serait pas recevable : en effet, le Conseil constitutionnel a déclaré cette loi et plus précisément le dispositif prévu par l'article L. 226-1 CSI conforme à la Constitution dans une décision n° 2017-695 QPC du 29 mars 2018, M. Rouchdi B (voir annexe). Eu égard au caractère très récent de cette décision, aucun changement de circonstance n'est envisageable. Remettre en cause l'inconstitutionnalité de la décision apparaît donc difficile en tant que telle et il faudra plutôt chercher d'autres fondements.

D – L'absence d'autres fondements d'illégalité

La question reste de savoir si d'autres fondements d'illégalités peuvent être trouvés. L'illégalité ne ressort pas ici clairement des faits de sorte qu'elle paraît difficile à établir.

La légalité externe concerne les vices d'incompétence, de forme et de procédure. En l'espèce, la décision a été prise par l'autorité compétente, le représentant de l'État dans le département c'est-à-dire le préfet, il n'existe donc pas de vice d'incompétence. L'article L. 226-1 CSI prévoit également que « L'arrêté est transmis sans délai au procureur de la République et communiqué au maire de la commune concernée » mais rien ne précise dans les faits si cela a été effectué ou non. Il n'existe pas en l'état des faits d'illégalité externe flagrante.

La légalité interne concerne les moyens tirés du détournement de pouvoir, de l'inexactitude matérielle des faits et de l'erreur de droit, dite aussi violation de la loi (CE, sect., *Institut technique de Dunkerque*, 1980). Par ailleurs, en matière de police administrative, la décision doit être nécessaire et proportionnée (CE, *Benjamin*, 1933), ce qui a été confirmé par le Conseil constitutionnel concernant précisément l'article L. 226-1 CSI (décision préc.). Par ailleurs la décision du préfet doit respecter les conditions posées par l'article L. 226-1 CSI tel qu'interprété par le Conseil constitutionnel. Ces conditions semblent respectées.

L'article L. 226-1 CSI prévoit en effet que « L'arrêté définit ce périmètre, limité aux lieux exposés à la menace et à leurs abords, ainsi que ses points d'accès. Son étendue et sa durée sont adaptées et proportionnées aux nécessités que font apparaître les circonstances. L'arrêté prévoit les règles d'accès et de circulation des personnes dans le périmètre, en les adaptant aux impératifs de leur vie privée, professionnelle et familiale, ainsi que les vérifications, parmi celles mentionnées aux quatrième et sixième alinéas et à l'exclusion de toute autre, auxquelles elles peuvent être soumises pour y accéder ou y circuler, et les catégories d'agents habilités à procéder à ces vérifications ». En l'espèce, la mesure a été adoptée pour faire face aux risques d'attentats terroristes dans le contexte des attentats de Carcassonne et de Trèbes, et la fête des tuiles sera un événement important attirant beaucoup de monde : il semble donc qu'elle puisse légitimement être considérée comme nécessaire au regard du risque d'attaques terroristes pouvant survenir n'importe où sur le territoire. Ensuite, l'arrêté prévoit que l'accès au cours Jean-Jaurès, où se déroule la fête des tuiles, sera filtré, le 9 juin 2018 de 6 heures à 24 heures, c'est-à-dire sur le lieu de la fête des tuiles (qui occupe presque tout le cours Jean Jaurès), le seul jour de la fête des tuiles et à des heures correspondant à l'arrivée progressive des commerçants, des associations puis des habitants, ainsi qu'à leur départ. La mesure semble donc nécessaire et proportionnée.

Par ailleurs, l'arrêté prévoit que l'accès au cours Jean-Jaurès, sera filtré par des agents de sécurité privée sous la direction d'officiers de police judiciaire. D'après l'article L. 226-1 CSI et la décision du Conseil constitutionnel, cette faculté est possible, le Conseil constitutionnel considérant que ces palpations « ne peuvent être opérées que par des autorités de police judiciaire ou, en leur présence et sous leur contrôle effectif, par des agents de police municipale ou des agents agréés exerçant une activité privée de sécurité, avec le consentement des personnes faisant l'objet de ces vérifications ». C'est le cas en l'espèce puisque le filtrage est fait d'après l'arrêté sous la direction d'officiers de police judiciaire. Il n'y a donc pas d'illégalité de ce point de vue.

II/ L'absence d'engagement de la responsabilité de l'administration

Les commerçants du cours Jean Jaurès sont également très en colère contre la décision de mettre en place le périmètre de protection : ils estiment en effet que celle-ci va avoir pour effet de dissuader de nombreuses personnes de se rendre à la fête des tuiles ce qui va fortement nuire au chiffre d'affaires qu'ils auraient réalisé ce jour-là en temps normal. Ils souhaiteraient engager la responsabilité de l'État en réparation du préjudice qu'ils subiront, selon eux, le 9 juin 2018. Dans l'hypothèse où le préjudice se réaliserait, il faudrait engager des actions individuelles dans la mesure où l'action de groupe n'est pas envisageable (A), mais sur le fond la responsabilité a peu de chances d'être engagée (B).

A – Les actions individuelles et non collectives en engagement de responsabilité

La loi du 18 novembre 2016 a introduit la nouveauté de l'action de groupe en droit administratif français. Son régime juridique, en l'absence de jurisprudence à ce stade, reste encore soumis à quelques incertitudes. Néanmoins il semble qu'en l'espèce une action de groupe n'est pas envisageable pour plusieurs raisons. En vertu de l'article L. 77-10-3 CJA, « Lorsque plusieurs personnes, placées dans une situation similaire, subissent un dommage causé par une personne morale de droit public ou un organisme de droit privé chargé de la gestion d'un service public, ayant pour cause commune un manquement de même nature à ses obligations légales ou contractuelles, une action de groupe peut être exercée en justice au vu des cas individuels présentés par le demandeur. Cette action peut être exercée en vue soit de la cessation du manquement mentionné au premier alinéa, soit de l'engagement de la responsabilité de la personne ayant causé le dommage afin d'obtenir la réparation des préjudices subis, soit de ces deux fins ». L'article L. 77-10-4 CJA prévoit en outre que « Seules les associations agréées et les associations régulièrement déclarées depuis cinq ans au moins et dont l'objet statutaire comporte la défense d'intérêts auxquels il a été porté atteinte peuvent exercer l'action mentionnée à l'article L. 77-10-3 ». Par ailleurs, l'article L. 77-10-1 et s. CJA prévoit que l'action de groupe est applicable en matière de discrimination subie par les administrés, de discrimination subie par les salariés d'un employeur public, de violation du droit de l'environnement, de faute commise dans la production, la fourniture ou la délivrance d'un produit de santé et de violation des règles garantissant la protection des données à caractère personnel. S'il existe encore un doute dans la doctrine sur la question de savoir si cette action pourrait concerner d'autres domaines, le Conseil d'État sur son site internet semble avoir tranché en faveur d'une conception restrictive, considérant que cette action de groupe ne serait possible que dans ces cinq domaines. Une jurisprudence devrait venir trancher ce point.

En toute hypothèse, ce régime juridique implique plusieurs obstacles en l'espèce. Même s'il existe un préjudice subi par plusieurs personnes placées dans une situation similaire, ce préjudice ne résulte pas d'un manquement aux obligations légales ou contractuelles de la personne publique, puisque la décision est légale. L'action de groupe ne semble donc pas pouvoir être enclenchée pour cette raison. Par ailleurs, cette action est pour l'instant réservée aux cinq domaines précités, et la situation d'espèce ne correspond à aucun de ces cas. Enfin, il n'est pas fait référence ici à une association agrée ou qui aurait cinq ans d'existence. L'action de groupe n'est donc pas envisageable et il faut dès lors engager des actions individuelles.

B – Une responsabilité qui ne pourra pas être engagée

La responsabilité de l'administration peut être engagée soit pour faute, soit sans faute. L'illégalité d'un acte administratif est certes fautive (CE, sect., *Driancourt*, 1973) mais en l'espèce aucune illégalité n'a été commise. La responsabilité pour faute ne pouvant être engagée, seule la responsabilité sans faute peut être envisagée.

La responsabilité de l'administration peut être reconnue du fait des décisions légales en cas de rupture d'égalité devant les charges publiques. Cependant dans cette hypothèse le préjudice de la victime doit être anormal, c'est-à-dire grave, et spécial, c'est-à-dire qu'il doit s'agir d'un préjudice qui lui est spécifique ou concerne un nombre très réduit de personnes, et non un préjudice causé à de nombreuses personnes (CE, *Couitéas*, 1923). Or en l'espèce, cela ne semble pas être le cas : le préjudice éventuel ne sera pas facile à établir et il est peu probable qu'il soit grave au point d'être anormal, et il touchera les nombreux commerçants du cours Jean Jaurès. Le préjudice ne remplit donc pas les critères prévus par la jurisprudence, qui au demeurant reconnaît très rarement la rupture d'égalité devant les charges publiques. La responsabilité ne pourra pas être engagée.

III/ La contestation des arrêtés préfectoraux portant réquisition

Enfin, le jeudi 26 avril, le préfet décide d'adopter des arrêtés complémentaires. Considérant que l'installation du périmètre de protection ne suffit pas à assurer la protection de la zone, il décide de réquisitionner plusieurs logements situés au dernier étage des immeubles du cours Jean Jaurès afin d'y poster des snipers. Pour contester ces décisions il faudra saisir le juge administratif car la voie de fait n'est pas constituée (A) et ces arrêtés seront très facilement annulés (B).

A – La saisine du juge administratif en l'absence de voie de fait

Si le Conseil constitutionnel estime qu'il relève d'un principe constitutionnel que l'annulation ou la réformation des actes administratifs pris dans l'exercice de prérogatives de puissance publique par l'État relève de la compétence du juge administratif, il existe également des matières qui relèvent par nature du juge judiciaire (Cons. const., *Conseil de la concurrence*, 1987). La théorie dite de la « voie de fait » (T. confl., *Action française*, 1935) entre dans ce cas de figure puisqu'elle permet au juge judiciaire d'intervenir à la place du juge administratif pour constater la nullité d'actes administratifs lorsque l'administration commet une irrégularité particulièrement grave. Cependant, son champ d'application ne cesse de se réduire, suite notamment à la jurisprudence du Tribunal des conflits *Bergoend* de 2013. Désormais il y a voie de fait et donc compétence du juge judiciaire lorsque la décision correspond à une exécution forcée irrégulière portant atteinte à une liberté individuelle ou aboutissant à une extinction du droit de propriété ou que l'acte est une décision insusceptible de se rattacher à un pouvoir de l'administration, portant atteinte à une liberté individuelle ou aboutissant à une extinction du droit de propriété. La notion d'atteinte à la liberté individuelle est entendue restrictivement par le Conseil constitutionnel qui ne prend en compte que la privation de liberté c'est-à-dire en pratique la détention arbitraire (Cons. const., déc. n° 2010-25 QPC du 16 sept. 2010, *M. Jean-Victor C.*). Concernant l'extinction du droit de propriété, elle suppose d'après la doctrine une suppression totale des attributs du droit de propriété.

En l'espèce, la voie de fait n'est pas constituée. Quand bien même il y aurait une exécution forcée irrégulière ou une décision insusceptible de se rapporter à un pouvoir de l'administration, il n'y a privation de liberté et détention arbitraire ni extinction du droit de propriété. En effet, la réquisition ne durera qu'un seul jour, le jour où sera installé le périmètre de protection, ce qui ne suffit pas à caractériser l'extinction de la propriété. La compétence ira donc au juge administratif.

B – L'annulation des arrêtés de réquisition pour incompétence

Sur le fond, les arrêtés seront très facilement annulés. En effet l'article L. 2211-3 du Code de la défense prévoit que « L'exercice du droit de requérir, défini au présent titre, appartient, suivant la nature ou l'objet des réquisitions, aux ministres compétents » et l'article L. 2213-4 que « la réquisition est individuelle ou collective ; elle est directe ou exécutée par l'intermédiaire du maire » (voir les annexes). Au regard de ces dispositions, le préfet ne dispose donc pas du pouvoir de procéder à ces réquisitions et ses arrêtés seront donc annulés pour incompétence.

La juridiction administrative

Thème principal

Contrôle juridictionnel

Mots clés

Police, Contrat, Responsabilité, Acte administratif

Sujet donné et corrigé établi par

Bertrand Seiller, Professeur à l'Université Panthéon-Assas Paris 2

Second semestre 2016-2017

› *Cas pratique*

Vous donnerez votre opinion argumentée sur les différents faits ci-dessous présentés :

Le 15 janvier dernier, M. A a été interpellé par des agents de la police nationale pour conduite d'un véhicule automobile sous l'empire d'un état alcoolique. S'il reconnaît s'être débattu et avoir injurié les agents, il affirme que ceux-ci ont fait preuve d'une brutalité excessive lors de son interpellation puisqu'il a eu un bras cassé. Il souhaite être indemnisé mais ne sait pas contre qui il doit agir ni quelle juridiction saisir.

Mme B est directrice d'un lycée professionnel qui fait partie d'un Greta, c'est-à-dire d'un groupement d'établissements publics d'enseignement qui mutualisent leurs compétences et leurs moyens pour proposer des formations continues pour adultes. Pour assurer l'hébergement des adultes accueillis durant leur stage au sein de son établissement, ce dernier a conclu un contrat avec M. et Mme C qui tiennent une pension de famille à proximité. Ce contrat prévoit qu'en échange de réservations régulières de chambres au sein de leur pension, ils consentent une réduction de prix sur la facture qui est acquittée par le lycée professionnel. Mme B est cependant contrariée par le fait que M. et Mme C viennent de refuser de rembourser la partie d'un séjour non effectué dans sa totalité par un stagiaire. Elle souhaite obtenir ce remboursement et s'interroge sur l'engagement d'une procédure juridictionnelle.

À l'occasion de travaux de réfection des trottoirs dans une rue de la commune de D, le mur de la propriété de M. et Mme E s'est effondré sur plusieurs mètres. Ils sont persuadés que c'est parce qu'un des camions utilisés par le chantier a percuté ce mur accidentellement. La commune affirme pour sa part que cet effondrement a été provoqué par le creusement d'une tranchée au ras du mur pour les besoins des travaux. Vous indiquerez les enjeux attachés à ces deux causes possibles de l'effondrement du mur, tant du point de vue de la compétence juridictionnelle que du fondement de la responsabilité.

En vertu des articles L. 4121-1 et 2 du Code de la santé publique, l'ordre national des médecins regroupe obligatoirement tous les médecins et a pour mission de veiller « *au maintien des principes de moralité, de probité, de compétence et de dévouement indispensables à l'exercice de la médecine* [...] *ainsi qu'à l'observation, par tous ses membres, des devoirs professionnels, ainsi que des règles édictées par le code de déontologie prévu à l'article L. 4127-1* ». En vue de couvrir les dépenses lui incombant, le législateur a habilité l'ordre à percevoir une cotisation qui, en vertu de l'article L. 4122-2, doit être acquittée par chaque médecin. M. F, médecin, a contesté la décision du conseil national de l'ordre des médecins du 15 décembre 2016 fixant le montant de la cotisation ordinale pour l'année 2017, parce qu'il estime cette cotisation excessive. Il a saisi de son recours le tribunal de grande instance mais s'interroge sur la compétence de ce dernier.

› *Préparation*

Analyse du sujet

Il s'agit d'un cas pratique dans lequel les faits sont donnés sans indication des questions juridiques qu'ils soulèvent. Les étudiants doivent donc procéder eux-mêmes à l'analyse de ces faits pour en dégager les problèmes à résoudre. Cela suppose une bonne maîtrise du cours qui, seule, permet de qualifier juridiquement les situations et donc de correctement poser les termes de la résolution du cas pratique. Cette difficulté supplémentaire par rapport à un cas pratique assorti de questions précises requiert des réflexes et une étude systématique de la situation des individus évoqués dans les faits.

› *Corrigé*

I/ Situation de M. A

Il convient d'abord de qualifier juridiquement les faits à l'origine de la blessure de M. A – Cette qualification est indispensable pour identifier le juge compétent.

M. A a été blessé au cours d'une opération de police, plus précisément d'une opération de police judiciaire. En effet, les opérations de police judiciaire se caractérisent par leur finalité, qui est – schématiquement – de réprimer des atteintes à l'ordre public constitutives d'infractions pénales (CE 1951, *Baud*, et T. confl. 1951, *Noualek*). Tel est bien ici le cas : M. A a été interpellé parce qu'il conduisait en état d'ivresse et c'est lors de son interpellation qu'il a été blessé. C'est donc bien l'opération de police judiciaire qui est à l'origine de ses blessures.

En cas de contentieux, ce sont les juridictions judiciaires qui sont compétentes pour connaître des litiges provoqués par une opération de police judiciaire car c'est une activité qui se rattache au fonctionnement de la police judiciaire (T. confl. 1952, *Préfet de la Guyane*).

L'opération ainsi qualifiée et le juge éventuellement compétent pour en connaître étant déterminé, il reste alors à examiner dans quelles conditions M. A peut espérer être indemnisé.

En premier lieu, il doit identifier la personne juridique responsable de l'activité dommageable. Dans la mesure où une opération de police judiciaire est accomplie au nom de l'État, c'est celui-ci qui doit répondre des éventuelles conséquences dommageables d'une telle opération. M. A doit donc demander à l'État l'indemnisation de son préjudice.

En second lieu, il convient de relever que si cette demande est rejetée et si M. A porte son action devant les tribunaux judiciaires, ceux-ci n'appliqueront pas pour autant les règles classiques du droit de la responsabilité civile. En effet, en vertu de la jurisprudence *Docteur Giry* (Cass. 1956), les juridictions judiciaires appliquent aux services judiciaires les règles de la responsabilité de la puissance publique telles qu'elles sont appliquées devant le juge administratif.

II/ Situation de Mme B

La question que pose Mme B est celle de savoir la nature des liens unissant le lycée qu'elle dirige – car c'est lui qui a signé le contrat dans le libellé du cas pratique et non le Greta – et les époux C. Ses liens sont évidemment de nature contractuelle, comme il est indiqué expressément dans le libellé du sujet.

Il importe alors de savoir s'il s'agit d'un contrat administratif ou de droit privé.

Il ne s'agit pas d'un contrat administratif par détermination de la loi et notamment pas d'un marché public (car aucune prestation n'est fournie au lycée lui-même) ou d'une concession (au sens de l'ordonnance du 29 janvier 2016).

Ce sont donc les critères jurisprudentiels qui s'appliquent. Ils supposent d'établir en premier lieu la qualité des personnes signataires. Les époux C sont des personnes privées et peu importe, à cet égard, l'éventuelle forme sociale de leur entreprise, qui serait elle aussi une personne morale de droit privé. L'autre partie au contrat est le lycée. Or il est expressément indiqué dans le libellé du sujet que les lycées sont des établissements publics, c'est-à-dire des personnes morales de droit public. Le contrat a donc été conclu entre une personne morale de droit public et des personnes privées.

L'identification des personnes contractantes ne suffit pas, en ce cas, à caractériser le contrat : des critères matériels alternatifs sont susceptibles d'en faire un contrat administratif. Il en va ainsi soit quand le contrat associe le cocontractant de la personne publique à l'exécution même de la mission de service public (CE 1956, *Époux Bertin*), soit lorsqu'il contient un élément exorbitant (clause exorbitante : CE 1912, *Soc. des granits porphyroïdes des Vosges*; régime exorbitant : CE 1973, *Soc. d'exploitation électrique de la rivière du Sant*). Or le fait d'assurer l'hébergement des adultes accueillis durant leur stage au sein du lycée n'associe certainement pas les époux C au service public de la formation pour adultes. Certes, les faits de la jurisprudence *Époux Bertin* peuvent induire en erreur car une prestation identique (logement et restauration) a été considérée comme associant à l'exécution même du service public. Mais le service public en cause était précisément celui de l'hébergement de ressortissants soviétiques présents sur le territoire français à l'issue de la seconde guerre mondiale et dans l'attente de leur rapatriement chez eux : les époux Bertin assuraient donc le service public. Dans le cas présent, le service public est celui de la formation des adultes et les époux C n'y sont évidemment pas associés.

Si le critère de la participation à l'exécution même du service public n'est donc pas rempli, le critère de l'élément exorbitant ne semble pas l'être non plus. Rien n'indique en effet que le contrat contienne une clause exorbitante ou soit placé sous un régime exorbitant.

En conclusion, c'est un contrat de droit privé conclu entre une personne publique et des personnes privées. Tout litige relatif à son exécution relève des juridictions judiciaires.

III/ Situation des époux E

L'écroulement du mur de la propriété des époux E s'est produit à l'occasion de la réfection du trottoir dans la rue dont ils sont riverains.

Les travaux de réfection des trottoirs sont des travaux publics puisqu'ils sont réalisés par une personne publique (la commune) et dans un but d'intérêt général (T. confl. 1921, *Commune de Monségur*).

Les riverains de la rue, dont la propriété a été endommagée à l'occasion de la réfection des trottoirs, sont affectés en tant que tiers par rapport à ces travaux et non en tant qu'usagers. Ils auraient été affectés comme usagers s'ils avaient été, par exemple, blessés en tombant dans une tranchée creusée dans le trottoir. Tel n'est pas le cas.

Les époux E sont donc des tiers victimes d'un dommage de travaux publics.

Selon le libellé du sujet, deux faits sont susceptibles d'avoir causé l'effondrement du mur de clôture : les propriétaires estiment que c'est la manœuvre d'un engin utilisé pour le chantier ; la commune estime que c'est le creusement d'une tranchée au ras de ce mur. Selon l'hypothèse retenue, le fondement de la responsabilité et surtout le juge compétent en cas de recours juridictionnel changeront.

Si c'est la thèse de la commune qui prévaut, le juge compétent sera le juge administratif. En effet, il s'agit alors d'une action en responsabilité de la puissance publique (la commune) du fait de travaux publics. L'ex-article 4 de la loi du 28 pluviôse an VIII joue en ce cas pour donner compétence à l'ordre juridictionnel administratif. Sur le fond, la responsabilité de la commune sera engagée sans faute de sa part car il s'agit d'un dommage accidentel subi par un tiers à une opération de travaux publics (CE 2000, *Région Languedoc-Roussillon*).

Si c'est en revanche la thèse des propriétaires qui est retenue, l'action restera engagée contre la commune mais elle devra être portée devant les juridictions judiciaires. En effet, la loi du 31 décembre 1957 confie à l'ordre judiciaire le contentieux des dommages causés « par un véhicule quelconque ». Cette notion entendue très extensivement couvre notamment les engins automoteurs utilisés sur un chantier. Sur le fond, le juge appliquera alors les règles du droit civil et plus précisément celles de la loi du 5 juillet 1985 sur la responsabilité du fait des véhicules terrestres à moteur.

Néanmoins, la loi de 1957 est considérée comme dérogeant aux règles de la répartition des compétences entre les deux ordres de juridiction. Elle ne peut donc être mise en œuvre qu'en cas de preuve qu'un véhicule a causé le dommage. Si la commune ne parvient pas à prouver que c'est un engin de chantier qui est la cause de l'éboulement, le dommage sera considéré comme lié au creusement de la tranchée et relèvera de la compétence de la juridiction administrative.

IV/ Situation de M. F

Pour connaître le juge compétent sur la demande de M. F il est nécessaire de déterminer la nature de l'acte qu'il conteste. S'il s'agit d'un acte de droit privé, le juge judiciaire devait effectivement être saisi ; s'il s'agit d'un acte administratif, c'était au juge administratif d'en connaître.

Cet acte émane de l'ordre national des médecins qui est l'une des institutions ordinales des médecins en France. C'est une personne morale de droit privé comme le sont les institutions des ordres professionnels (CE 1943, *Bouguen*). La qualité de personne de droit privé ne suffit pas à exclure que l'acte qu'elle édicte soit un acte administratif. En effet, des personnes morales de droit privé peuvent à certaines conditions émettre des actes administratifs.

La première condition est que la personne privée soit chargée d'une mission de service public, laquelle se définit comme une activité d'intérêt général maîtrisée par une personne publique. Or tel est bien le cas en l'espèce. La maîtrise par une personne publique est satisfaite – alors même que l'ordre national est une personne privée – parce que l'ordre national est habilité à exercer ses missions par des dispositions législatives et donc par l'État. Les missions confiées à l'ordre national des médecins sont par ailleurs d'intérêt général, comme le révèlent les textes cités dans le libellé du sujet : l'ordre national « *a pour mission de veiller au maintien des principes de moralité, de probité, de compétence et de dévouement indispensables à l'exercice de la médecine* [...] *ainsi qu'à l'observation, par tous ses membres, des devoirs professionnels, ainsi que des règles édictées par le code de déontologie* ». L'acte contesté émane donc d'une personne morale de droit privé chargée d'une mission de service public.

La seconde condition, pour que l'acte édicté par une personne morale de droit privé soit un acte administratif, se rapporte au type de mission de service public qu'elle assure : gère-t-elle un service public administratif ou industriel et commercial ?

Le service confié à l'ordre national des médecins est assurément un service public administratif. En effet, les trois critères permettant de caractériser un service public industriel et commercial ne sont pas remplis. Ni l'objet (assurer la « police » de la profession des médecins), ni l'origine des ressources (des cotisations obligatoires) ni les modalités de fonctionnement (notamment l'adhésion obligatoire) ne permettent d'établir une ressemblance avec ce qui se pratique dans le secteur privé (CE 1956, *Union syndicale des industries aéronautiques*).

L'acte contesté a donc été édicté par une personne privée chargée d'une mission de service public administratif. La dernière condition pour que cet acte puisse être qualifié d'acte administratif se rapporte aux modalités de son édiction : il faut que l'acte ait été pris dans l'exercice des prérogatives de puissance publique confiées à la personne privée pour la gestion de sa mission de service public (CE 1961, *Magnier*).

En l'occurrence, l'ordre national des médecins dispose bien de prérogatives de puissance publique puisque, selon les dispositions législatives mentionnées dans le sujet, le législateur confère un monopole à l'ordre national, oblige les médecins à y adhérer et enfin habilite l'ordre à percevoir une cotisation qui doit être acquittée par chaque médecin. Ces trois éléments sont autant de prérogatives de puissance publique.

Et l'acte contesté, fixant le montant de la cotisation ordinale pour l'année 2017, a été précisément pris dans l'exercice de ces prérogatives. Il s'agit donc d'un acte administratif unilatéral (réglementaire car de portée générale) même s'il émane d'une personne morale de droit privé. À ce titre, il est susceptible de recours pour excès de pouvoir devant les juridictions administratives.

M. F a donc raison de s'interroger sur la compétence du tribunal de grande instance puisqu'il aurait dû saisir une juridiction administrative et plus précisément le Conseil d'État en vertu de l'article R 311-1 2° CJA puisque celui-ci est compétent pour connaître des recours dirigés contre les actes réglementaires des ministres et des autres autorités à compétence nationale.

La juridiction administrative

Thème principal

Contrôle juridictionnel

Mots clés

Droit souple, Juridiction administrative, État d'urgence, Recours

Sujet donné et corrigé établi par

Serge Slama, Maître de conférences HDR à l'Université Paris-Nanterre

Second semestre 2016-2017

› *Cas pratique*

Jason – faut-il le rappeler – est (toujours) un étudiant en L2 de droit jouant le rôle de mascotte pour le service de communication de l'Université Paris-Nanterre. Il a trouvé un astucieux moyen d'arrondir ses fins de mois, dans la perspective d'acheter – enfin – un exemplaire du GAJA et ainsi pouvoir faire un selfie au sein d'une juridiction administrative et connaître la gloire sur le compte tweeter de son professeur.

Profitant de sa – mystérieuse – popularité acquise auprès des étudiants en droit par sa créature, le service de communication organise régulièrement des concours de saute-mouton sur le campus. Il se trouve qu'en L2 de droit, il y a de redoutables compétiteurs. Or, Jason a eu l'idée d'organiser un système de paris via les téléphones portables et qui sont réservés aux seuls étudiants du campus de Nanterre. Pour pouvoir parier, les étudiants doivent entrer le numéro d'étudiant et adhérer à une charte contractuelle en ligne. Ce système constitue pour Jason une véritable martingale : ces paris sont très profitables – il ne redistribue que 50 % des sommes collectées. Ce n'est donc pas qu'un GAJA qu'il va pouvoir s'acheter mais l'ensemble des ouvrages de droit administratif existants... D'après « Nanterre pas le droit », hebdomadaire satirique paraissant le Mercredi, ses revenus dépasseraient d'ores et déjà largement le salaire offert à certains collaborateurs parlementaires. Mieux qu'un revenu universel...

La presse locale a commencé à évoquer le succès de ce jeune entrepreneur étudiant qui est en marche, à quatre pattes, vers un succès digne de Madoff.

Cas 1. Jason a la surprise d'apprendre, par médias interposés, que l'Autorité de régulation des jeux en ligne (ARJEL), autorité administrative indépendante qui est chargée de réguler ce secteur en application de la loi du 12 mai 2010 relative à l'ouverture à la concurrence et à la régulation du secteur des jeux d'argent et de hasard en ligne, a publié un communiqué de presse mettant en garde les usagers de l'Université Paris-Nanterre, particulièrement les étudiants en droit, face aux risques liés à ce système de paris en ligne. Le communiqué précise aussi que l'ARJEL a des d'importants doutes sur la légalité des paris électroniques organisés par Jason, surtout qu'ils n'ont pas fait l'objet des agréments nécessaires auprès des services de l'autorité. Il est précisé dans ce communiqué que le président de l'ARJEL se réservait le droit, après instruction de ce dossier par ses services, de saisir le Parquet national financier de faits délictueux ou de lui infliger les sanctions pécuniaires prévues par la loi.

1.1. Jason peut-il contester devant une juridiction ce communiqué de presse qui, dès sa publication, a fait drastiquement chuter son chiffre d'affaires en dissuadant les étudiants de jouer sur son application en ligne ?

1.2. Au regard des textes reproduits ci-dessous, l'ARJEL est-elle bien compétente pour se saisir de ce dossier et, le cas échéant, infliger une sanction à Jason ?

Cas 2. Alerté, le président de l'Université décide d'agir en interdisant de manière générale et absolue la pratique du saute-mouton sur le campus. L'arrêté précise que toute personne prise en contravention à cette interdiction pourra, s'il relève de sa juridiction, faire l'objet de poursuites disciplinaires et être immédiatement expulsé du domaine universitaire par les agents de sécurité de l'Université.

Les étudiants sont furieux qu'on puisse ainsi arbitrairement les priver de leur sport préféré, alors même que ce n'est pas le sport qui est en cause mais son exploitation par un olibrius – c'est comme si on interdisait le handball parce que certains joueurs en vue auraient participé à un système de paris truqués.

Réunis au sein de l'association sportive universitaire nanterroise du saute-mouton (ASUNSAUMOU), les étudiants souhaitent contester cet arrêté.

2.1. Qualifiez la nature de l'arrêté, et déterminez si l'association sportive serait recevable à le contester ?

2.2. Si l'association saisit le tribunal administratif en référé est-ce que cela aurait pour effet de suspendre automatiquement l'interdiction et de permettre la tenue de la prochaine compétition qui doit avoir lieu en fin de semaine ?

Cas 3. Le président de l'Université veut également mettre fin à l'utilisation abusive des téléphones portables par les étudiants. En effet, à tout moment de la journée, les étudiants passent leur temps à jouer au jeu du saute-mouton électronique, y compris en cours ou en TD, surtout au sein de l'UFR de droit. Le président de l'Université envisage d'équiper les bâtiments de brouilleurs. Mais en attendant il adresse une circulaire aux personnels enseignants de l'Université en leur demandant de ne plus tolérer aucun téléphone portable pendant les cours et de prohiber formellement l'usage de l'application « *Joue avec Jason au saute-mouton électronique* ». Les étudiants ne respectant pas cette interdiction pourront se voir exclus temporairement du TD « *le temps de leur remettre les neurones en place* ». Les personnels sont autorisés à effectuer des palpations de sécurité pour vérifier si l'étudiant ne dissimule par son téléphone.

3.1. Les étudiants sont-ils recevables à contester cette instruction devant une juridiction ?

3.2. Les étudiants peuvent-ils contester devant une juridiction la décision d'un enseignant leur demandant d'éteindre leur portable et, le cas échéant, les excluant temporairement du TD ?

Cas 4. Agacé par ces étudiants qui continuent à jouer au saute-mouton électronique, le président de l'Université a eu l'idée de génie – qui lui vaudrait sûrement un Orwell d'or – de profiter de l'état d'urgence, proclamé le 14 novembre 2015 et toujours en vigueur jusqu'au 15 juillet 2017 (voir même au-delà en cas de 6e prolongation), pour demander au préfet d'ordonner la perquisition administrative de la bergerie de Jason, dépendance de la ferme du bonheur où il vit avec sa moitié, Salah Mie, son chien de berger et ses comparses les (vrais) moutons. Fiché « T » depuis ses démêlés avec la police (dans un précédent cas pratique), Jason a fait l'objet de notes blanches des services du renseignement intérieur en raison de ses activités juridico-subversives (adepte du Chapus et autre GAJA, il connaîtrait le nom du nain de l'affaire *Morsang-sur-Orge*...)

À l'occasion de cette perquisition administrative ordonnée, en pleine nuit, sur le fondement de l'article 11 de loi du 3 avril 1955, la police a non seulement saccagé son habitat, rendu chèvre Salah, son chien et ses moutons mais a, en outre, procédé à la saisie de son téléphone portable et de son ordinateur (contenant notamment ses cours de droit administratif). La préfecture envisage d'exploiter les données conservées sur ces appareils afin, notamment, d'obtenir la liste nominative des étudiants inscrits sur le jeu en ligne créé par Jason.

4.1. La préfecture peut-elle d'office procéder à l'exploitation des données conservées sur les appareils électroniques saisis ?

4.2. Jason peut-il s'y opposer en invoquant notamment l'illégalité de la perquisition, qui manifestement n'a rien à voir avec l'état d'urgence ?

Documents autorisés : des extraits de la loi n° 2010-476 du 12 mai 2010 relative à l'ouverture à la concurrence et à la régulation du secteur des jeux d'argent et de hasard en ligne, du décret n° 2010-495 du 14 mai 2010 relatif à la procédure de sanction applicable aux opérateurs agréés de jeux ou de paris en ligne, un article du Code de l'éducation et de la loi du 3 avril 1955 sur l'état d'urgence.

› *Préparation*

Analyse du sujet

Ce nouvel épisode des aventures nanterroises de Jason, la mascotte de l'Université Paris Nanterre, donné en galop d'essai en février 2017, était l'occasion de tester les connaissances des étudiants sur la justiciabilité du droit souple d'une autorité de régulation, le contentieux des circulaires et le régime de responsabilité des perquisitions dans le cadre de l'état d'urgence. S'agissant d'un cas pratiques avec des questions précises, il ne posait pas de difficultés méthodologiques particulières, si ce n'est la gestion du temps. Toutes les décisions citées avaient été évoquées en cours et étaient dans les fiches de TD. Les textes pertinents reproduits en annexe.

› *Corrigé*

Cas 1

1.1 – Contestation du communiqué de presse de l'ARJEL (*2,5 pts*)

Pour savoir si Jason peut contester le communiqué de presse de l'ARJEL qui a fait baisser son chiffre d'affaires il est nécessaire de déterminer s'il fait grief et par suite si un recours pour excès de pouvoir à son encontre serait recevable devant une juridiction administrative. Dans la mesure où on est en présence d'un acte dit de « droit souple » (*soft law*) d'une autorité de régulation – l'ARJEL est une autorité indépendante régulant le secteur du jeu en ligne – il y a lieu de se référer aux récents arrêts d'Assemblée du Conseil d'État du 21 mars 2016 *Fairvesta* et *Numericable* qui fixent précisément les critères de justiciabilité des actes de « droit souple » (avis, recommandations, mises en garde et prises de position). Il peut être rappelé que ces arrêts prolongent la jurisprudence antérieure sur les recommandations des autorités administratives indépendantes (par ex. : CE 13 juill. 2007, *Soc. éditions Tissot* ou CE 16 janv. 2006, *Fédération du Crédit mutuel Centre-est Europe*). Lorsque les opérateurs peuvent se sentir tenus par des recommandations ou prises de position d'une telle autorité qui dispose d'un pouvoir de sanction ou lorsque des professionnels d'un secteur peuvent se sentir liés par celles-ci compte tenu de leurs obligations déontologiques, un recours pour excès de pouvoir contre celles-ci était d'ores et déjà recevable (CE, sect., 27 avr. 2011, *Association pour une formation médicale indépendante*; CE 4 oct. 2013, *Soc. les laboratoires Servier*; CE 11 oct. 2012, *Société Casino Guichard-Perrachon*).

Mais avec ses arrêts du 21 mars 2016, le Conseil d'État a plus largement considéré que les actes de droit souple adoptés par les autorités de régulation dans l'exercice de leurs missions sont susceptibles d'un recours en excès de pouvoir d'une part, dans le prolongement de cette jurisprudence, « *lorsqu'ils revêtent le caractère de dispositions générales et impératives ou lorsqu'ils énoncent des prescriptions individuelles dont ces autorités pourraient ultérieurement censurer la méconnaissance* » et d'autre part, de manière novatrice, « *lorsqu'ils sont de nature à produire des effets notables, notamment de nature économique, ou ont pour objet d'influer de manière significative sur les comportements des personnes auxquelles ils s'adressent* ».

Le cas d'espèce relève bien de cette seconde branche.

D'une part le communiqué de presse de cette autorité de régulation (ARJEL) a fait drastiquement chuter le chiffre d'affaires du jeu en ligne de Jason. Le communiqué a provoqué une perte de clients et a nui à sa réputation. Il a donc produit des effets notables notamment économiques. Il a aussi influencé de manière significative sur le comportement des joueurs fréquentant le campus auquel il était expressément destiné.

D'autre part, et en tout état de cause, l'ARJEL détient un pouvoir de sanction (cela ressortait du décret du 14 mai 2010 reproduit en annexe du cas pratique) et donc, suivant la logique de *Casino Guichard*, prolongé par *Fairvesta*, le communiqué de presse a énoncé « des prescriptions individuelles dont ces autorités pourraient ultérieurement censurer la méconnaissance ».

Ainsi, le communiqué de presse fait bien grief à Jason et justifiant d'un intérêt direct et certain il est par suite recevable à le contester en excès de pouvoir devant un juge administratif.

NB : en vertu de l'article R 311-1 du Code de la justice administrative, c'est le Conseil d'État qui est compétent en premier et dernier ressort pour connaître des décisions de l'ARJEL.

1.2 – Compétence de l'ARJEL pour se saisir de ce cas et, le cas échéant, infliger une sanction (*2,5 pts*)

En annexe étaient reproduits des extraits de la loi du 12 mai 2010 qui prévoit en son article 10 qu'au sens de cette loi :

« *1° Le jeu et le pari en ligne s'entendent d'un jeu et d'un pari dont l'engagement passe exclusivement par l'intermédiaire d'un service de communication au public en ligne.* [...]

2° Est un opérateur de jeux ou de paris en ligne toute personne qui, de manière habituelle, propose au public des services de jeux ou de paris en ligne comportant des enjeux en valeur monétaire et dont les modalités sont définies par un règlement constitutif d'un contrat d'adhésion au jeu soumis à l'acceptation des joueurs ;

3° Un joueur ou un parieur en ligne s'entend de toute personne qui accepte un contrat d'adhésion au jeu proposé par un opérateur de jeux ou de paris en ligne. Toute somme engagée par un joueur, y compris celle provenant de la remise en jeu d'un gain, constitue une mise [...] ».

Au regard de ces définitions, il ne fait pas de doute que le jeu de pari en ligne mis en place par Jason relève bien du champ de cette loi. En effet il propose, par son application électronique, de manière habituelle un système de paris en ligne comportant des enjeux de valeur monétaire et dont les modalités sont définies dans un règlement constitutif d'un contrat d'adhésion (adhésion à une charte contractuelle).

L'ARJEL est donc bien compétente pour se saisir de ce dossier.

Par ailleurs en vertu du décret du 14 mai 2010 l'ARJEL, ou plus exactement son collège, est bien dotée d'un pouvoir de sanction à l'égard de ces opérateurs de jeux en ligne.

Cas 2

2.1 – Nature de l'arrêté et recevabilité du recours de l'association (*2,5 pts*)

L'arrêté du président d'Université a une portée générale et impersonnelle. En effet il interdit cette activité sur le campus universitaire à tout étudiant ou personnel de manière indifférenciée et non nominative. On est donc en présence d'un acte réglementaire.

Il s'agit plus précisément d'un arrêté pris dans le cadre de l'exercice du pouvoir de police spéciale détenue par le président en vertu de l'article L. 712-2 du Code de l'éducation afin de maintenir l'ordre public sur le campus.

L'association serait recevable à contester cet acte réglementaire.

D'une part, s'agissant d'un acte réglementaire il est contestable par les usagers et personnels du service public universitaire. On n'est pas en présence d'une mesure d'ordre intérieur. L'arrêté porte en effet atteinte aux libertés des étudiants. Eu égard à la nature et à la gravité de cette mesure il fait grief (CE, ass., 17 févr. 1995, *Hardouin et Marie*).

D'autre part, en prohibant de manière générale et absolue cette activité, l'arrêté lèse directement et de manière certaine les intérêts des étudiants concernés et ceux défendus par l'association sportive (sur la recevabilité d'une organisation à défendre des intérêts collectifs *cf.* CE 28 déc. 1906, *Patrons coiffeurs de Limoges*).

2.2 – Suspension automatique de l'interdiction par l'introduction d'un référé ? (2,5 *pts*)

En raison du privilège du préalable, le caractère exécutoire d'une décision administrative constitue « la règle fondamentale du droit public » (CE, ass., 2 juill. 1982 *Huglo*). Ainsi le seul fait de déposer un recours contentieux, y compris un référé-liberté ou un référé-suspension, n'a pas pour effet de suspendre automatiquement l'exécution de la décision contestée. L'effet suspensif du recours n'est reconnu que dans ces cas très restreints, en particulier dans le contentieux de l'éloignement des étrangers et demandeurs d'asile lorsqu'il existe des raisons sérieuses de penser que l'intéressé risque d'être exposé à une atteinte aux droits garantis par les articles 2 (droit à la vie) ou 3 (prohibition de la torture et des traitements inhumains et dégradants) de la CEDH (v. not. CEDH 2007, *Gebremedhin* ; CEDH 2012, *De Souza Ribeiro*) compte tenu du caractère irréversible de l'atteinte à un droit intangible.

Toutefois, si un référé (liberté ou suspension) est déposé rapidement il est possible d'obtenir du juge des référés en temps utile le prononcé d'une ordonnance prononçant la suspension de l'arrêté présidentiel avant la date de la compétition.

S'agissant du référé liberté, il faut toutefois faire état d'une urgence à 48 heures et d'une atteinte grave et manifestement illégale à une liberté fondamentale. Mais en l'espèce il faudrait d'une part démontrer que l'arrêté est manifestement illégal. Dans la logique de l'arrêt *Benjamin* du 19 mai 1933, on peut se demander si cette interdiction générale et absolue est fondée car une mesure de police doit être nécessaire, adaptée à la situation et proportionnée. En effectuant le « triple test » de proportionnalité le juge administratif pourrait juger une telle interdiction comme constituant une illégalité manifeste. D'autre part, il faudrait invoquer une liberté fondamentale. Il n'est pas évident d'en trouver une en l'espèce, hormis le cas échéant la liberté personnelle (CE, réf., 8 sept. 2005, *Garde des Sceaux, ministre de la Justice c/ Bunel*) ou la liberté de réunion (CE, réf., 19 août 2002, *Front national, Institut de formation des élus*).

S'agissant du référé-suspension, il faut faire état d'une part d'une urgence, c'est-à-dire d'une atteinte grave et immédiate à un intérêt public, à un intérêt défendu par le requérant ou à ses intérêts (CE, sect., 19 janv. 2001, *Confédération nationale des radios libres*) et d'autre part d'un doute sérieux sur la légalité de la décision – ce qui serait là aussi établi dans la logique de l'arrêt *Benjamin*.

Cas 3

3.1 – Recevabilité des étudiants à contester l'instruction (*2,5 pts*)

Adressée aux personnels de l'Université, l'instruction présidentielle constitue une circulaire. Dans la logique de l'arrêt *Duvignères* de 2002, en prescrivant aux personnels enseignants de ne tolérer aucun portable pendant les cours et de prohiber formellement l'usage de l'application, elle contient à l'évidence des dispositions impératives à portée générale (et même à vraie dire des dispositions réglementaires au sens de l'ancienne distinction de *Notre Dame de Kreisker* de 1954).

Par suite, les dispositions impératives de cette circulaire font bien grief et elles sont donc contestables en excès de pouvoir devant le juge administratif (tribunal administratif du siège de l'autorité signataire) par des étudiants concernés, qui ont également un intérêt à agir à leur encontre.

Notons toutefois que le président a bien compétence pour exercer ce pouvoir réglementaire comme chef de service (CE, sect., 7 févr. 1936, *Jamart*) ou dans le cadre de son pouvoir de police spéciale compte tenu du risque de trouble à l'ordre public. On peut néanmoins se demander si les mesures prescrites – notamment l'exclusion temporaire des cours et TD et la palpation de sécurité – sont nécessaires, adaptées à la situation et proportionnées. On peut en effet que ces palpations sans fondement textuel sont vraisemblablement illégales.

3.2 – Contestation en justice de la décision demandant d'éteindre le portable et, le cas échéant, exclusion temporaire du TD (*2,5 pts*)

Pour savoir s'il est possible de contester en justice ces mesures, il est nécessaire de déterminer si ce sont des mesures d'ordre intérieur ou des actes faisant grief. En effet, lorsqu'une mesure adoptée par l'administration n'a pas suffisamment d'importance à l'égard de la situation juridique d'un administré il n'y a pas lieu de mobiliser un juge pour en connaître (suivant l'adage *De minimis non curat praetor*).

Ces mesures dites « d'ordre intérieur » ne sont pas susceptibles d'un recours contentieux et, par suite, le juge administratif déclare une requête contentieuse à leur encontre irrecevable. C'est le cas par exemple d'une décision d'un chef d'établissement demandant à une élève de retirer un pantalon de ski (CE 1954, *Chapou*). À l'inverse, on sait depuis 1995 que certaines décisions, comme celles infligeant une sanction à un agent ou à un administré, constituent des « mesure[s] faisant grief, susceptible[s] d'être déférée[s] au juge de l'excès de pouvoir » tant par leurs « effets directs » sur une liberté fondamentale que « par [leurs] conséquences » sur la situation juridique de l'intéressé (CE, ass., 17 févr. 1995, *Hardouin et Marie*).

Dans le domaine scolaire et universitaire, la distinction repose sur l'incidence de la mesure sur la scolarité de l'enfant (CE 30 sept. 1994, *Sulzer*). Ainsi, une simple punition est une mesure d'ordre intérieur (CE 8 mars 2006, *Fédération des conseils de parents d'élèves des écoles publiques*) tout comme l'affectation dans telle ou telle classe (CE, sect., 5 nov. 1982, *Attard*), tandis que le refus d'admission dans la classe supérieure est susceptible de recours contentieux (CE 6 juill. 1949, *Andrade*).

Suivant la logique de cette jurisprudence, les faits pour un enseignant de demander à des étudiants d'éteindre leurs portables et l'exclusion temporaire du TD en cas de non-respect de la prescription ne sont pas contestables car ce sont des mesures d'ordre intérieur.

C'est seulement si l'étudiant était durablement exclu et ne pouvait se présenter aux examens qu'eu égard à la nature et aux effets de la mesure, on pourrait se demander si la mesure ne ferait pas suffisamment grief pour être contestable compte tenu de l'incidence sur le cursus universitaire de l'étudiant.

En revanche l'interdiction générale et absolue de portable et d'utilisation de l'application, ainsi que les palpations de sécurité, sont plus problématiques. On peut raisonnablement penser qu'elles font grief et sont donc certainement contestables devant le juge administratif de l'excès de pouvoir.

Cas 4

4.1 – Exploitation d'office des données conservées sur les appareils électroniques saisis ? (*2,5 pts*)

Si dans le cadre d'un état d'urgence, la préfecture peut décider une perquisition administrative sur le fondement de l'article 11 de la loi du 3 avril 1955, en revanche elle ne peut procéder d'office à l'exploitation des données personnelles détenues sur les appareils électroniques saisis depuis la censure prononcée par le Conseil constitutionnel dans sa décision QPC du 19 février 2016, *Ligue des droits de l'homme*.

Depuis la loi du 21 juillet 2016, modifiant l'article 11 de la loi de 1955, le préfet doit demander l'autorisation d'exploiter les données collectées au juge des référés du tribunal administratif du lieu de la perquisition. Celui-ci autorisera, ou non, l'exploitation des appareils saisis après avoir vérifié la légalité de la perquisition administrative.

En pratique l'autorisation est quasi systématiquement accordée par les juges administratifs.

Mais en l'espèce on peut néanmoins avoir de sérieux doutes sur la légalité de la perquisition (détournement de pouvoir ? matérialité du trouble à l'ordre et la sécurité publics ?).

4.2 – Opposition à la perquisition en invoquant son illégale (2,5 *pts*)

En raison du privilège du préalable (v. *supra* l'arrêt *Huglo*) et de l'exécution forcée (T. confl. 1902, *Société immobilière de Saint Just*), Jason ne peut s'opposer à la perquisition administrative qui bénéficie d'une présomption de légalité et peut être exécutée d'office, y compris par la force.

Mais il pourra saisir *a posteriori* le juge administratif pour obtenir… l'annulation de l'ordre de perquisition, et, le cas échéant, en cas de demande indemnitaire préalable, la réparation de son préjudice matériel et moral (CE, avis, 6 juill. 2016, *Napol*).

Dans sa décision du 19 février 2016, le Conseil constitutionnel a estimé que la possibilité d'introduire *a posteriori* ces recours suffisait à assurer le respect de l'article 16 de la DDHC. Pourtant on peut sérieusement se demander si l'absence d'autorisation préalable d'un juge pour réaliser la perquisition administrative ne constitue pas une violation de la convention européenne des droits de l'homme (art. 5 CEDH, art. 13 combiné à son art. 8).

Index

PHOTOCOMPOSITION
SCM • Toulouse

717797 - (I) - OSB - A 70g - SCM (CDR)
Achevé d'imprimer en août 2018 sur les presses de l'Imprimerie CHIRAT
42540 Saint-Just-la-Pendue
Dépôt légal : septembre 2018 - N° 201807.0349

Imprimé en France